李白文化研究系列丛

走进李白故里

Zoujin Libai Guli

蒋志 著

四川李白文化研究中心
江油李白纪念馆 编

聆听原汁原味李白故事
传承经典非物文化遗产

巴蜀书社

图书在版编目(CIP)数据

走进李白故里/蒋志著.—成都:巴蜀书社,2020.11(重印)
ISBN 978-7-5531-0583-3

Ⅰ.①走… Ⅱ.①蒋… Ⅲ.①李白(701～762)—人物研究②李白(701～762)—唐诗—诗歌研究 Ⅳ.①K825.6 ②I207.22

中国版本图书馆 CIP 数据核字(2015)第 225168 号

走进李白故里 将 志 著

责任编辑 童际鹏
内文设计 陈 红
出 版 巴蜀书社
地址:成都市槐树街 2 号 邮政编码:610031
总编室电话:(028)86259397
网 址 www.bsbook.com
发 行 巴蜀书社
发行科电话:(028)86259422 86259423
经 销 新华书店
印 刷 三河市同力彩印有限公司
电话:(0316)3531288
版 次 2016 年 8 月第 1 版
印 次 2020 年 11 月第 2 次印刷
成品尺寸 170mm×230mm
印 张 17
字 数 300 千
书 号 ISBN 978-7-5531-0583-3
定 价 45.00 元

前　言

在世界各地，凡是知道中国的，几乎都知道李白。

在神州大地上，凡是会说话的小朋友，几乎都会背诵李白的“床前明月光……”

海外的炎黄子孙，最崇敬的中国古代诗人是李白。

在唐代灿若群星的诗人中，李白是其中最明亮的一颗。

传说中的李白就是天上的太白金星，又叫启明星、长庚星。清晨，群星隐没，它还在东方闪亮；黄昏，群星尚未出现，它已在西方闪烁。

今天，在那茫茫的夜空中，有无数闪闪发光的星星，其中有一颗小行星被命名为“李白”。他将永远运行在浩渺的宇宙中，熠熠生辉。

李白这颗诗坛明星，是从江油青莲冉冉升起的。江山毓秀，地灵人杰。正是江油这块秀美的土地孕育出了伟大的诗人。这里有巍峨挺拔的观雾山，雄奇壮美的窦圌山，清幽秀丽的大匡山，高耸入云的戴天山，神奇奥妙的溶洞群，翻涌碧波的涪江水，还有辽阔肥沃的江彰平原。故乡的山水印遍了李白的足迹，流传着李白的故事，回荡着李白的诗歌。故乡的山水铸成了李白豪放的性格，熏陶了李白瑰丽的诗魂。

故乡的山水孕育了李白，李白又为故乡的山水增添了异彩。中外的李白崇敬者，都希望到李白故里来，瞻仰李白故居，寻觅李白遗踪，聆听李白的传说，探索李白成长的秘密。因而李白故里——江油成了世界闻名的旅游胜地。这本小册子将带您走进李白故里，向您讲述李白成长的故事，展示李白故乡的美景，介绍李白在故乡的传说和他在故乡写的诗歌以及他怀念故乡的诗歌。愿本书陪伴您在李白故乡度过美好的时光。

目录 CONTENTS

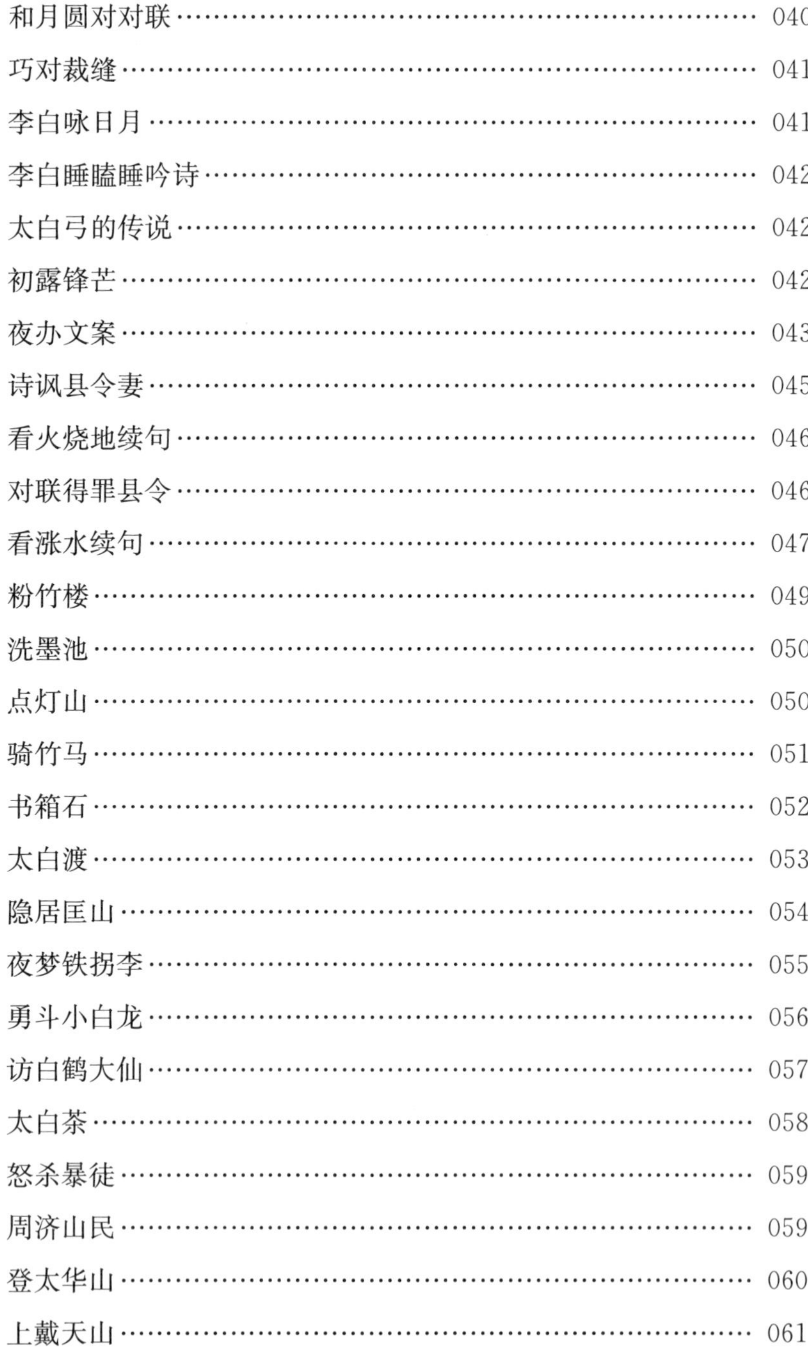

中篇　诗仙游踪

下篇　李白诗歌

上篇

李白的故事

江油青莲是李白的出生地，
证据是很确凿的，
可是因为他太出名了，
太受人们的敬爱了，
大家都想把他争为自己的家乡人，
为自己的家乡争光。

江油与李太白

长庚入怀生太白

江油青莲是李白的出生地，证据确凿。可是因为他太出名了，太受人们的尊敬了，都想把他争为自己的家乡人，为自己的家乡争光，于是从古至今，在文人们的著作中，对李白的出生地出现了五花八门的说法，打起了笔墨官司。明代大思想家李贽说过一段很风趣的话：“蜀人以白为蜀产，陇西人则以白为陇西产，山东人又以为山东产，而修入《一统志》，盖自唐至今然矣……呜呼！一个李白，生时无所容入，死而千百余年，慕而争者无时而已。余谓李白无时不是其生之年，无处不是其生之地。亦是天上星，亦是地上英，亦是巴西人，亦是陇西人，亦是山东人，亦是会稽人，亦是浔阳人，亦是夜郎人。死之处亦荣，生之处亦荣，流之处亦荣，囚之处亦荣，不游不囚不流不到之处，读其书，见其人，亦荣亦荣，莫争莫争。”这位老先生面对李白的出生地之争，当了一次“和事佬”，或者说是“泥水匠”，抹了一番稀泥。从他的话中可以看出，李白是如何地受中国人的喜爱和尊崇，李白不仅属于某一个地方，而是属于整个中华民族。

李白的出生地在唐代就有不同说法，中唐的大诗人元稹说："山东人李白。"五代时写成的《旧唐书·李白传》也说李白是山东人。这是因李白曾较长时间在山东安家，就把李白说成山东人了。《旧唐书》写于五代乱世，史料残缺，编写粗疏，谬误不少，所以北宋的大文豪欧阳修又重新编写，在《新唐书·李白传》中，纠正了《旧唐书》的谬误，说："李白……其先隋末以罪徙西域，神龙初遁还，客巴西，白之生，母梦长庚星，因以命之。"这就是说李白的祖先，曾被流放到西域，唐朝神龙初年才偷偷跑回内地，客居在巴西，即绵州。李母梦见长庚星落入怀中，生下了李白。

从北宋至明清，关于李白的出生地，基本上是按《新唐书》的说法，没有多大争议。到清乾隆年间，王琦编的《李太白全集》，在李白年谱中提出了一个疑问："以《代宋中丞自荐表》核之……时年五十有七……神龙改元，太白已数岁，岂神龙之年号乃神功之讹，抑太白之生在未家广汉（指绵州，汉代属广汉郡）之前?"但他最后结论仍然很明确："太白生于蜀中。"不过他的这段话为以后的李白生地之争埋下了伏笔。

1926年5月，《晨报·副刊》发表李宜琛《李白籍贯与生地》说："太白不生于四川，而生于被流放的地方。"1935年，陈寅恪又在《清华学报》上发表文章说："太白生于西域，不生于中国。"其依据就是王琦提出的疑问，李白写《代宋中丞自荐表》已五十七岁，神龙初应当是五岁，所以李白是生于西域后才入蜀的。不过这一说法并未得到多少人响应，在教科书上，工具书上，都还是认为李白生于彰明青莲。

1971年，郭沫若发表了《李白与杜甫》，提出李白生于中亚碎叶，在今吉尔吉斯斯坦境内的托克玛克附近的观点。那时我国与前苏联正在进行边界谈判，在我国的对苏照会上引用这一观点，说明中亚那块土地自古以来是属中国所有。这一来使学术问题与政治、外交问题挂上了钩。既然是中国的历史学权威定了调，那还有谁敢说“不”。一时间所有的教科书、工具书全都改成：“李白出生于中亚碎叶。”

党的十一届三中全会宣告“百家争鸣”时代的到来。李白故里的几位先生对郭沫若的“李白出生碎叶”说提出了质疑，笔者的《论李白生于江油》，几经周折，于1982年在《四川大学学报丛刊》上发表了。一石激起千层浪，一场热热闹闹的李白出生地之争展开了。在二十世纪八十年代先后出现了多种说法，除“中亚说”、“蜀中说”外，还有出生于“新疆焉耆说”、“哈密说”、“阿富汗说”、“长安说”、“洛阳说”，还有出生于回蜀途中的某地说。这些不同的观点，在各种报刊上，在李白学术研讨会上进行相互辩驳，相互质疑，充分展现了宽松的学术气氛，也再次印证了李贽的话：“一个李白，生时无所容入，死而千百余年，慕而争者无时而已。”因为大家太爱李白了，都希望李白是自己的家乡人。这就是所谓“名人效应”。不过李白只能有一个出生地，那就是江油青莲。其他说法虽也有一些道理，但论据很不充分。

“中亚碎叶说”主要依据范传正的《李公新墓碑》：“隋末多难，一房被窜于碎叶。”这是说的在李白出生前约一百年前的事，碑文并未说李白就生于碎叶，而是说李白之父迁入西蜀后才生下李白：“神龙初，潜还广汉，因侨为郡人。父客以逋其邑，遂以客为名，高卧云林，不求禄仕。公之生也，先府君指天枝以复姓，先夫人梦长庚而告祥，名之与字，咸所取象。”这里把李白之父入蜀后，才生李白的意思表达得很清楚。说李白生于碎叶实在有些牵强。再说，李白出生前后那几年，中亚正在打仗，“碎叶数年被困”，通往中原的丝绸之路完全中断，史书称为“安西道绝”，李白父母不可能带着刚出生的李白走绝道。

“出生条支说”即“出生阿富汗说”，主要依据李阳冰的《草堂集序》："中叶非罪，谪居条支。"论证条支即今阿富汗，李白出生于阿富汗。李阳冰的原意是说李白的先辈曾被流放到条支，其父迁入蜀后才生李白。李阳冰说的条支是借指西方很远的地方，不可能是指阿富汗。唐朝虽在阿富汗设过条支都督府，但时间很短，在李阳冰写《草堂集序》时早已撤销。

"出生焉耆说"与"出生哈密说"也是依据范传正的《李公新墓碑》："隋末多难，一房被窜于碎叶。"前者说焉耆有个碎叶城，后者说哈密曾经有过碎叶城。其实已经有史学家论证清楚了：碎叶城只有一个，在中亚碎叶河边。焉耆和哈密在唐代根本就没有碎叶城，因而李白生于焉耆或哈密说就失去了依据。

"出生长安说"，依据李白自述，其先祖"奔流咸秦，因官寓家"，这是说的李白出生前的三百年的事情，后又经过流放中亚的变化，李白的家哪可能还在长安，此说依据最不充分。

"出生洛阳说"完全是瞎编的故事，没有任何历史依据。

相比较而言，"出生于蜀中说"依据最为充足。李白自己没有直接明明白白地说他生于蜀，不过他说过"少长江汉"，而唐代的岷江与嘉陵江（即西汉水）之间就是称"江汉"，也就是说他是蜀中生长的。他还说过"家本紫云山"，即是说他家住紫云山下，也就是青莲。李白还写有三十多首怀念西蜀家乡的诗，特别是他晚年思念巴蜀故乡特别强烈，希望叶落归根。李白去世前给他的好友说过他的身世，他的这些好友很明白地说他生于蜀。李白在世时名声很大，崇拜他的人很多，用现在的话说，有一大群"追星族"，其中有一位魏颢，是李白的"铁杆粉丝"，为了见李白，追了几千里，从北方追到南方，从吴越追到扬州，才见到李白，两人一见竟成了忘年之交。李白把他的诗稿全交给魏颢，让他编集作序，当然也给他讲了自己的生平事迹。魏颢在他编《李翰林集·序》中，明确说李白"身既生蜀而江山英秀"。而魏颢写这篇序时，李白健在，理当不会出错。李白病危之时，也托他的叔父李阳冰为他编辑诗集，李阳冰在《草堂集·序》中说：李白之父“神龙之始，逃归于蜀，复指李树而生伯阳，惊姜之夕，长庚入梦，故生而名白，以太白字之。”这是明白无误地说入蜀后才生李白。与李白有过交往的刘全白，在他的《李君碣记》中说李白是广汉人，绵州在汉代属广汉郡，广汉人也即是绵州人。与李白同时代的于邵在李白去世不久，在李白故里立碑，也说：“白生于此县。”李白好友的儿子范传正，曾访问过李白的后代，得到过李白的儿子写的家谱残部，也是说李白是其父入蜀后才生的。从以上材料可以证实李白出生于绵州巴西郡昌隆县青莲乡，即今江油市青莲镇。

关于李白的出生，在青莲千百年来，流传说：太白星君因直言进谏，被玉皇贬下凡尘，来到西蜀的青莲乡，变成金色鲤鱼，投生于李家。出生时，李母梦见长庚星落在自己怀中，就给儿子取名李白，字太白。

这个美丽的传说在李白故乡传了一代又一代，而且还载入《四川总志》、《龙安府志》、《江油县志》、《彰明县志》，因而李白故乡的人都知道李白生于青莲，是天上的太白星君下凡。

有关李白出生地的史料记载有相互矛盾的地方，如上述王琦提出的疑问，神龙之初，李白应当五岁，于是他说，或许李白出生于入蜀之前，或者神龙乃神功之讹。最后他肯定李白出生于蜀，也就是说他肯定了神龙之初，应当是神功之初。神功之初为697年，入蜀后三年，即701年，李白出生。他的判断应当是对的，因为李白病重时，出生地决不会说错的，很可能没有给李阳冰将出生年号说清楚。李白出生前后二十年就有十九个年号，那时武则天当政，女皇有个怪毛病，即爱改年号，乃至一年可用两个年号，事隔几十年要把那么多年号记清楚，的确也难，何况“功”与“龙”音相近，很容易弄混淆。当时一个字没说清或没听清倒不打紧，可是让后世打了一场又一场的笔墨官司。

乾隆时著名才子李调元说："人莫不自耀其所居之地，而欲耀其地，莫不先夸其地所产之名人，即偶尔流寓，亦必聚而讼之，所谓争此朽骨如天球也。然不必争而争之，未有如我彰明之李太白者。"的确，李白的出生地本来是比较清楚的，是不必争的。不过，真理愈争愈明，经过争论，大多数人接受了李白出生于蜀的观点。新版中学历史教科书不再说李白出生于中亚碎叶，改成了"李白彰明（今江油）人"。《中国大百科全书》和英国《简明不列颠百科全书》有关李白的条目明确地说李白是江油人。这些权威性著作的记载，可以说给李白的出生地的争论画了一个句号。所以，现在央视一台每天播的绵阳市的宣传词是："李白出生地，中国科技城。"

据说现在吉尔吉斯斯坦共和国要在碎叶遗址修建纪念李白的碑，新疆焉耆要塑李白的像，那也是好事，多一些人凭吊李白，诵读李白的诗，有什么不好呢！

不过，我们要理直气壮地说：李白出生于江油青莲。

高卧云林育幼子

李白号称诗仙，他好像在那虚无缥缈的太空，来无踪，去无影。他又像是云中游龙，见首不见尾。的确，李白的一生有许多谜，叫人摸不透，说不清。李白的家世就是一个谜。他究竟出身在什么样的家庭？他的先祖因什么事到的西域？他的父母亲又是干什么的？为什么要迁到青莲？这些问题连他自己都没说清楚，往往是自相矛盾。这就给研讨李白家世的学者留下很大的推测和想象的空间。

李白常与李唐宗室称兄道弟，认侄认叔。李阳冰的《草堂集·

序》说："李白，凉武昭王暠九世孙。"与唐朝皇帝同一个祖宗。但是，在李白应召入宫的时期，正在办理李唐宗室的清理登记，编入皇家户籍的手续。而当时还很受宠的李白却没有编入皇家户籍，也就是说李唐皇室并没有承认他这个家门。他平时与李唐宗室称兄道弟，不过是当时常见的一种应酬式的称呼，根本当不得真。还有人说李白是被李世民所杀的太子李建成之后，或说是西汉投降了匈奴的李陵之后，依据都很不充分。

最流行的说法是李白出身在富商之家。陈寅恪说李白之家世或本胡商。郭沫若更说："李客（李白之父）必然是一位富商……他的商业范围是相当宽广的，不仅超出了绵州，而且超出了四川，在长江上游和中游分设了两个庄口。"还有人写文章进一步发挥，或说李白家经营丝绸生意，或说经营采矿业，或说李白之父是走私犯……总之，说李白家很富有，所以才能供李白漫游全国，以至一年就挥金三十万。这完全是主观臆测，李白和他的亲友都没说过他的家在经商。李白虽然也说过他挥金如土，但这些钱不一定就是做生意得来，也有朋友资助的，还有唐玄宗的重金赏赐。李白当时名声很大，有那么大一群"追星族"，何愁生活开销。在李白未出名之时，流放之后，生活还是困难的，他有不少的诗叙述他的贫困，有时是"饥从漂母食"，说直白些就是向人要饭吃，他爱喝酒，而不少时候是向人借债或者典当东西来付酒钱。这怎么能说他是出于富商的家庭？

还有人说李白是胡人，甚至干脆说是外国人。理由是李白一家是从西域来的，李白会说外语，李白的外貌是蓝眼睛、高鼻子等。这些理由都站不住脚，李白自述祖籍陇西，西汉名将李广之后，又与李唐宗室攀亲，哪有高鼻子"老外"与皇室攀亲的道理。史书记载，隋末天下大乱，有十多万中原汉人流亡西域，李白的先祖也就是这十多万人之一。至于说李白会外语，这是因为他的前几辈人生活在西域，能说西域的语言，李白也受到了习染。会外语不一定就是外国人，这是普通常识。

“聪明有种，富贵有根。”这是封建社会的一种观念，对于李白这样杰出的人物，总要给他找一个高贵的特殊的血统，正是这种观念在作怪，才把李白的身世说得越来越复杂。其实李白自己也说是“陇西布衣”，布衣就是普通老百姓，并非皇族龙种，也不是西域豪富。

李白的父亲究竟是什么人？在范传正的《李公新墓碑并序》中说：李白之父在迁到西蜀后，“以客为名，高卧云林，不求禄仕”。也就是为了躲避尘世之扰，专门找了青莲乡这个偏僻的地方，隐去真名，隐居下来，不求升官发财，专门教导儿子读书。李父有很高的文学修养，曾教过李白读汉赋和诸子百家的著作。青莲的民间传说李白家贫，从小放牛，无钱上学读书。总之，李白就是出生在一个普通的家庭，在艰难困苦的环境中，全凭自己的努力拼搏，才成为伟大的诗人。

五岁诵六甲，十岁观百家

在江油青莲镇旁，天宝山麓的陇西院就是李白的出生之地。陇西院前有一道小溪，叫磨针溪。传说李白小的时候，自恃聪明，不刻苦学习，贪玩好耍，有一天看到一位老婆婆拿着一根铁棒在溪边石头上认真地磨，他问：“婆婆，您磨它干什么？”老婆婆回答：“磨针呀！”李白说：“这么粗的铁棒怎么能磨成针呢？”老婆婆说：“只要功夫深，铁杵也能磨成绣花针。”聪明的李白，立即受到感悟，从此刻苦攻读。这个故事未必是真事，但是家喻户晓，成为成语，鼓励着一代又一代的莘莘学子和为事业不懈奋斗的人。人人都说李白是天才，而天才的确是出于勤奋。李白自述：“五岁诵六甲，十岁观百家，轩辕以来，颇得闻矣。

常横经籍书，制作不倦。”他五岁就发蒙读书，十岁就看了诸子百家的书，从轩辕黄帝以来，几千年的历史，都能知晓。经常是满桌子堆着书，不断地读呀，写呀，一点儿也不知道疲倦。李白的父亲文学修养很高，对李白的学习进行指导督促。李白说：“余小时，大人令诵《子虚赋》，私心慕之。”这是说李白知识面涉及很广，不仅仅读儒家经典，对前代的文学名著也早已熟读。

由于李白从小勤奋好学，因而很早就显示出才华。传说十岁时，随父亲到文风楼赴晚宴，客人们听说李白聪明过人，善于吟诗作赋，想要当面考一考，就让李白吟诗，李白以文风楼为题，吟出四句：

危楼高百尺，手可摘星辰。不敢高声语，恐惊天上人。

吟罢，众人拍手叫好，想不到李白文思如此敏捷，诗从“危楼高百尺”起笔，突兀不凡，把一座入云高楼呈现于读者眼前。接着诗人展开奇思妙想：站在高楼上，举手可以摘下星星，连说话也不敢大声，怕惊动了居住在天上的神仙。诗的语言平淡、直白，但却十分耐人寻味。有客人怀疑李白天天都看得到文风楼，可能是事先写好了的，不如命题作诗，才能考出真本事，于是指着窗外飞舞的一群萤火虫，要李白吟诗一首。李白不慌不忙地吟道：

雨打灯难灭，风吹色更明。若飞天上去，定作月边星。

这首诗天真自然，质朴清新，充满了大胆的幻想，大家一致称赞小李白极高的诗歌天赋，今后一定会成为了不起的人才。李白的父亲要儿子决不能自满，还要继续刻苦用功。这之后李白不仅作了《咏石牛》、《登太华观》、《初月》、《雨后望月》等几十首五言律诗，还开始写赋。

他自述“十五观奇书，作赋凌相如。”他少年时写的赋有《拟恨赋》《明堂赋》《大猎赋》等，特别是后两个赋，通过皇帝祭明堂，猎渭滨，把大唐的繁荣强盛，写得有声有色，气势豪迈，想象丰富，语言典雅，完全可以和司马相如的赋比美。

大约在李白十五岁时，父亲不幸去世，李白为了母亲和月圆妹妹的生计，不得不应募到彰明县去当小吏，做些抄抄写写的工作，李白完全可以胜任。虽然小吏的社会地位低，但却有一些收入，可以补给家用。李白少年时当小吏的事，在宋朝时就被刻在碑上，写在书上，在家乡还流传着他续诗讽刺县官的故事：

春耕开始，县官要下乡视察，李白随身伺候，碰到农民砍火地——放火烧荒。县官诗兴发了，拖长声音吟道：“野火烧山后，人归火不归。”吟了这两句再也吟不出来了，急得满头大汗。这时李白从容地吟道：“焰随红日远，烟逐暮云飞。”接得天衣无缝，而且意境很美，县官自愧不如。

转眼夏天来到，一日涪江涨大水，县官要去视察水情，李白随着前去。来到江边，县官发现芦苇丛中有一具少女尸体，他并不查问死因，也不派人去查找死难者家属，而是摇头晃脑地吟起诗来：“二八谁家女？漂来依岸芦。鸟窥眉上翠，鱼弄口旁朱。”李白见县官不仅对人命关天的大事没有及时处理，还毫无人性地吟起调笑死者的歪诗，随口续了四句：“绿发随波散，红颜逐浪无，因何逢伍相，应是怨秋胡。”表达了对死者的同情，引用两个典故，说少女可能是遇到秋胡那样的好色之徒，才像伍子胥那样含冤而死。秋胡调戏活着的佳人，行为可鄙；县官吟诗戏弄溺水女子，更加可恨！因此县官对李白的续诗大为恼火。李白遇到这样昏庸的县官，也不愿在其手下干事，像这样当一辈子小吏实在窝囊，决心辞去小吏，隐居读书，学好本领，干一番大事，“不鸣则已，一鸣惊人；不飞则已，一飞冲天。”

十五学神仙，仙游未曾歇

李白选择何处隐居读书呢？他每天都可看到在青莲的西北方有一座大匡山，听说在贞观初年，有一高僧在山中创建了一座大明寺。环境优美，风光秀丽。他决定到大匡山去。寺中住持对李白的到来也很欢迎，李白也帮寺中抄写经文，吃口斋饭是没问题的。李白在这里先后住了约十年，攻读了大量书籍，先秦诸子、楚辞汉赋、佛教道教经典……无所不读，同时还创作了大量诗赋。他也不是整天关在书房，而是苦练剑术，力求能文能武。他还不时游览名山，求仙学道，他说："十五学神仙，仙游未曾歇。"川西北本来就是道教的发祥地，在雄奇幽秀的群山中分散着许多道观，有不少道行高超的道士，李白常和他们来往。他曾上戴天山访道士，上太华山访雍尊师，上窦圌山访窦真人。此外，乾元山的金光洞、银光洞、蓥华山，藏王寨的老君山，在唐代都有道士修炼。李白都去求仙问道，观山望景。

李白在隐居大匡山时期"往来旁郡"，他到过龙州江油郡江油县。那时江油县在今平武县境内，龙州州衙门和江油县衙门都设在今平武县南坝镇。李白住家的青莲乡和隐居的大匡山，唐朝时属绵州昌明县（后改名彰明县）。李白从青莲或大匡山去江油县，必然沿涪江峡谷而上。在进入涪江峡谷口时，游了两岸的溶洞，传说他还在洞中读书，至今还流传着"太白洞对灯笼洞，灯照太白把书诵"的故事。李白走过的这百里长峡，山高谷深，江流湍急，峭壁摩天，栈道凌云，李白正是在这段艰苦的行程中，积累了《蜀道难》的素材。李白在江油县访问了爱好道教的江油县尉，两人谈话十分投缘，李白对这位本来是管地方军事和治安的县尉，能无为而治，非常欣赏，临别时在尉厅题诗一首：

岚光深院里，旁砌水泠泠；野燕巢官舍，溪云入古厅。
日斜孤吏过，帘卷乱峰青；五色神仙尉，焚香读道经。

这首五言律诗展示了人与自然和谐相处的意境，歌颂了县尉无为而治的道家精神。北宋大书法家米元章曾书写此诗并刻于石壁上，后又刻成碑，至今还保存在江油李白纪念馆。诗中写的“旁砌水泠泠”，至今泉水还在流淌，叮当作响，又名叮当泉，处于九环线旁，去九寨沟的游客，不妨停车品尝一下这李白曾饮过的、甘洌清澈的泉水。

李白走过金牛道，游过梓潼的五妇山、七曲山。五妇山是古蜀国的五丁力士迎接秦国送给蜀王的五位美女，遇到大蛇当道，力士拽蛇，造成山崩地裂而形成的山。李白听到这个传说，在《蜀道难》中写道：“地崩山摧壮士死，然后天梯石栈相钩连。”充满了对开路英雄的敬意。李白还去过剑门关，观赏了剑门雄姿，为写《蜀道难》、《送友人入蜀》、《剑阁赋》等诗积累了素材。宋代时，剑阁人为纪念李白游历过此地，在剑门关的思贤楼中供了李白的像。

剑门关

李白翻过戴天山，沿湔江河谷而上，游览了茂州石泉县（今属北川县）的禹穴沟。传说这里是大禹的出生之处。沟中景色清幽秀丽，古木参天，瀑布高悬，百鸟争鸣，百花争妍。李白在金锣岩峭壁上题写了“禹穴”二字。笔力遒劲，豪放雄浑。刻字至今还清晰可辨。

与李白一起隐居大匡山的，还有一位东岩子。他们俩志趣相投，一起读书舞剑，一起饲养山禽。他们常上山收集野果草籽，到冬天向那些觅食的小鸟撒食，小鸟愈来愈多，数以千计。这些鸟把他们当成好朋友，常常飞到他们的手掌中来啄食。香客看到后很感惊奇，以为他们道行高超，可以指挥山中的小鸟。这消息惊动了绵州太守，太守亲自上山观看李白的驯鸟表演，和李白谈话，也觉李白绝非凡夫俗子。当时玄宗下诏，要各地推荐人才。太守就要推荐李白和东岩子出山当官。李白心想凭驯鸟这种雕虫小技出去，也不过是做小官，而他的理想是要为帝王之师，当宰相那样的大官。因此对太守的推荐婉言谢绝。

李白为了要学经邦济世、治国安民的大本事，决定去拜学问非常渊博的老师。他听说隐居在三台长平山安昌岩的赵蕤，通今博古，写了一本《长短经》，专门讲治国安民的大学问，而且为人仗义，又精通剑术，决心前去拜师。赵蕤见李白虚心好学，志向高远，也愿意把自己的学问传授给他，希望他能实现自己的政治理想。李白每天跟赵蕤读书练剑，不觉一年过去，增长了很多学问，学习了一整套治国安民之术、行军布阵之法，更加坚定了要做姜子牙、诸葛亮之类伟人的决心，“安社稷，济苍生”，把自己的文韬武略献给这时代。

开元八年（720），20 岁的李白，风华正茂，很想出山施展抱负。恰好这年春天，礼部尚书苏颋调入蜀中做益州长史，路过绵州，住在越王府。苏颋是当朝名相，又是著名的文章大手笔。李白决定带着自己创作的诗赋，前往绵州谒见苏颋。在越王楼上苏颋接见了李白，翻看了李白带来的《明堂赋》、《拟恨赋》和律诗，大为赞赏，说道：“此子天才英丽，下笔不休，虽风力未成，且见专车之骨，若广之以学，可以相如比肩也。”苏颋又叫李白随他去成都，但终因家庭无钱无势，各种关节难以打通，并未求得一官半职。此后他又登峨眉，下渝州。时任渝州刺史李邕以书法、文章闻名于世。李白决定去拜见他。或许是门人见李白太年轻，又没有进见之礼，就没有通传，连李邕的面也未见着，当时李白年少气盛，一气之下，写了首《上李邕》：

大鹏一日同风起，抟摇直上九万里。
假令风歇时下来，犹能簸却沧溟水。
世人见我恒殊调，闻余大言皆冷笑。
宣父犹能畏后生，丈夫未可轻年少。

这首诗气势逼人，志向不俗，活脱脱展示出一个豪迈不羁、不惧权威的少年李白形象。

李白心想，苏颋虽夸奖了我，又说我“风力未成”，还要“广之以学”，才能赶上司马相如，我不如再回大匡山苦读，于是写了首《冬日归旧山》：

未洗染尘缨，归来芳草平。一条藤径绿，万点雪峰晴。
地冷叶先尽，谷寒云不行。嫩篁侵舍密，古树倒江横。
白犬离村吠，苍苔上壁生。穿厨孤雉过，临屋旧猿鸣。
木落禽巢在，篱疏兽路成。拂床苍鼠走，倒箧素鱼惊。
洗砚修良策，敲松拟素贞。此时重一去，去合到三清。

这首诗描写了旧山即大匡山的颓败而引起的叹惋之情，也写了求官失意的落拓，还写了回归自然的欣喜。最后写了重整笔砚，燃起松明，再研诗书，潜修报国之良策，表达了对理想的执著追求。

开元十二年（724）李白已经二十四岁了。当时正值开元盛世，天下太平。正如杜甫诗描写的："忆昔开元全盛日，小邑犹藏万家室，稻米流脂粟米白，公私仓廪俱丰实；九州道路无豺虎，远行不劳吉日出。"值此盛世，又有明君，正是自己施展宏伟抱负的大好机会，怎能默默无闻，老死林泉。而故乡这片热土，匡山如画美景，实在难以离去，但他认为"大丈夫当有四方之志"，为了追求远大的理想，最后还是决定离开大匡山。在告别匡山时题诗一首：

晓峰如画参差碧，藤影摇风拂槛垂。
野径来多将犬伴，人间归晚带樵随。
看云客依啼猿树，洗钵僧临失鹤池。
莫怪无心恋清境，已将书剑许明时。

这首七律描写了匡山的雄奇、秀丽、清幽的美景，表达了对匡山的依恋之情和报效国家的雄心壮志，表现了李白既热爱大自然，热爱故乡，又有宏伟的政治抱负的心态。李白在大匡山度过了黄金般的青春时期，他勤奋攻读，寻师访友，获得了渊博的知识，鼓起了入世的雄心；他苦练剑术，登览名山，锻炼了强健的体魄，故乡秀丽的山水，陶冶了他瑰丽的诗魂。他已作好了在大唐盛世干出一番轰轰烈烈的大事业的准备，大匡山的美景再好也不能留下他。大鹏鸟的羽翼已经长成，他要在浩渺的寰宇中翱翔！

仗剑去国， 辞亲远游

开元十二年（724），李白告别匡山，告别亲友，再次到成都，登峨眉，与友人吴指南相约，下渝州，出三峡，游吴楚。出川之前，他再一次游览了蜀地仙山——峨眉，并于一个秋天的夜晚从犍为附近的青衣江乘船，开始了他的漫漫旅途。在这里写下了脍炙人口的《峨眉山月歌》：

峨眉山月半轮秋，影入平羌江水流，
夜发青溪向三峡，思君不见下渝州。

全诗清新明快，自然流畅，连用五个地名，皆与“水”“月”相连，一气贯注，自然流畅，不着痕迹，反映了诗人高超的写作技巧。李白曾在万县停留，登临西山（后来改名太白岩）。第二年春出三峡，写下了《宿巫山下》、《渡荆门送别》等诗。夏游洞庭洞，同行好友吴指南病故。李白悲痛欲绝，只得将好友草草殡葬在洞庭湖之滨，然后下金陵，游扬州，去越中，滞留于江南一带，几年的背井离乡，奔波劳碌，一无所获。在一个明月之夜，李白独自赏月，恍惚间，床前洒满了一层白霜，抬头望望，却是一轮明月高悬天际，他不禁低头沉思，想起那沐浴在月光之下的遥远的故乡，禁不住吟出了《静夜思》：“床前明月光，疑是地上霜。举头望明月，低头思故乡。”这是中国历史上传诵最广的诗，诗中的思乡之情引起了无数游子的共鸣。

这年秋天，李白回扬州生了一场病。病中特别思念故乡的亲友，写了一首《淮南卧病书怀寄蜀中赵征君蕤》：“吴会一浮云，飘如远行客，功业莫从就，岁光屡奔迫。”叹息光阴很快流逝，而建功立业还没有一点头绪。病中思念故乡：“国门遥天外，乡路远山隔，朝忆相如台，夜梦子云宅……故人不可见，幽梦谁与适？寄书西飞鸿，赠尔慰离析。”

开元十五年（727）李白定居在湖北安陆寿山，在这里写了一篇《代寿山答孟少府移文书》，表明了他的志向：“申管、晏之谈，谋帝王之术，奋其智能，愿为辅弼使寰宇大定，海县清一。事君之道成，荣亲之义毕，然后与陶朱、留侯浮五湖，戏沧洲，不足为难矣!”他要像管仲、晏子那样的名相，辅佐帝王，治理天下，使国泰民安。待功成名就之后，像陶朱公、张良那样，不恋富贵，退隐山林。这就是他一生追求的目标。这一年他被安陆许员外家招为女婿。许家是安陆的名门望族，许圉师曾当过宰相，许氏女才貌出众，无数名门公子求婚，她都看不上。读了李白的诗，心已向往，再一见面，更是一见钟情。婚后，夫妻相敬如宾，过着甜蜜的日子。不过李白并未忘记他的远大理想，一面博览群书，吟诗作赋，一面广交朋友，谒见地方长官，但并未得到安州的李长史、裴长史这些官员的重视和推荐。

开元十八年（730），三十岁的李白在妻子的鼓励下，前往京城长安，想通过许家的旧关系得到荐引。他拜见了不少的王公大臣，有的用空话搪塞，有的态度十分冷淡，总之是毫无结果。不过，京城使他开阔了眼界，结交了三教九流的人，写出了不少的好诗。由于求仕途中的种种挫折，激起他慷慨悲歌。他的代表杰作《蜀道难》、《行路难》、《梁甫吟》等，就是在这一时期完成的。

开元二十年（732）李白返回安陆，由于求官失败，受人白眼，生活拮据。“归来无产业，生事如转蓬，一朝乌裘敝，百镒黄金空。”他也曾向荆州长史韩朝宗求荐引，写了著名的《与韩荆州书》，但并未得到韩朝宗的重视。不久许氏夫人去世，李白无法在安陆继续住下去，只得带上儿女到山东投靠远房叔父，在山东沙丘定居。开元二十七年（739）李白再次游吴越，写了大量的描述吴越美景的诗，如《子夜吴歌》《采莲曲》《渌水曲》等。这次在越中与吴筠结识，后吴筠进京向唐玄宗的妹妹玉真公主、太子宾客贺知章介绍了李白，后来他们又向唐玄宗举荐了李白。

天宝元年（742），番邦使者交来国书。玄宗令翰林学士宣读，打开国书一看，竟然一字不识，满朝文武传看，也无人识得。玄宗大怒：

"枉自养活这么多大臣，竟无一人能识得番书，岂不被番邦笑话。"贺知章连忙启奏："臣知一人，姓李名白，字太白，绵州人士，自幼博览群书，通今博古，可识番文。"玄宗立即下诏，派专使请李白进京。李白在山东家中接到诏书，喜出望外，吟诗道："仰天大笑出门去，我辈岂是蓬蒿人。"以为辅佐帝王、安邦治国的理想即将实现。李白入宫，玄宗见其气度不凡，心中甚喜，不觉下得宝座亲自迎接，并请他在锦凳上就坐。玄宗说："你虽是一介布衣，而名声已为朕知。此次番邦使者送来番书，满朝大臣无一人识得，特请卿前来开读。"李白展开番书，朗声诵读，其大意是要唐天子将边城割让，否则在战场上见分晓。这分明是一道战表。玄宗听后让大臣发表意见。有的主战，有的主张割地求和。玄宗问李白有何良策。李白说："兵书有云：不战而屈人之兵，乃上上之策。请陛下宣番使入朝，臣代陛下以番文写国书，宣我大唐之国威，斥其无端挑衅，晓以利害，使之不敢轻举妄动。"李白所奏正合玄宗心意，立即封李白为翰林学士，并赐锦袍玉带，要李白草写答番书。李白要杨国舅为他磨墨，高力士为他脱靴，想借此压一下他们的气焰。玄宗为了要李白草写答番书，只得按李白要求，让高力士脱靴，杨国忠磨墨。李白一挥而就，用番文写成国书，对着番使用番音朗读。答番书宣扬了大唐国威，斥责了渤海国无端挑衅，义正辞严，句句在理，字字千钧。玄宗和众大臣无不佩服李白才学出众；番使也口服心服，向玄宗谢罪，表示不敢兴兵作乱。

玄宗非常欣赏李白的才华，每次在宫中与杨贵妃饮酒作乐，总要诏李白入宫赋诗，让李龟年配乐演奏。一次玄宗与杨贵妃在沉香亭饮酒赏牡丹，诏李白入宫赋新诗。李白在醉酒状态下，一挥而就，写成《清平调》三首。

云想衣裳花想容，春风拂槛露华浓。
若非群玉山头见，会向瑶台月下逢。

一枝红艳露凝香，云雨巫山枉断肠。
借问汉宫谁得似？可怜飞燕倚新妆。

名花倾国两相欢，长得君王带笑看。
解释春风无限恨，沉香亭北倚阑干。

《清平调》在宫内外被广泛传唱，李白醉中赋诗的故事四处流传，诗仙的名声更加大振。而杨国忠、高力士这一伙权贵却对李白更如嫉恨，总想挑李白的毛病，不断向玄宗进谗言。玄宗也觉得李白太狂傲，出身寒微，不是当大臣的料子。李白入宫以来，看到了上层统治者的腐败，看清了玄宗并非理想中的明君，而是沉溺于声色，重用奸臣，排斥忠良的昏君，他的治国安民的宏伟抱负根本无法实现，他也不愿为玄宗当酒宴游乐中助兴的御用文人。于是主动请求出京还山，玄宗也顺水推舟，不过念及李白草拟答番书，退百万大兵之功，赏赐给李白大笔黄金。

李白出京后再一次漫游全国各地，这时的李白已经名声显赫，所到之处地方官出城远迎，殷勤接待。在洛阳遇见了比他小十一岁的杜甫，两人一见如故，结成生死之交，同游河南、山东等地，“醉眠秋共被，携手日用游”。以后又多次互赠诗篇，这两位顶尖级大诗人的友谊，为中国文坛树立了“文人相亲”的榜样。他们分手后，李白再一次游吴越，临行时写了《梦游天姥吟留别》：

海客谈瀛洲，烟涛微茫信难求；越人语天姥，云霞明灭或可睹。天姥连天向天横，势拔五岳掩赤城。天台四万八千丈，对此欲倒东南倾。我欲因之梦吴越，一夜飞度镜湖月。湖月照我影，送我至剡溪。谢公宿处今尚在，渌水荡漾清猿啼。脚著谢公屐，身登青云梯。半壁见海日，空中闻天鸡。千岩万转路不定，迷花倚石忽已暝。熊咆龙吟殷岩泉，栗深林兮惊层巅。云青青兮欲雨，水澹澹兮生烟。列缺霹雳，丘峦崩摧。洞天石扉，訇然中开。青冥浩荡不见底，日月照耀金银台。霓为衣兮风为马，云之君兮纷纷而来下。虎鼓瑟兮鸾回车，仙之人兮列如麻。忽魂悸以魄动，恍惊起而长嗟。惟觉时之枕席，失向来之烟霞。世间行乐亦如此，古来万事东流水。别君去兮何时还？且放白鹿青崖间，须行即骑访名山。安能摧眉折腰事权贵，使我不得开心颜！

这首诗意境雄伟，想象丰富，以奇异瑰丽的梦境比喻宫廷生活，表现了狂傲不羁的叛逆性格和不愿与腐败势力同流合污的高尚品质，抒发了政治上的失望和对权贵的蔑视。“安能摧眉折腰事权贵，使我不得开心颜”，喊出了中国一切有正义感的知识分子共同的心声，表现了一切有骨气的中国知识分子的传统美德。这首诗为人们广泛传诵，被视为李白的代表杰作之一。

李白到处吟诗作赋，歌颂祖国各地的锦绣河山，褒扬清官廉吏，斥责贪官污吏。当时传闻李学士是皇帝派下来私察暗访的，贪官都有所收敛，百姓都喜欢李白到来。

李白虽离开朝廷，而对治国安民之大事，仍然牵挂于怀。他总希望能为国建功立业，在他游览名山大川之时，写了不少关心祖国命运，渴望为国效力的诗篇。如《长相思》：

长相思，在长安。

络纬秋啼金井阑，微霜凄凄簟色寒。

孤灯不明思欲绝，卷帷望月空长叹。
美人如花隔云端。
上有青冥之高天，下有渌水之波澜。
天长路远魂飞苦，梦魂不到关山难。
长相思，摧心肝。

这首诗表面上看是一首爱情诗，实际上是以“美人”比喻所追求的政治理想。抒发了希望得到重用，却不能实现而产生的苦闷情绪。

李白在这一时期还写了一首《将进酒》：

君不见黄河之水天上来，奔流到海不复回。
君不见高堂明镜悲白发，朝如青丝暮成雪。
人生得意须尽欢，莫使金樽空对月。
天生我材必有用，千金散尽还复来。
烹羊宰牛且为乐，会须一饮三百杯。
岑夫子，丹丘生，将进酒，杯莫停。
与君歌一曲，请君为我倾耳听。
钟鼓馔玉不足贵，但愿长醉不复醒。
古来圣贤皆寂寞，惟有饮者留其名。
陈王昔时宴平乐，斗酒十千恣欢谑。
主人何为言少钱，径须沽取对君酌。
五花马，千金裘，呼儿将出换美酒，与尔同销万古愁。

这首“劝酒歌”借酒兴诗情，淋漓尽致地抒发了怀才不遇的满腔悲愤。悲而不伤，悲中见豪，表达诗人高度自信，相信“天生我材必有用”。他一直幻想“何当赤车使，再往诏相如”。再次诏入宫中贡献国策。他听说北方的安禄山在招兵买马，扩充实力，似有异图，便北上幽燕，深入虎穴，探听虚实。他亲眼看到安禄山飞扬跋扈，反迹甚明，他以诗人的敏锐，预感天下将要大乱，因而忧心如焚。他在《远别离》中写道："日惨惨兮云冥冥，猩猩啼烟兮鬼啸雨。我纵言之将何补？皇穹窃恐不照余之忠诚。雷凭凭兮欲吼怒，尧舜当之亦禅禹。君失臣兮龙为鱼，权归臣兮鼠变虎。"诗中表达了对国家前途的忧虑和忠言无处可诉的悲愤。

李白预言的危机终于在天宝十四年（755）发生了。安史之乱使国家遭到一场浩劫，人民陷入苦难深渊。李白写了许多痛斥叛军罪孽，同情人民疾苦的诗篇，如《猛虎行》、《北上行》、《扶风豪士歌》、《古风十九》等。国难当头激起他救国救民的满腔热情。他认为"此乃猛士奋剑之秋，谋臣运筹之日"，正是为国建功，英雄用武之时。此时永王奉玄宗之诏出兵江南，路过浔阳，派人到李白避难的庐山，三次请李白出山辅佐，平息安史之乱。李白经再三考虑，还是出山，投入了永王幕中，写了《永王东巡歌》等为平定安史之乱，鼓舞士气的诗篇。但是他的满腔报国热情很快被一桶冰水浇灭。救国之志未能实现，反倒成了李氏兄弟争夺帝位的牺牲品。自立为帝的唐肃宗派兵打垮了永王的军队，永王被杀，李白也被加上了"附逆"的罪名投入监狱。按唐朝的法律，叛逆犯的是死罪，李白作为死囚犯，在狱中要戴几十斤重的木枷，即使是在这种情况下，他的报国之心仍未泯灭。当张秀才来狱中探视他时，他正在读《留侯传》，还写了《送张秀才从军》等诗，鼓励张秀才在国家多事之秋，要像张良那样建功立业。由于宗氏夫人在外奔走营救，被宋若思释放出狱，并参加了他的幕府。在此期间他写的诗文表达了他强烈的用世之心，他要为消灭安史叛军贡献力量。但是，唐肃宗对他的最后判决却是长流夜郎！年近花甲的老人要抛妻别子，披枷戴锁，到荒凉偏僻的不毛之地，度过晚年，这是多么大的打击！但他并没有绝望，想的是

“何日金鸡放赦回”，“何时入宣室，更问洛阳才”。

至德二年（757）末，身披枷锁的李白从浔阳出发，走上了漫漫的流放之路。溯长江而上，因朋友的挽留，曾在武昌、江陵停留，但是根据唐代的法律，流放之中不能无限期停留。于是继续西上，过三峡，进大山，于乾元二年春，李白被押解到了夜郎。在这里他写了《南流夜郎寄内》、《忆秋浦桃花旧游时窜夜郎》等诗。从这些诗的内容看，应当是在流放地写的。李白在夜郎留下了许多遗迹。在今贵州桐梓有太白故宅、太白井、太白书院、怀白堂、太白闻莺处、太白桥、太白碑亭等等。还有一个百碑亭，据说原有一百多块碑，有李白题诗的碑，更多的是历代文人凭吊李白流放地的诗碑。这真如李贽说的：“李白……生之处亦荣，死之处亦荣，流之处亦荣，囚之处亦荣。”李白在流放地大约住了一月，就因关内大旱，皇帝宣布大赦天下，李白也在被赦之列。李白诗中曾说“敕放巫山阳”，不能解释为巫山的阳坡，应解释为广义的巫山的南面，也包括夜郎。

李白被赦后北上巴蜀，距家乡青莲也不过数百里，他完全可以回故乡隐居。但他却未回来，这是因为他那一颗报国之心还在燃烧。当时安史之乱尚未平定，他“中夜四五叹，常为大国忧……安得羿善射，一箭落旄头”。他恨不能以自己的才能一下子把叛乱平息。他不愿意在国难当头时回乡隐居，他要东出三峡，找朋友举荐。他满怀希望地说：“今年敕放巫山阳，蛟龙笔翰生光辉。圣主还听《子虚赋》，相如却欲论文章。”他希望唐肃宗能像汉武帝召见司马相如那样来召见他。他怀着十分欢快的心情，东出三峡，吟下了千古绝唱：

朝辞白帝彩云间，千里江陵一日还。
两岸猿声啼不住，轻舟已过万重山。

李白到江夏（今武汉），见到江夏太守韦良宰，写了《赠江夏韦太守良宰》，叙述了自己的简历，要求引荐，但未得结果。后又多次求人引荐，又多次失败。此时的李白已年届花甲，贫病交加，穷困潦倒，漂泊于江南。那时安史之乱尚未平定，浙东和家乡绵州等处又生叛乱，战火在燃烧，人民在流血，偌大的中华，哪里有安静的乐土！李白虽已被赦，但毕竟是判过流刑的人，再也不是前任皇帝曾经宠幸过的翰林学士了。势利小人生怕沾上李白的晦气，避之犹恐不及。附庸风雅的官僚们，也不过让李白写几首诗，而后招待一顿酒食，打发一点路费而已，真是“吟诗作赋北窗里，万言不值一杯水”。战乱时物价飞涨，只有诗在贬值。为了生活，为了还酒债，李白常常典当东西，连伴随他几十年的心爱的宝剑也拿去当了。虽然李白处于困境，但他仍然不忘报效国家，上元二年（761）李光弼的平叛大军，出镇临淮，李白赎回宝剑，骑上借来的老马，要去投入李光弼帐下，参军平叛。但毕竟是病弱之身，经不起劳碌奔波，半道病发，只得沮丧地回到金陵，写了《闻李太尉大举秦兵百万出征东南，懦夫请缨，冀申一割之用，半道病还，留别金陵崔侍御十九韵》，诗中说：“拂剑照严霜，雕戈鬘胡缨。愿雪会稽耻，将期报荣恩。”这位病痛缠身的花甲老人，还要把宝剑擦得亮堂堂的，操起戈矛，戴上军帽，参军杀敌，这是多么感人的行动，多么深厚的爱国热情！真可谓：“老骥伏枥，志在千里，烈士暮年，壮心不已。”

李白在金陵贫病交加，虽得到一些朋友的接济，但“赠微所费广，斗水浇长鲸”。些微的救济解决不了问题，只得投靠在当涂那里做县令的族叔李阳冰。没住多久，李白又发病了，医生诊断是腐胁疾（肋膜炎），很难一下子治好，李白自知在世的日子不多了，就把自己的诗稿托付给李阳冰，要他编诗集作序。李阳冰接过诗稿安慰李白好好养病，又延请名医诊治。过了一些日子，李白觉得精神好了一些，他不甘心就这样老死床上，他向往的是回归大自然，要再去看看浩荡的长江，沐浴江上的和风，欣赏江中的明月，于是他挣扎着，拿出生命的最后一点力量，拄上拐杖，提着酒壶，走上江边。他一边饮酒，一边欣赏浩荡无边的长江美景，忽然想起了孔子的话："逝者如斯夫！不舍昼夜。"是的，人生就如这长江水，回想自己这62年，不断在追求，不断在奋斗，总想"安社稷，济苍生"，使天下太平。然而理想始终未能实现。眼前是国家残破，民众受难，自己贫病交加，现在投靠的李阳冰即将离任，我这老病之躯又往何处安身。他也想起了自己的出生之地青莲，读书之处匡山，几个月前他还写过一首怀念故乡的诗《宣城见杜鹃花》：

蜀国曾闻子规鸟，宣城还见杜鹃花。
一叫一回肠一断，三春三月忆三巴。

暮春三月，杜鹃花盛开，由杜鹃花而联想起相传为蜀王杜宇所化的杜鹃鸟，它的"不如归去"的啼叫声再次回响在李白耳旁时，对故乡的愁思显得分外悲凉，令人愁肠寸断。"叶落归根"乃人之常情，他多么希望长上翅膀飞回故里。那里的老友杜甫正在高吟："匡山读书处，头白好归来。"然而当涂距家乡迢迢数千里，哪有路费，病弱之躯又怎能长途跋涉。何况家乡也不平静，徐知道正在发动叛乱，杜甫还不是在东躲西藏吗？唉！已经走上人生末路了，即将离开这个世界，走向回天国的路了。于是他吟了《临路歌》：

大鹏飞兮振八裔，中天摧兮力不济。
馀风激兮万世，游扶桑兮挂左袂。
后人得之传此，仲尼亡兮谁为出涕。

他反复吟咏，老泪纵横。看看明月已从东边升起，似白玉盘似的高悬夜空，天上的明月映入江心，经微风一吹，化为满江碎银，微风一停又成了一个白玉盘。李白想：我这一辈子都在追求光明，这光明不就在眼前吗？那明月多么洁白，多么纯净，那里没有你争我斗，那里没有血雨腥风，那里没有饥寒交迫，我何不投奔她而去。于是纵身一跳，溶进了江心的明月。就在这时，有笙箫鼓乐之声传来，一头巨鲸将李白驮起，他骑在鲸背上，向着明月缓缓游去。

关于李白之死有不同说法，有一种说法是病死，而更多的人相信上述的醉后捉月，骑鲸升天。因为这样更合符诗仙李白的浪漫性格，希望他化作明月，溶进波涛，永远在大地上照耀、奔腾。

盛唐文化孕诗人

李白生活的时代是中国封建社会的黄金时代。隋末农民起义推翻了隋朝的腐朽统治，李渊父子削平群雄，于618年建立了唐王朝，从“贞观之治”到“开元盛世”，经过一百多年的和平发展，在李白出世之时，国力强盛，经济繁荣，文化昌盛，各方面都远远走在世界各国前头，是世界上最强大的国家。那时的版图东至库页岛，西至咸海，北至西伯利亚，南至越南中部，版图辽阔，声威远播，亚非欧七十多国与唐朝有来往，各国的使者、僧人、留学生，像蜜蜂采蜜似的到中国来学习先进文化。各国的商人，从陆上和海上的丝绸之路到中国来采购丝绸、茶叶、瓷器和各种精美的工艺品。唐朝是一个十分开明和开放的王朝，尤其是唐朝前期的统治者，从唐太宗到唐玄宗，他们的心胸宽广，政策开放，敢于吸收和容纳不同的思想和意见，唐代没有文字狱，公开讽刺皇帝的文字，或不合祖制的思想，从未被追究过。这就形成盛唐文化的自由开放和包容兼收的精神。无论是对中国诸子百家的思想，或是外来佛教、伊斯兰教、景教一律兼收并蓄；无论是中国传统的文学艺术，或是外来的音乐、舞蹈、雕塑，都能兼容并包。中外经济文化交流，达到了中国封建时期的高峰。文人们敢说，敢写，敢怒，敢骂，这就形成了文化的丰富多彩、百花齐放的局面。盛唐文化体现了创造的精神，唐朝实现了大一统，各种文化打破了地域的局限性，得到了广泛的交流，又吸取了外来文化的营养，在此基础上又加以创新和发展。因此盛唐文化既有北方文化的质朴、刚健，富于现实主义，又有南方文化的绮丽、清秀，富于浪漫主义。在文化方面的成就远远超过前代。盛唐文化充满着积极向上的精神，那时处于中国封建社会的上升时期，国家富强繁荣，文人们始终保持着高昂向上、朝气蓬勃的精神状态，愿意为国为民做出一番惊天动地的伟大事业。

李白是盛唐文化孕育出来的伟大诗人，也是盛唐文化的杰出代表。李白为陇西李氏后裔，他的父亲有较高的中国传统文化的修养，李白的先辈住在西域约百年，必然接受西域文化，正是在大一统的盛唐，才回到内地。李白生长于巴蜀，巴蜀有悠久的文化传统，历史上出过许多文化名人，他们博采众长，兼收并蓄，富于创造性和叛逆性，不受传统礼教的束缚，在文艺创作上富于浪漫主义。这些都深深地影响着李白。李白的好朋友魏颢说："蜀之人不闻则已，闻则杰出。"就是说蜀中的人物，不出名则已，一出名就是非常杰出的。"蜀之文人才士，每出皆表仪一代，领袖百家。"李白之所以成为伟大诗人，不仅因为接受巴蜀文化的影响，而且由于他生活在盛唐，国家统一，天下太平，他才能走出三峡，漫游全国，广泛吸取南方文化和北方文化之精华，博采众长，进行创造。他的诗歌充分体现了盛唐文化的自由开放和包容兼收的精神，积极向上和富于创造的精神。他的诗歌不仅内容丰富，而且风格多样。既有儒家的积极进取，又有道家的超旷高逸，还有释家的空灵宁静；既有雄奇壮阔的阳刚之美，又有绮丽清秀的阴柔之美。是伟大的时代造就了李白这样伟大的诗人，是盛唐文化陶冶了李白瑰丽的诗魂。

李白给我们留下的约一千首诗，是中华文化宝库中的珍宝。他诗中洋溢着那种忧国忧民的执著的爱国主义精神、济世安民的宏伟抱负、百折不挠的积极进取的精神，将永远鼓舞着子孙后代。李白诗歌飘逸豪迈，雄浑壮丽，自然清新，登上了浪漫主义诗坛的顶峰，成为世界文化宝库中的魁宝。李白崇高的艺术成就，如万古奔流的江河，永远泽润着一代又一代文人墨客。

李白的传说[①]

李白在故乡生活了二十四年，故乡流传着许多有关他的故事，这些故事世代相传。笔者小时候听父亲蒋实夫讲过许多李白故事。后来在考察李白遗迹时，又访问当地的老人。在 2004 年之后又多次拜访青莲的“李白通”肖吉洲、杜国通两位老人，我将他们讲的故事记录下来，又参考了《中国民间文学集成·江油县资料集》，整理出五十九则。现在给我讲故事的人大都已经过世，在这里将他们讲的故事尽可能原汁原味地奉献给大家。

李白出世

相传唐明皇为了长生不老、万世为君，对道士、和尚特别好，希望他们传授长生不老之术。有一天张果老、柳真人和莫真人三位仙人来到宫廷。唐明皇非常客气地接待他们，在殿中大摆筵席，欣赏着宫廷音乐

① 本章内容采自民间传说，为存旧貌，对传说与史实有出入之处未做改动，请读者辨之。

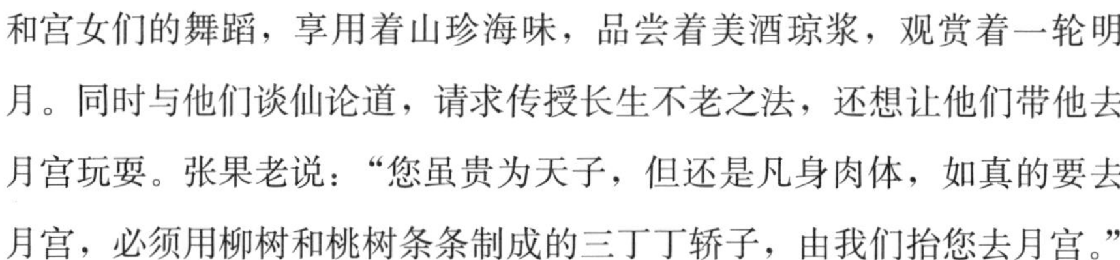

和宫女们的舞蹈，享用着山珍海味，品尝着美酒琼浆，观赏着一轮明月。同时与他们谈仙论道，请求传授长生不老之法，还想让他们带他去月宫玩耍。张果老说：“您虽贵为天子，但还是凡身肉体，如真的要去月宫，必须用柳树和桃树条条制成的三丁丁轿子，由我们抬您去月宫。”

唐明皇马上下旨做轿子。很快制成了柳树和桃树条编的轿子，三位神仙施出法力，抬着唐明皇直奔月宫而去。

进入月宫，唐明皇四处观看，只见月宫中祥云缭绕、丹桂飘香、玉兔嬉戏，仙女们一个比一个漂亮。这月宫比他的皇宫安逸多了。

这天，嫦娥恰巧到玉皇那里去了，她的妹妹素娥接待了他们，请他们饮桂花酒，还叫仙女们在仙乐的伴奏下跳起了霓裳羽衣舞。美酒、美乐、美舞，把唐明皇搞醉了，忘了客人的身份，也忘记了身在何处，顿时对素娥起了歹心，在月宫的粉壁上写了一首淫诗。三位仙人一看大惊失色，怕嫦娥回来发现，脱不了手，便对唐明皇说：“你惹祸了，此地不宜久留，赶快走吧!”拉着他急急忙忙出了月宫门，进了轿子，逃回人间。

他们刚走，嫦娥就回来了，看到墙上有一首淫诗，顿时脸色大变，责问素娥：“这首诗是谁写的?”

“是大唐天子唐明皇写的。”素娥回答。

“好呵，你李隆基真是色胆包天，身为大唐天子，不理朝政，私自跑到我月宫来，淫乱我月宫，我要去告你。”嫦娥将淫诗抄下来，转身跑到玉帝面前告状去了。玉帝问明情况，看了淫诗，顿时怒气冲冲地说：“好你个李隆基，这等好色之徒，怎做得人间君主。”心想你李隆基既然与素娥互相有情，我就成全你们吧。于是下令将素娥贬下凡间变成杨贵妃，又命青龙星下凡变成安禄山，让他们去扰乱大唐江山。

太白金星知道玉帝降灾人间之事，急忙到玉帝面前奏本：“启奏玉帝，你早定李唐王朝享国三百余年，现在唐朝才一百年，气数未尽怎么能降下灾星，岂不殃及黎民百姓?”

玉帝说：“我的天诏已下，他两个也贬下凡尘了，咋好更改!”

太白金星说：“那就再派白虎星官下凡去保大唐嘛!”

玉帝说：“准奏!”

太白金星掐指算了算，这白虎星官下凡就是后来平定安史之乱的郭子仪。郭子仪是一名武将，保大唐还须一名文官。于是他又奏道：“启奏玉帝，这白虎星和青龙星下凡，他们可凶残哟，只派一个白虎星官不行啊。‘一拳难敌二手’，白虎星官一人怎能保得住大唐江山？还需再派一星，一文一武才保得住大唐江山。”

玉皇对太白星君经常犯颜直谏，给自己添麻烦，十分厌烦，现在又说得没完没了，不如趁此机会把他贬下天庭。于是说：“爱卿呀，那就只好让你辛苦一趟了，你与白虎星官一文一武下凡去，共保大唐，安抚百姓吧!”

“是，领旨!”太白金星想到大唐的灾难即将得免，他很乐意地接受了玉帝的差遣。

太白金星出得南天门，来到了西蜀的青莲乡，但见此地山明水秀，竹木茂盛，田土肥美，如人间仙境，决定在此投生。他见一秀气的女子在盘江边洗衣服，就变成一条红色鲤鱼，总在女子附近打转转，好像是百般地依恋她。当她洗完衣服，正准备提起篮子走的时候，红鲤鱼“嘣咚”一声从水里跳进了竹篮中。那女子看到这条鱼活蹦乱跳，不忍杀害，又放到河中。太白金星见她心地善良，决定投胎于她。那天晚上这女子梦见天上金光闪亮，长庚星也就是太白星从天上掉下来，恰巧落到她的怀中，于是就怀了身孕。怀了三年零六个月，才生下一个白白胖胖的儿子，他们夫妻抱着，搂着，亲着。

根据青莲当地的风俗，娃儿满百天时，必须把娃儿抱出家门避邪，免得日后生病。这娃儿满百天时，正值百花盛开的春天。他们把娃儿抱出家门，附近乡亲都来观看和祝贺，都夸这娃儿长得乖，惹人喜爱。有人就问："你这娃儿取个啥名字？"

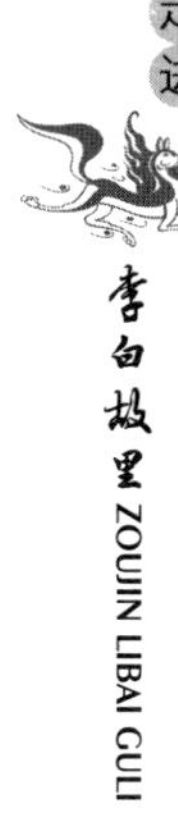

娃儿的父亲看到前面白茫茫的一片李子花，想到这娃儿又是太白金星入梦才怀上的，就说："我们姓李，娃儿就叫李白，字太白吧！"

放牛坪

李白的父亲是从外地搬到青莲来住家的。开头是在盘江边上，现在的太白祠下边点，搭了间草房子，后来才搬到天宝山脚底下，现在的陇西院。

李白家里很穷，他小时候帮张家放牛。有一回，牛儿跑进了农田吃庄稼，李白赶紧跑到地里，使劲把牛儿拉出来。这时这块地的主人也来了，看地里刚冒出土的禾苗被吃了几十株，很是心疼，要求李白赔。李白知道惹了祸，但又害怕父母责怪，于是想了想说："牛口有粪，吃了一天长一寸。明天包你的庄稼要长起来。"

地的主人说："如果明天长不起来，我就找你父母说去。"

李白回到家，不好意思告诉父母放牛惹祸之事。他想，自己惹的祸一定要自己解决。吃过晚饭，李白偷偷地用小木桶盛上粪水，提到农田就着月光将牛吃过的秧苗浇灌了一遍。

第二天，地的主人到地头去转了一圈。看到庄稼硬是长了一寸多，心想："李白这娃儿还说得真准，真是神了！"

从那以后，李白说的"牛口有粪，吃了一天长一寸"的话就在附近传开了，牛吃了庄稼也都不叫赔了。

后来大家还把李白放过牛的地方叫“放牛坪”。这块地最适合种蔬菜，同是一天下的种，别个地头八天出苗，这里只要五天苗就出来了。同是一天栽的菜秧，这里两个月就能收，别个地头两个半月也没那么肥嫩。直到现在附近十里八乡的农民还爱买这里的菜秧。

李白读书

李白家里很穷，六七岁还在放牛、捡柴、捡粪。他爸只种了一点庄稼，勉强能供一家生活，没有多余的钱供李白读书。那时青莲镇也还没有官学，有钱人请私塾老师教自己的子弟。私塾里的学生都是有钱人家的子弟，他们吃穿不愁，读书根本不专心，听课不注意，读书装模作样，写字乱画符，于是成天挨老师的戒尺。李白因其年龄小，加上家里需要他帮忙放牛，父母没让他来读书，但李白却渴求念书，放牛时爱到私塾老师那里去，老师在屋里教书，他就在窗户外偷听，边听边往心里记。听完课后，还一边放牛，一边在盘江边的沙滩上用小柴棍练习写字，对私塾老师所教的知识，也掌握了不少。

一天，李白放牛时又到私塾旁偷学。老师正在检查学生背诵千字文等内容。里面除了传出学生断续、错漏的背诵声外，还不时传出老师打学生的戒尺声。李白听清了老师的要求，就跑到草坪，骑在牛背上轻声背了起来。放学后，一帮吃了老师戒尺的娃儿正垂头丧气往家走，突然旁边放牛娃的背诵声让他们停住了脚步。他们记起了老师的戒尺，向放牛娃问起了背诵的方法来。李白也趁机要来了他们的书翻看，并向他们也问这问那起来。从那以后，李白和私塾里小学生们成了好伙伴。在相互的问询中，李白的知识更全面了，私塾的娃儿也从他那里学到了学习的方法。

过了一段时间，私塾老师发现了学生出乎意料的变化，心里暗想："难道是有高明先生在暗中教化，准备抢我的饭碗吗?"他终于发现了放牛娃李白在窗台偷听他的课，于是让李白来到了自己面前，问："你识不识字?"李白点点头。"怎么认识的?"李白回答说："爸爸教过我一些，许多还是在先生的窗外偷学的。"私塾先生又试着让李白背诵和书写一些自己讲过的诗篇，李白竟背得一字不差、写得一字不错。小李白的表现让私塾先生惊奇不已。他上下打量着李白，心想：这娃儿天真可爱，聪明伶俐，真的是个不同凡响的神童哟。于是高兴地对李白说："你干脆上学堂来读书咋样？回去告诉你父母，我给你准备书本笔砚，不收你学费，只要你认真学，我就一心培育你。"李白听了高兴得直跳，赶紧谢过老师，牵起牛儿回家向父母禀报去了。

第二天一早，李客带着钱物送李白去了学堂，但私塾先生拒绝了钱物只留下李白。于是，李白进了学堂，成了青莲私塾中先生最喜爱的学生。

铁杵磨针

李白进了私塾学堂后，很听老师的话，学习也比较勤奋，但毕竟年岁小，再加老师的喜爱，心中逐渐出现骄傲的情绪。一天老师布置完背诵和写字任务后，因事离开了教室，李白竟然在几个调皮小伙伴的鼓动下一起逃出学堂玩耍去了。

那天天气很好，李白和小伙伴们尽情地游玩着，突然从小溪边传来一阵阵"嚯嚯"的声音。李白走到溪边，只见一位白发老婆婆正拿着一根铁杵在磨石上来回地磨着。

李白问道："婆婆，你这是在磨什么呀?"婆婆说："我这是在磨绣花针呀。"

李白很惊奇地问道："铁杵那么大，要磨到何年何月才能磨成哦?"老婆婆说："我今天磨，明天磨，后天磨，天天磨，只要功夫用得深，铁杵也要磨成绣花针。"

"只要功夫用得深，铁杵也要磨成绣花针。"李白听到老婆婆的话，心里一震："读书不也是同样的道理吗？只要我今天读，明天读，后天读，我天天学，我也一定能读出个名堂的。"

从此李白发愤读书，立志要成就一番大事，最后他果然成为了著名的"诗仙"。

赴宴吟诗

在私塾老师的教育和"铁杵磨针"的启发下，李白读书越来越用功了。几年下来，不仅读了不少的书，还作起了诗文来。

一天，李客接到了朋友的帖子，邀请他去参加文风楼的晚宴。李客决定带十岁的儿子李白一起去，让儿子见见世面。

当他们登上文风楼时，李客的朋友们早已到齐了，参加这次宴会的大部分是文人雅士，酒过三巡后，一位文士站起来向大家提议道："诸位朋友！我听说李兄之子李白，十分聪明，善于吟诗作赋，不如我们请他吟诗助兴，如何?"这个提议，马上得到了大家的赞同。李客听了，连忙推辞说："我儿李白尚幼，识字甚少，只是偶尔对对句，哪里会作诗?"这时旁边另一位文士站了起来说道："客兄太谦虚了。我听说贵公子的诗写得不错，就不要过谦了。”

李白大大方方起身离座，一拱手向众人说道：“各位前辈，我这里献丑了！今夜聚会文风楼，就以此楼为题。”

李白吟出了四句诗来：

危楼高百尺，手可摘星辰。不敢高声语，恐惊天上人。

李白吟诗刚一落句，有人就在称赞了：“吟得好！”“吟得妙！”

也有人在议论：“也可能是他事先做好了的。”

于是有人提议：“这首诗的确吟得好，再给你临时命题吟一首如何？”

“请命诗题吧。”李白说得很轻松，但却惊坏了里面不少人。要知道，命题作诗，也就是即兴赋诗了，可不是简单的事情，只有三国时曹子建那样学识渊博、才思敏捷的人才办得到。这个小小的李白，难道也有子建之才吗？

此时，楼外正飞着一群闪闪发光的萤火虫，于是有人提议，请小李白以“萤火虫”为题。

只见小李白从容地站起来，略一思索，便朗声吟道：

雨打灯难灭，风吹色更明。若飞天上去，好作月边星。

吟完，席上爆发出了热烈的掌声和叫好声。一位老先生连声称赞道：“好诗！实在是好诗！小李白果有子建之才！真可谓神童也！今后前途无量啊！”李白这两首诗一传十，十传百，都知道小李白是个会吟诗的神童。

诗镇石牛

粉竹楼那边有个石牛沟，石牛沟里有一头石牛。它白天静静地躺在那里；夜晚变成了一头活牛，四处奔跑，乱吃庄稼，这让周围农民伤透了脑筋。只得组织起来，轮流守庄稼，但守也守不住。石牛照样夜夜出来奔跑和践踏庄稼。用铁锤、铁棒砸，砸都砸不烂。

一天，邻居家的娃儿跑来告诉李白说，石牛沟的石牛昨晚又跑出来践踏庄稼了。他马上拽起邻居娃儿想快去看个究竟。来到石牛沟，只见天然长成的石牛正静静地卧着。李白看着这石牛，想起了自己放牛，那牛儿是非常听话和温驯的。我且吟诗一首：

此石巍巍活像牛，埋藏是地数千秋。
风吹遍体无毛动，雨打浑身似汗流。
芳草齐眉弗入口，牧童扳角不回头。
自来鼻上无绳索，天地为栏夜不收。

乡亲们觉得李白这诗写得真好，把石牛写得栩栩如生，最后两句画龙点睛，写出了小诗人的豪迈不羁。于是就把这首诗刻在碑上，立在了石牛旁边。说来也怪，从那以后，石牛一直静卧不动，再也不危害庄稼了。这头石牛如今陈列于江油李白纪念馆内，被定为国家一级保护文物。

（以上六个故事为杜国通讲述）

和月圆对对联

李白的父亲是很有学问的人。李白的妹妹李月圆也是个才女。一家在一起时就爱吟诗对对联。

有一年八月十五，一家人坐在一起为月圆过生日，一边饮酒，一边赏月，一边吟诗作对。

首先是李白的父亲出了一上联：“山清水秀。”李白随口对：“花好月圆。”妹妹一听就知哥哥用了自己的名字，对了一句：“李白桃红。”也把哥哥的名字用在里边。

李白的父亲又出一上联：“盘江、涪江、长江，江流平野阔。”月圆抢着对：“匡山、圌山、岷山，山数戴天高。”李白对：“初月、半月、满月，月是故乡明。”

接着李白出一对：“观雾山观雾，山中无雾。”

月圆对：“摩天岭摩天，岭外有天。”

李白又出了一个更难的对子：“冰（氷）冷酒，一点、两点、三点。”

月圆思索了一下，对道：“丁香花，百头、千头、万（萬）头。”

李白对妹妹才思敏捷，打心里佩服，说：“妹妹的才学赶上哥哥了。”月圆说：“我哪里赶得上哥哥的才学。我想了一个对子，请哥哥来对：日月齐辉普照大明寺。”这对子真不好对，日月合起来是明，普照、大明又是家乡两座寺庙的名字。李白想了许久才对出：“山人结伴同济飞仙桥。”山人合起来为仙字，同济、飞仙又是家乡的两座桥。

李白的父亲对兄妹俩夸奖了一番，鼓励他们还要多读一些书。

（王定超讲述）

巧对裁缝

一天李白去上学，遇到一个裁缝，裁缝听说这个娃儿会作诗，想考考他，就说："你能不能以我的熨斗为题目作诗一首?"

李白想都没想就吟道：

铁打一艘船，红娘坐中间。

天下鹅毛雨，船过地皮干。

李白咏日月

有一天黄昏，太阳还没落下坡，月亮就出来了。李白正在观赏此奇景，恰好一位农夫走过来，对他说："听说你很会作诗，你能不能也给我作一首诗?"

李白说："以啥子为题?"农夫一看就说："就以这天上的太阳月亮为题。"

李白想了一下就说："天生一对鸳鸯，为何男短女长。男子忠心一片，女子两样心肠。"

李白睡瞌睡吟诗

李白要睡瞌睡了，他就以睡瞌睡吟了一首诗："打个呵欠瞌睡来，上床先脱袜和鞋。三魂七魄随梦去，不知明早来不来。"

（以上三个故事由肖吉洲讲述）

太白弓的传说

青莲坝过去丈量田地，用的弓，有的人出于私心，不是做长了，就是做短了，不合标准。李白从书里找到弓的标准长度，做出的弓大家都心服。后来把它画在太白祠的那个柱头上，凡是要丈田了，就比到太白祠柱头上那个长度做弓，这个太白弓大家都承认，丈田最公平。

初露锋芒

李白不仅读书非常用心，同时练得一手好字。

有一天，青莲一个大绅士做六十大寿，有人家要送一道匾，请了一位先生来写匾。这位先生怕写不好，就在一张纸上先练字，准备选最满意的字贴到匾上再刻。这位先生练字时周围有很多人看闹热。李白也在旁边看。他说：“写匾哪里用得着这么麻烦，直接写到匾上就可以刻。”

绅士看到说这话的人是个十多岁的小娃娃，就说：“你说得轻巧，拿根灯草，你写来看看。”

“写就写！”小李白很不客气地把衣袖一挽，提起笔就直接在匾上写。写完第一个字，就有人叫好：“这娃娃的字写得还可以嘞。”四个字一写完，连那位先生也不得不赞叹：“真是后生可畏！后生可畏！”

大绅士做生那天，昌明县令也来祝寿。看见那道匾的字写得很好，就问是谁写的。绅士说是一个十五岁的娃娃李白写的。县令就说要见一见李白。李白见了县令诉说了自己家世：父亲是从外地迁移来的。自己从小在父亲指导下在沙滩练字，苦读诗文。县令问他读过些啥子书？李白说，已读遍诸子百家和一些天下奇书，也能诗能赋。县令是位喜欢附庸风雅的人士，想到衙门里正缺少一个能干的办文案的书吏，就问他愿不愿意当小吏。李白想到：父亲不久前去世，母亲时常生病，妹妹年纪还小，家庭生计困难，不如去当小吏挣点钱，也可贴补家用。于是答应可以先去试一试。

第二天，李白就到昌明县衙当上了小吏。

夜办文案

李白到县衙那天，县官给他摆酒宴接风。李白也不客气，开怀畅饮。衙门里的人好多都喝醉了，县官也喝得二昏二昏的。

这时恰好上头来了一道紧急公文，要求立即处理，第二天就要上报。县令一下子傻了眼，这公文要求得这么急，平时要完成也得搞好几天，明天怎么拿得出来。

李白看县令为难的样子就说：“你拿给我，今晚熬个夜，争取明天搞好。”

县令半信半疑地把公文交给李白处理。

这天晚上县官醒了几回，总担心李白这个十几岁的娃娃，又是个生手，何况他也喝了那么多酒，很可能办不好公文。

第二天一大早县令就派人去看李白。那人回来报告说：“小李先生还关起门在蒙头睡大觉，也不晓得他把公文办完没有。”县令很着急地说：“你赶快去喊醒他，顺便给他打盆洗脸水。等他洗了脸立马到我这里来。”

李白洗了脸去见县令，知道是要问公文的事，便把已经办好的公文也拿上。

“昨天睡得可好。”因李白初来乍到，县令对他还很客气，也没有首先就问公文的事。

“承蒙昨天大老爷赐的酒，昨晚睡得很香。不过晚睡了一会，在睡觉前把公文写完了，请大老爷审查，若是合格就请用印。”

县大老爷接过公文一看，需要报告的事写得一清二楚，而且很有文采，文字也很工整。心中大为高兴。原来的文吏要办几天还办不到这么好，李白还没熬到半个夜就办好了。庆幸自己得了个人才，当即用了印，派差役按时将公文送到绵州。

从此，李白天天陪伴在县令身边，为县令处理公文，还不时饮酒作诗，下乡视察。

诗讽县令妻

县吏的事情不是很多，来了公文李白处理得又很快，因此闲暇时间也比较多。从小喜欢学习的李白，在处理公文之余只好以看看书、写写字来打发时日。

一天早上，李白来到衙门外散心。看见和他要得好的一个放牛娃在城墙边放牛，那里的草很少，李白就说："你跟我到县衙门后院的草坪上去放牛，那里的青草又嫩又绿，保证牛能吃好。"

谁知刚走到县衙后院，牛儿昂头"哞"地叫了一声，这把正在旁楼上观赏朝霞美景的县令夫人吓了一大跳。她低头一看，是牛在叫，顿时觉得大扫雅兴，伸起脑壳就大声斥责："你放牛娃好大胆哟，竟敢牵牛到县衙里吃草，这成何体统？还不牵起走！"

李白向楼上一望，原来是县令夫人正瞪起眼睛在发火。李白笑哈哈地吟道：

素面倚栏钩，娇声出外头。若非是织女，何必问牵牛？

县令夫人一听，脸就红了："放牛娃竟敢称他是牛郎，而把自己比作思凡的织女，这还了得！"她觉得李白调戏了她，气得向县令告状，要求惩治李白。

此时县令正在楼上喝茶，也听到夫人的斥责和李白以诗作答，觉得李白聪明机智，回诗妙趣横生，不仅未惩治李白，还请李白上楼喝茶。

看火烧地续句

自从诗讽县令妻后，县令深感李白这小子确是才能不俗。春耕时节到了，县官要视察全县的生产，带着李白和几个跟班下乡。

一个傍晚，县官看到山上的农民在烧山砍火地，也就是“刀耕火种”。周围的山地出现了一条条蜿蜒燃烧的火龙，火光映红了天空。县令见了火景，发了诗兴，不由得咏起诗来：

“野火烧山后，人归火不归。”县令反复吟着这两句，下面就吟不出来了。

陪同而来的李白才思敏捷，立即续咏道：

“焰随红日远，烟逐暮云飞。”紧接着，随行的人员爆发出了一片叫好声。县令瞪了李白一眼，心里在说：“你硬是显示不出来了！”转身往回走了。

（以上五个故事为杜国通讲述）

对联得罪县令

这一年县令做五十岁的生，县里那些想巴结县官的士绅、读书人都跑来祝生，很是闹热。几个读书人聚在一起，有吟诗的，也有作对联的。县令也来附庸风雅。一位老先生以涪江边的望江楼为题，出了一个上联：“望江楼上望江流，江流千古，江楼千古。”又说：“闻说县大老爷才高八斗，请老爷先对。”这对子的确不好对，有两个“江楼”，两个“江流”，两个“千古”。县官抓耳挠腮，半天对不出来，那些读书人有的埋头思索，有的撚着胡子苦想，也没有想出下联。

李白看到县官脸都急红了，就抿着嘴阴笑，县令一看李白在笑，脸更红了。

李白见县官和在座的都对不出来，就指着北面的观雾山说：“我以观雾山来对下联，‘观雾山前观雾起，雾起百重，雾山百重’。大家觉得如何?”客人不禁鼓起掌来，赞扬道：“对得太好了！太有才学了。”

老先生说：“这是个千古绝对，今天被你这个年轻人对出来了。”

县官脸上红一股，白一股，心里很不是滋味，在内心说：“好你个李白，就你精灵完了，当着全县这么多有脸有面的人，来显示你的才学，扫了我的脸面。”

在这之前，几次县官吟诗，吟了半截吟不出来了，是李白帮着吟完。这次李白又当众扫了县官的面子，更加得罪了县官。从此，李白再也不像刚来时那么被县官信任了。

（蒋实夫讲述）

看涨水续句

不久雨季来到，山洪暴发，涪江里发起了大水。这时，县令传来了命令，要求李白随同到江边查看水情。在衙役们的前呼后拥下，县令带着李白来到了涪江边。只见江水暴涨，水中漂浮着许多树木、家具、衣物，以及牲畜，农民忙着捞东西。

突然一具死尸被洪水冲击到了堤脚的芦苇边。仔细一看是一具女娃娃的尸体。看到女尸，县令眉开眼笑，捋了捋胡须略做沉思状，而后咏道：

“二八谁家女？漂来倚岸芦。鸟窥眉上翠，鱼弄口旁朱。”

李白以为，县令看到这种惨景会马上指挥大家抗洪救灾、解决灾民临时的安置和生活问题。可县令根本没那意思，反而对着女尸咏诗，还摇头晃脑地重复着“眉上翠”、“口旁朱”，这不是戏弄这个死去的女娃娃吗。李白早就想抒发对县令的不满，于是脱口咏道：

绿发随波散，红颜逐浪无。何因逢伍相，应是怨秋胡！

李白咏完了续句，县令的脸色红一阵白一阵，心里骂道：“你这娃娃真不识抬举，我让你做小吏，给你一碗饭吃，你反而卖弄才学，吟诗挖苦我，把我比成道德败坏的秋胡。”随从人员看到县令变脸变色，都替李白捏了一把冷汗。原来李白读了不少的书，在他的续句中引用了两个古人的故事。伍相是春秋时期吴国的丞相，因进忠言而遭忌恨，被迫自杀后，尸体被投入江中，暗示溺水女子可能是受冤屈而死。秋胡是春秋时期鲁国人，结婚后不久便出门做官，多年未归，有一天回家，在桑园里见一妇女非常美貌，顿生邪念，便去调戏。这女子忿而逃走。秋胡回家，与妻子相见。妻子见此人正是在桑园里调戏她的下流无耻的流氓，又恼又恨，痛骂了他一顿之后，便跳河自杀。李白续句中的意思是说：秋胡调戏自己的妻子无耻，你这个县官调戏女尸更加无耻。所以县官听了李白的续句变脸变色，心里很不是滋味。

李白续诗后也觉得有些过分，心想端人家的碗，服人家的管，这回把县太爷得罪了，肯定要给自己小鞋穿。他觉得在这样既无才又妒才的县官手下干事，不会有出息，干脆辞职。第二天他对县太爷说他要回家。县太爷也巴不得他走，如果他还留在身边，他的本事倒显出来了，把我显得太无能了。但面子上还假装要挽留，李白高矮要走，县官给他饯了个行，问他回去干啥子，李白说："我回去还是帮人家放牛。"县官不信。其实李白打算上匡山苦读，学得更多本事再为国家做些大事。

粉竹楼

李白有个妹妹，因为她生在八月十五，所以才改名月圆。李白从彰明县当了一段时间小吏，回到青莲家中。这时，他的父母已经先后去世，仅留下他和妹妹。李白不愿困在家里，他要外出求学，求取功名。月圆说："哥哥，你走了，留下我一个人在家怎么办？"

李白说："你从小就与张雪娥耍得很好，就把你寄养在她家，你看如何？"月圆说："还不知道人家同不同意。"李白去张家说了这个意思，张雪娥的父母很喜欢李白兄妹俩，也同情这一对孤儿，就答应了让月圆陪伴女儿雪娥，一起学习琴棋书画。

李月圆和张雪娥整天在绣楼上学习琴棋书画，做针线活路。每天将洗脸的脂粉水泼在楼下的翠竹上，天长日久，竹竿上形成一层白色粉膜，人们就把这座楼叫"粉竹楼"。直到现在，粉竹楼院内还生长着几丛粉竹，仿佛还能闻出李月圆的脂粉香。

洗墨池

在粉竹楼东面一里多地，有一口井。井底时常有水泡冒出来，好像蒲花，所以名叫蒲花井。又有人说井边曾经长了一根蒲树，每年要开花，所以叫做蒲花井。

李白的家从盘江边搬到天宝山脚下，就是后来的陇西院。李白每天读书写字，要到这里打水磨墨，涮洗笔砚。久而久之，这井水就绿中带黑，真像是墨染过的。人们就把蒲花井叫洗墨池。传说吃了这里的水，便能得到李太白的遗墨，可以耳聪目明，文思敏捷。

点灯山

李白自从受了铁杵磨针的点化后，发愤攻读。他家住在青莲场边边上，来来往往的人多，不能专心读书，他想该找个清静的地方。

有一天，他朝西北方向走，看到一座山，叫小匡山，山上尽长的是好大一根一根的柏树。他爬上山顶，往下一看，还看得到青莲场。他想，这里离家也不远，又很清静，干脆就在这里读书吧。

李白读书硬是用功得很。不光白天读，晚上还要读。有月亮的夜晚就在月光下读书；没有月光就烧一堆火，对着火光读书，一直读到天亮。天上的玉皇大帝看到李白读书这么用功，也很辛苦，就把灵霄宝殿中管灯的燃灯姑娘派到小匡山，让她每晚给李白照灯，好让李白多学一些本事，将来保唐朝的江山。从此，每到夜晚，燃灯姑娘点燃神灯，照着李白读书。周围几十里都看得到山上的灯光，所以把这座山叫“点灯山”。李白学成以后，离开故乡，遍游天下，后得唐玄宗召见，很受赏识，封为翰林，于是人们便把李白读书的点灯山叫“翰林山”，还在山上建祠，内塑李白身穿官袍的像，龛上题“天才俊逸”的横匾，两边有：“锦心绣口”、“明月肺肠”的挂匾，还有对联：“惟见长江留浩月，可怜头白未归来。”

唐朝末年有个道士杜光庭，听说李白在小匡山上读过书，专程上山来，还写了诗一首：

山中犹有读书台，风扫晴岚画屏开。
华月冰壶依然在，青莲居士几时来。

从此这座山又叫李白读书台。

（以上四个故事由杜国通讲述）

骑竹马

李白在家练字时，用的是他家附近蒲花井水研墨、洗笔，这井水也有灵气，使用这井中水磨的墨，写出来的字特别好。他到点灯山上读书，还是舍不得这口井水，但是往来取水太费时间，正在为难时，梓潼七曲山的文昌帝君来访，对他说：“你要回家去蒲花井取墨水、洗笔不难，我送你一匹马做坐骑。你眼睛一眯，想到哪里，它就驮你到哪里。”说罢文昌帝君就不见了。原来这是一梦，醒来后又见屋内多了一根金竹棍，他跨上这匹竹马，腾云驾雾，一眨眼功夫就到了蒲花井，取水回山，一盏茶还没有凉。从此他不仅在山上攻读诸子百家的书，还骑着竹马寻仙访道。大匡山、戴天山、太华山、紫云山、窦圌山都是他常去的地方。又传说李白骑这匹竹马到太白井舀水，到七星井赏月，到茅屎梁（大康去武都的山梁）解手。

书箱石

李白在小匡山刻苦攻读，感动了在乾元山金光洞中修炼的太乙真人。他送给李白一口书箱。李白把这口书箱安放在半山腰。在书箱下有一块空坪，每逢雨后天晴，李白打开书箱，在这空坪上晒书，人们就叫它晒书坪。晒书坪旁边的石头上有一双脚印，传说李白在这里读书，读到高兴处，用脚在石头上蹭，天长日久就留下了脚印。现在这座山上还有一个叫书箱岩的地方，有些石头好像是一册一册的书放在那里，据说是太乙真人送给李白的书所化。

（以上两个故事由蒋实夫讲述）

太白渡

李白读书的小匡山在让水河边，这条河又叫平通河。李白从青莲家里上小匡山读书，必须要过这道河。那时河上还没有架桥，只能踩水过河。李白见到那些老大娘过河很困难，就背他们过河。老大娘要拿钱酬谢他，他坚决不要。

观音菩萨想试一试李白是不是真心诚意帮助人，变成一位白胡子老道，站在河边望河叹息。正在河边洗笔的李白问他：

“请问道长，您要过河吗?”

“我是要过河，可是没有渡船呀！我人老了，又不敢踩水。”

“这有何难！我年轻，有的是力气，背您过河就是。”李白边说边俯过身子要背道士。老道士也不客气，爬在李白背上。

李白背起老道，深一脚浅一脚地踩水过河。快到河中心时，老道说：“哎呀！我的鞋子忘记河边了，麻烦你背我转去。”李白把老道背回岸边，帮他穿上鞋子，再背他过河。走到河中心，老道又说：“我人老记性坏，我的拂尘在刚才穿鞋时忘记拿了。”李白二话不说，又背起老道回岸边拿拂尘。然后再背老道过河。不知怎的，李白感到老道的身体愈来愈轻，很轻松地就背过河了。

观音见李白真心实意帮助人，又怕他背人过河耽误学业，就把拂尘一挥，化成一只渡船，从此来往行人就方便多了。

此后，这里被叫做观音滩，还修了座观音庙。这渡口又叫太白渡。曾经立过一座石碑，上刻着：“太白古渡。”还刻着：“太白读书经过此渡。”

隐居匡山

李白在匡山隐居时，还有一位高人东岩子也隐居在匡山。东岩子能文能武，李白就拜他为师，东岩子对李白要求十分严格。每天天刚刚亮就教他习剑，晚上在月亮下练剑。白天教他读书写诗，将毕生所有尽心传授。李白也十分用心，不仅诗写得愈来愈好，还刻苦练剑，坚持闻鸡起舞，剑术越来越精，舞起剑来，只见剑影，难见人影，水都泼不进。东岩子看在眼里，喜在心里，对李白说："古人云'文安邦，武定国'你的剑术已达到较高境界，习武之人重在武德，强身健体，匡扶正义，切莫仗势欺人，今后不能轻易以剑术示人，逞强好胜，伤害生灵。"

当时匡山一带人烟稀少，树深林密，鸟兽很多，时时有白鹤、山鹊、黄麂子来光顾他们住的地方。李白和东岩子就采集一些野果、草籽之类来饲养他们。大明寺外有一个水池子，白鹤经常来找食吃。李白就从溪涧里捞些鱼虾养在池子里供白鹤食用，于是就叫饲鹤池，至今匡山上还有饲鹤池的遗迹。李白与鸟兽和睦相处，只要打个招呼，山鹊就能飞到李白手中啄食。这事一传十，十传百，传到绵州太守耳朵里，他也觉得李白很神奇，亲自来山上观察。李白给他表演了招呼山鹊到手掌上吃食，还表演了剑术，又将写的诗给太守看，太守非常高兴。当时玄宗下诏，要各地推荐人才。太守就要推荐李白和东岩子出山当官。李白征求东岩子的意见，东岩子只想当隐士，不想当官，也不赞成李白现在就去当官，对李白说："就你现在的学问，凭驯鸟这种雕虫小技出去，也不过是做小官，要想安邦定国还不行。"李白的理想是要当帝王的老师，当宰相那样的大官，于是婉言谢绝了太守的推荐。

一直到二十四岁时，李白抱着“书剑许明时”的宏大抱负，离开匡山，走向全国。

夜梦铁拐李

李白隐居匡山大明寺中，日夜攻读。司马相如的《子虚赋》、《上林赋》和扬雄的《甘泉赋》、《羽猎赋》不知看了多少遍，可以倒背如流。当他听说唐玄宗打猎的宏伟场面，便写了《大猎赋》。写成之后反复诵读修改，自认为可以同司马相如、扬雄的赋比美，心中非常高兴。

那天晚上，李白做了一个梦：梦见他一边爬匡山，一边吟诵《大猎赋》。对面走来一人，跛脚，拄着一根铁拐杖，拐杖上吊着一只酒葫芦。那人也在吟诵《大猎赋》。李白好生奇怪，心想我的新作他怎么会背诵？于是走上前去，施礼后躬身问道：

“请问前辈，晚生刚刚写成的赋，为何您能背得？”

“这不必多问了，老朽有一字要向你请教。”

“请前辈赐教。”李白很有礼貌地回答。

那人用铁拐杖在地上画了一个“人”字。

“人。”李白毫不犹豫地读出来。那人哈哈大笑，使李白莫名其妙，便说：“难道我读错了？”

那人并不言语，又在“人”字旁画了一个“半”字。李白小心翼翼地读：“伴。”那人又是一阵大笑，接着又写了一个“位”字，李白说：“这个读位嘛！”那人并不言语，只是打开葫芦，大口喝酒。

李白心想这人用简单的字考我，必有深意，便问道：“请问前辈，让晚生认这几个字，是何用意？”

那人道："李公子所写诗文还没有脱离前人的模子，就以《大猎赋》而言，虽文词优美，气势恢宏，但还是走的司马相如、扬雄的老路子。我刚才让你认的这几个字的意思是：人字加了偏旁再也不读人，依靠别人的人，不算真正的人。与人为'伴'自己仅有一半。依人得'位'去'人'才能自立。做事应当有自己的独特见解，写诗赋应当有自己的特色，方能传之千古。"说罢飘然而去。

李白梦醒之后，感到梦中之人似曾相识，再细看大明寺大殿上的八仙壁画，那梦中之人正是八仙之一的铁拐李，方知正是这位大仙在点化自己。从此李白创作诗赋开始走出了自己的路子，终于成为闻名中外的伟大诗人。

勇斗小白龙

李白住在匡山大明寺中读书，寺内常有善男信女烧香拜佛，时常听到敲钟打鼓和敲木鱼的声音，不能静心攻读，于是他爬上大明寺背后的佛爷包，穿过刺芭林，爬过悬崖，找到了一个石洞，在洞中安置了书案、床榻，专心在此读书、吟诗、舞剑。

这洞内有一个很深的水潭，潭中住着一条小白龙，李白本想与它和睦相处，但它外出时，总要乱行云雨，危害百姓，还恨李白侵占了它的洞府。一次，李白在潭中涮笔砚时，小白龙忽然从潭中窜出，张牙舞爪，扑向李白，李白顺手将石砚掷去，小白龙闪过，又将前爪来抓，李白抽出宝剑，砍断了一只前爪，小白龙只得负痛逃出洞外，龙尾一摆，洞门塌了大半，洞顶也快要垮了，李白赶紧将四支毛笔抛去，将洞顶撑住。小白龙逃走后，李白才安心在此攻读。

现在走进这个洞中，还可以看到李白睡过的石床，李白斩断的龙爪，撑住洞顶的四支石笔，还有大石砚。还有一尊“太白菩萨”，反背着手，微微抬头，好像正在吟诗呢。

访白鹤大仙

匡山下边有个白汇溪，白汇溪的源头很像一口口小、肚子大的瓮缸，瓮内装了一潭深不见底的墨绿色的水，瓮壁上有斜排的三个洞口，从下方洞口冒出一大股泉水。这潭就叫老龙潭，这洞就叫白鹤洞。这口“瓮缸”实在太大了，仰着头，把帽子望脱还望不到顶。

白鹤洞里住了一位白鹤大仙。她的儿子到匡山去耍，认识了在这里读书的李白。他问李白的年龄，恰好与他同年生，只比他小几个月。于是他们就“打老庚”。白鹤大仙的儿子对李白说：“老庚，我家就在匡山旁边的白鹤洞，有空了就请到我家去耍。”

有一天，李白练完剑就去白鹤洞，可是白鹤洞的路很不好走。山又陡，沟又深，还长满了刺芭，衣服被刺刮烂，双手划出一道道的口子。白鹤大仙为考验李白，有意放出一根蛇，缠住李白的脚。李白并不惧怕，用木棍把蛇挑开。蛇爬起走了，爬过的地方成了一条深沟，后来就把这蛇爬出来的沟叫“钻岩子”。

要进白鹤洞还要过深不见底的老龙潭，要爬光溜溜的石壁，没有本事和勇气是进不了洞的。李白在匡山不仅读了不少书，还练就一身好功夫，渡深潭，攀绝壁，身轻如燕。

李白进得洞去，看见白鹤大仙是个老婆婆，头发雪白，脸上红扑扑的。她见到李白就招呼：“这是太白先生来了！稀客！稀客！”

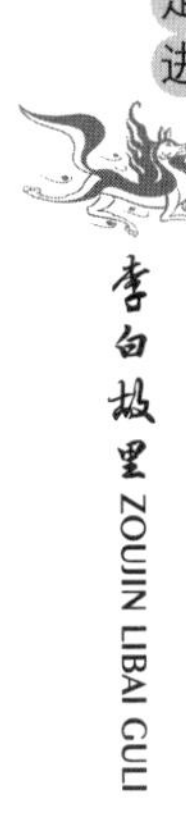

李白问："同年哥到哪儿去了？"

"你同年哥出去了。就在这里吃了饭再走。"

白鹤大仙给他下了一碗面，又带他在洞里面耍。李白看到洞中金光闪闪，珠光宝气，珊瑚树上缀满宝石，白玉桌上堆着珍珠，绿玉柱上挂着宝剑。白鹤大仙说："太白先生你难得来，我要送你一件礼物，由你自己挑选。"李白不要珠宝玉器，只要了那把宝剑，从此后，这把剑伴随着李白游遍天下。

注：江油大康把同年生的朋友结为异性兄弟，称为"打老庚"。可以互称老庚，年龄小的叫年龄大的为"同年哥"。

太白茶

大匡山有座山峰，活像一尊头大肚圆的佛爷，人们就把它叫佛爷包。佛爷包下面有个草坪，坪上还长了些松树，叫滴翠坪。李白上匡山读书，喜欢在这里吟诗、舞剑、休息。上山采药、打猎的山民，爱到这里来歇脚。若是碰到李白，他们就在一起拉家常，或者看李白舞剑。

有一天，太阳像一团火，一丝风也没有。来歇脚的山民，喝了带来的一罐泉水也解不了渴。李白心想：如果在这里种上茶树，以后就可以用这里的泉水煮这里的茶叶，既解渴又提神。

第二天，李白跑到白鹤大仙那里要了一把茶树苗，拿到滴翠坪来栽种，每天从山下担水上来浇灌。白鹤大仙为李白乐于助人、不怕艰苦的精神所感动，便使用法术让茶树快快长大，不久人们就可以采茶叶、煮茶水。这茶叶不同一般，泡在水里的茶叶子，张张都是立起来的，水色又好，泡八九道，水还不得清。人们就把这茶叫太白茶，把滴翠坪叫太白坪。

怒杀暴徒

有一天，李白从匡山下来，在山路上碰到两个暴徒，他们已经杀死了一个山民，正在抢另一个山民的东西，还有一个暴徒在调戏年轻貌美的女子。李白见状立即挺身而出，大声喝道："住手！青天白日之下，怎容得你们在此行凶作恶!"暴徒见是一个十多岁的白面书生，毫不在乎地说："你休在此多管闲事，把你身上值钱的东西留下，各自下山。否则我要了你的小命。"李白从身后抽出宝剑护住山民和那位女子。暴徒持刀步步紧逼。李白说："今天你们硬是要送死，休怪我剑下无情。"单剑对双刀，厮杀起来。李白从东岩子那里学到的剑术，从白鹤大仙那里得到削铁如泥的宝剑，对付两个暴徒绰绰有余。李白先一剑刺中一个暴徒的心脏，一命呜呼！另一个暴徒见势不妙，连滚带爬，逃之夭夭。从此这条路上再无匪徒出现，山民们对李白感激不尽。李白说："路见不平，拔剑相助。除暴安良，是我该做的事。"

周济山民

李白在匡山读书的时候，跟山里的人要得很好。有一年闹旱灾，匡山很久很久没有下雨了，种的粮食都干死了，只得在山上挖野菜吃，野菜也不多，眼见就要饿死人了。李白就想法把山上的天麻、当归这些药材挖出来，拿下山换米，然后把米背上山周济山民，让大家渡过了难关。山上的人很感谢他，在他离开匡山后，就用石头打了一尊青年李白的坐像，供在匡山庙子里边。这尊石像一直传到新中国成立后，文化馆的同志还给这尊石像照了张相片，相片还在李白纪念馆。这尊石像在“文革”时，有人怕被当做“四旧”砸，就偷偷地藏起来了，直到现在也不知道藏在哪里。

登太华山

太华山在匡山北边，山峰奇秀，有些像西岳华山，山上有座太华观，又叫登真观。据说有位毛真人在太华山的洞中修炼，修炼成仙后，乘鹤上天去了。现在他修炼的毛真人洞还在，洞子幽深，没人敢进去。后来又有位雍尊师在山上修炼。李白听说他道行高深，便去访他。太华山险峰叠起，直插蓝天。陡峭险峻，人迹罕至，道路早已被荆棘、藤蔓遮盖，需要拨开才找得到路。李白走累了靠在树干上，一阵“叮叮咚咚”的水声从密林深处传来，但却找不到水在哪里。继续向上攀登，风光越发的优美，古松古柏，青翠欲滴，山溪潺潺，飞泉道道，怪石林立，野花盛开。太华观就深藏在林阴深处。李白写下了一首《太华观》：

石磴层层上太华，白云深处有人家。
道童对月闲吹笛，仙子乘云远驾车。
怪石堆山如坐虎，老藤缠树似腾蛇。
曾闻玉井今何在，会见蓬莱十丈花。

李白上太华山还真访到了雍尊师，这位尊师没有俗事的纷扰，终日悠闲自在，与林壑为伴，以天地为家。李白向他虚心求教，听雍尊师讲《道德经》，不知不觉太阳西斜，他不得不告辞。下山时写了一首《寻雍尊师隐居》：

群峭碧摩天，逍遥不记年。拨云寻古道，倚树听流泉。
花暖青牛卧，松高白鹤眠。语来江色暮，独自下寒烟。

（以上九个故事是笔者考察匡山、太华山听当地人讲述后整理的）

上戴天山

唐玄宗时，有一位宫廷太监，为人正直，看不惯高力士只会溜须拍马，上谄下骄，曾几次顶撞高力士，他怕受到迫害，就逃到宫外，又辗转逃到西蜀。见戴天山山深林密，幽静秀美，特别是他在灵仙洞看到李老君神龛、神农像、药王像，都是天然长成，于是就在洞中修炼。后来又募化钱财，在山顶向阳处修建一所道观。

李白在匡山读书，听说戴天山道士道行很深。在一个桃花盛开的春天早晨，李白从大匡山大明寺出发，翻过卫门关，到戴天山拜访这位道长。刚刚经过一夜春雨，山林显得分外的清静，桃花上积满了晶莹的露珠。潺潺的溪水伴着犬吠声从林间传出。密林深处，不时可以看到鹿儿出入。一道飞泉从长满野竹的碧峰间飞泻而下。李白观赏美景，不知不觉已到中午，道观里还空无一人。恰好那天道长出外采药去了，这里的山又高，雾又大，林又密，没办法找得到人，李白一直等到下午也没等到。于是李白就写了那首很有名的《访戴天山道士不遇》：

犬吠水声中，桃花带露浓。树深时见鹿，溪午不闻钟。
野竹分青霭，飞泉挂碧峰。无人知所去，愁倚两三松。

后来李白又几次上戴天山访问，终于访到了，两个人谈得很投机。这位道士活了一百二十岁才羽化飞升！他修在戴天山顶的道观一直存在，到清朝时扩建成九重宫殿，清朝末年民国初年才被毁。现在道观遗址还存在，只长矮草，四周箭竹根不能窜入，还发现有灶台、炭灰。1999 年又在这里重修了一座小庙，内面仅供奉太白星君也就是李太白的像。

（戴天山道士王礼章讲述）

珠帘洞

珠帘洞在青莲镇东三里多的珠帘村，太华山脚下。这里有多处天然岩洞，最大的罗汉洞深、宽十余米，洞内塑有释迦牟尼、观音及罗汉像。洞口的对联是："罗汉洞中罗汉堂，诗仙故里诗仙乡。"右边石洞不深，长年有泉水从洞顶滴下，水质清澈，甘洌可口，若是雨季，泉水不断从洞顶滴下，宛如一道珍珠帘幕，故又名珠帘洞、珠帘泉。

传说李月圆与好友张雪娥三月三出外踏青，突然间天降大雨，两人躲入山边岩洞，一道惊春雷，震垮洞口土石，封住洞口。李月圆与雪娥困在洞中，抱头痛哭，泪水洒在洞壁，成了一股清清的泉水。哭声惊动了土地公公，施法术清除土石，救出了月圆与雪娥。从此以后，山洞终年滴水。李白常同月圆在此游玩，口渴了就喝这里的泉水。有一次，李白因受了热，眼睛又红又肿，月圆在这里接下一竹筒泉水，给李白冲洗眼睛，很快就痊愈了。

以后李白和月圆常来此放牛，玩要。在珠帘洞下那块草坪就是李白放牛的地方，叫做放牛坪。放牛坪旁边有一块大石头，上面有李白放的牛踩的脚印，叫做牛踩石。

珠帘洞的泉水能治病的消息一传十，十传百，远近百姓都跑来取水。来的人多了，有个和尚就在这里用化缘的钱修了座庙子，里面塑了观音和五百罗汉，于是珠帘洞又叫罗汉洞，这股泉水又叫观音泉。每年三月三，这里要赶庙会。庙子里的香火愈来愈旺。后来庙子里来了个和尚，不学好，在洞子里安上机关暗道，见到漂亮女子就骗到洞中，做那些邪恶的事情。

李白从匡山回来，听到此事，气愤得很。这时他已学得文才武艺，练就一套好剑法，是个文武双全的人。他闯进罗汉洞，撵走了坏和尚，破了洞中的机关暗道，救出了受害的妇女，为地方做了一件大好事。后来，大家为感念他，在洞中塑了尊李白像。

（杜国通讲述）

游亮洞子

在青莲镇西北约八公里的西屏乡有个亮洞子，是一条长约三百米的地下溶洞，蜿蜒曲折，呈S形，窄处近十米，宽处三十多米。奇特的是洞顶有大小不等的天窗，日月之光可射入洞内，因此游此洞无需火把，空气也十分清新凉爽。洞壁有泉水渗出，甘美可口，以此泉泡茶，特别清香。有一处天窗呈浑圆形，恰似嵌在洞顶的一轮明月。相传李白从青莲老家去大匡山，发现这里风光幽静，便在此歇息。白天就着日光在洞内读书，夜晚就着月光在洞内饮酒吟诗。他题写了一副回文对联：“天外洞映月；月映洞外天。”这副对联至今还挂在洞内。

（根据亮洞子的当地传说收集整理）

月爱寺与七星井

在江油市太平镇有座月爱寺，在唐朝就有这座寺庙。为什么会取这个名字呢？这与李白有关。

李白从青莲到匡山读书，来去都要经过这里。那时这座寺庙前有一根大树，树下有一口井。来往行人爱在这里歇凉，渴了就打井里的水喝。天气晴朗的夜晚，井里会呈现“七星伴月”的奇观，因此叫七星井。也有人说，是因为井盖上有七个孔，每个孔下映一颗星星，所以叫七星井。李白爱在这里赏月，看井中的“七星伴月”，还在这里取过井水磨墨。后来，人们就把这里叫月爱寺，就是“李白爱月，月爱李白”的意思。

题诗普照寺

李白从青莲到匡山读书，来往都要经过普照寺，他和这里的老和尚很熟。老和尚请他为寺庙题首诗。他就在粉壁墙上题了一首：

天台国清寺，天下为四绝。今来普照游，到来复何别？

楠木白云飞，高僧顶残雪。门外一条溪，几回流岁月。

有一次，李白经过这里时，天色已晚，老和尚留他在寺里住宿。这天晚上，李白熬夜读书。天上的神仙为助李白苦读，点起了一盏很亮的灯笼，照得周围十里都是亮堂堂的。每次李白来寺里夜读，这里就会出现“天灯高照”的奇观。

银孩儿

有一次李白来普照寺借宿。夜很深了还在读书，看看油灯里的油快要烧干了。这时，油灯中结的灯花忽然“呼”的一声爆了，火花中出现了一个小娃娃，通身闪着银光。李白把这个银孩儿放在观音莲台上，照得全寺亮堂堂的。李白又继续攻读诗书。

李白走后，有一支狼妖，想吃银孩儿，刚张开大口，忽然一个炸雷打来，狼妖吓得屁滚尿流，仓皇逃跑。原来是观音救了银孩儿。从此在观音菩萨面前就有个小孩，双手合十，守护着莲台。

上窦圌山

传说窦圌山原来名叫猿门山，因山上猿猴很多，两座山峰像开了一门。窦圌山又名豆子山、豆圌山。因山上的岩石是豆子那么大的石子凝结成的，山形如装粮食的屯子，也就是圌。在隋代时就开始流传的《绵州巴歌》，开头一句就是“豆子山打瓦鼓”。到唐朝的时候，武都的窦坪坝有个窦子明，在彰明县当主簿，也就是县太爷的秘书长，因为受了县太爷的气，辞官回家，变卖家财，上豆子山修庙子，并在上面修身养性，烧炼金丹。他为了在山顶三座山峰之间修铁索桥，到处化募和借贷钱财。铁索桥修好了，可是无力还债，就从飞仙岩跳岩自尽。这时太上老君将拂尘一挥，将他接到天上去，封为窦真人，当上了神仙。后人在南边的山峰上修了窦真殿供奉他，并把这座山称为窦圌山。

李白在匡山除了读书舞剑外，还喜欢游山玩水。有一年三月初三，天气晴和，天上没有一丝云彩。他站在高高的山崖上，观看涪江对岸的窦圌山，这山活像一头卧着的狮子，昂起头，张开口。他就邀约了两位同学一起去游玩。

爬到山上，看到景致很好。李白说：“我们一人吟两句诗。”那两个同学都说：“要得嘛！”有一个同学在上山时被飞狐吓得在石头上碰了一下，把鼻血都碰出来了，于是他吟了两句：“飞狐忽凌空，我鼻冒鲜红。”另一位同学捡起石头去打飞狐，又吟了两句：“投石着弹打，山腰称英雄。”接着李白吟道：“樵夫与耕者，出入画屏中。”李白的同学吟的那四句诗没有多大意思，也就没流传开来，而李白吟的这两

窦圌山

句是对窦圌山美景“画龙点睛”，不仅收入了他的诗集，大书法家于右任还将这两句刻写在石碑上，一直保存至今。

后人为纪念李白三月初三游山，这一天成为窦圌山庙会，每年这一天各地的人都要上山敬香。

（以上四则故事由李戎讲述）

太白洞和灯笼洞

李白游了窦圌山，从后山下来，走到娃娃沟，这是涪江出山口处，风景特别好看，东边是窦圌山，西边是观雾山，脚下是碧绿的涪江水。李白找到一条小船，沿着江往上撑。忽然他发现东边半山崖上有一座溶洞，洞口吊着两个大小一般的圆圆的石头，活像一对灯笼。看罢东边的溶洞，再看西边，发现这里也有一个溶洞，溶洞的阴河水与涪江水融汇在一起，深不见底，绿得像蓝靛，这神奇的溶洞顿时激起了李白的兴趣，于是他摇船进洞，只见洞内长满了很多奇形怪状的石头，有的如出土的新笋，有的如倒挂的莲花，有的像枯藤缠老树，更奇的还有一间搭在洞壁的“茅舍”，铺顶的“茅草”上好像还积着一层雪，坐在这石屋之中，唯有滴在岩石上的泉水，发出叮叮咚咚的声音，就像有人在这里弹琴。他心想，这般幽静不正是读书的好地方吗？于是他拿出书卷，专心致意地朗读起来，也不知读了多长时间，太阳已经下山了，洞口渐渐黑了下来，李白还想继续读，可是书上的字迹愈来愈模糊，正当他非常着急的时候，对岸洞口上那对石灯笼亮起来了，恰好照着李白手上的书，李白借着这灯光继续攻读，一直到夜深。此后人们把李白读书的洞叫“太白洞”，把对面挂着石灯笼的洞叫“灯笼洞”，并流传着“灯笼洞对太白洞，灯照太白把书诵”的谚语。

现在还可以看到灯笼洞口挂着一盏石头灯笼，可惜不会发光了。那是因为有个喇嘛来盗宝，把那盏会发光的宝灯偷走了，另外安了个假灯笼。

（蒋实夫讲述）

灯笼洞

太白洞

尉厅题诗

李白在大匡山大明寺隐居读书，常与戴天山、太华山上的道士交往。一天听雍尊师讲：江油县尉崇信道教，修真养性，道行很高。李白便带上书、剑，前去江油县城拜访。当时江油县城在今平武县南坝镇，距大匡山还有一百多里，在走进涪江峡谷时，看见有两个洞穴，风景幽丽，就在洞中住了数日，留下了“灯笼洞对太白洞，灯照太白把书诵”的佳话，后来又溯江北上，向江油县城前进。这条路是当年邓艾伐蜀走过的阴平道，路程艰险，景色奇特。涪江两岸是重重叠叠的山峰，如绿色巨浪，一浪更比一浪高，一峰更比一峰奇。云雾在山间舒卷，如女神舞弄轻纱；瀑布在岩壁飞泻，似仙人抛珠洒玉；涪江在脚下奔腾，激浪冲撞岩石，如雷霆轰鸣。绝壁上枯松倒挂，藤蔓摇曳，野花丛生。路紧紧贴在岩缝上，以天梯石栈相钩连。李白走在这路上不禁发出“蜀道之难，难于上青天”的叹息。

在阴平道上，李白一边观山望景，一边小心前进，走了三天才到达江油城。蜀汉时刘备、诸葛亮就在这里设了江油关。关口陡崖壁立，如刀砍斧切一般，涪江从中流过，奔腾咆哮，令人望而生畏，县城不大，就在关内。李白进城拜见了王县尉。县尉的住宅依山而建，宅旁有一飞泉从峭壁上流下，落入碧潭，发出叮叮当当之声，有如琴鸣，故名“叮当泉”。室内的书架上装满了经卷。博山炉上，烟雾袅袅，发出异香，县尉正在朗读《道德经》。李白向前施礼，说明仰慕之意，并请教修真养性之法。王县尉十分热情，两个谈得非常投机。不觉日已西斜。临别时，

李白题诗一首：

岚光深院里，傍砌水泠泠。野燕巢官舍，溪云入古厅。
日斜孤吏过，帘卷乱峰青。五色神仙尉，焚香读道经。

题罢这首五言律诗，王县尉拍掌称妙，说这首诗生动地描写了尉厅内外的秀丽风光。庭院深深，岚光浮动，泉水叮咚，悠扬成韵，燕子在屋檐下筑巢，数片白云飘入古老的厅堂内，回荡缭绕。好一个与大自然和谐的宁静的尉厅。就在这充盈着道气仙风的厅堂内，厅的主人——江油尉，正在焚香读《道德经》，体现了“无为而治”的和平景象。县尉反复吟诵，一再称赞，预言李白必将以诗闻名于天下。

李白在江油关内凭吊了李氏夫人墓。李氏夫人是蜀汉江油关守将马邈之妻。邓艾出奇兵，翻摩天岭，滚毡坠石而下，行无人之地七百里，直逼江油关。李氏夫人劝丈夫坚守待援，马邈却想献关以求得升官发财，不战而降。李氏夫人不愿随夫投降，自缢殉国。李白对李氏夫人的高风亮节赞叹不已。

李白还在城边的牛心山上，拜谒了李龙迁墓和祠庙。据说李龙迁也是陇西李氏之后，算起来还是李白的老祖宗。在南北朝兵荒马乱之时，李龙迁在此筑寨自卫，称雄一方。李唐王朝建立，细查族谱，认定李龙迁是与高祖同一世系的先人，派人来建庙修陵，还修建了道观。李白就在这道观中住了一段时间，天天读书舞剑。后来这里也叫“太白读书台”，还立了一座石碑，上书“太白台”三字，这座石碑还保存在南坝镇，常有游人前来瞻仰。宋代大书法家米元章，将李白的《题江油尉厅》书写后刻碑，立于太白读书台，此碑现已迁至江油李白纪念馆。

（此故事是笔者考察江油关时听当地人讲述后整理的）

禹穴题字

北川的禹穴沟是治水英雄大禹出生的地方，原来叫清泗沟，改名为禹穴沟，与李白有关。

相传李白在青莲读书，没几年就把诸子百家的书读完了，很想出去游山玩水。有一天，一个和尚对他说："沿着盘江往上走，就可以走到大禹王出生的地方，那地方风景好得很，你想不想去？"李白说："想去，想去！我一个人去找不到路，你要带着我去。"和尚说："要得！我们明天一起去。"

第二天和尚带着李白从青莲顺着河往上走。走呀走，走到了石纽山。和尚说，这是大禹住家的地方。他们去禹王庙，拜了禹王，又到山腰去看石纽。这是两块巨大的石头，下面是裂开的，上面长在一起。在这块奇特的大石头上刻有"石纽"二字。和尚说这是西汉大文人扬雄刻写的。石纽山上长着许多好看的石头，这些石头长成一片石林，白云在石林中飘浮，石峰忽隐忽现，变化万千，李白看到这般景象，就不想走了。和尚说："大禹王出生的清泗沟，比这里的风景还好哩！我们走吧！"

李白跟着和尚又朝北走了十多里路。终于走进了清泗沟。这里的风景确是比石纽山还好。两边的峭壁高耸，头上只有一线天光，一股一股的瀑布飞泻而下；沟内竹木茂盛，百花争艳，烟缭雾绕；沟底深潭碧绿如玉，流水清澈见底，水边还长着一块块鲜红色的石头。这里就像神仙住的地方。李白再也不想走了。一耍就是十多天，李白还不想走。和尚有些生气了："你不走，我就一个人走了。"李白说："要走我们就一起走。不过既然来了一趟，还是留两个字在这里。"于是他找来了一支大笔，在金锣岩光滑的峭壁上题写了斗大的“禹穴”两字。后来人们就把这条沟叫禹穴沟。李白写的字也被刻在峭壁上，一直留传至今。沟内还建了一座亭子，叫太白亭，以纪念李白。

外白乡和太白村的来历

李白在禹穴题了字后，跟他一起的和尚说：“我们回去不走原路，从那边翻山回去。”李白连声说：“要得，要得！这样可以多看一些地方。”他们走到龙藏场上头点，碰见一伙人为取地名在争吵。和尚走上前去说：“你们不要吵了。等那个年轻人过来，把他名字中改一个字，就是这里的地名。”这些人停止了争吵，都赞成这个办法。李白走过来，大伙问他叫什么名字。李白说：“我叫李白。”那伙人说：“你是从外地来的李白，我们就把这里取名为‘外白’。”至今，这个地方还叫外白乡。

李白跟和尚走到片口那边，又遇到一伙人为起地名争吵。他们看到有两个人来了，其中一个人说：“我们不吵了，等那两个人过来，问那个年轻的名字，就把他的名字来做这里的地名。”大家赞成这个办法。李白过来时，大伙问他叫什么名字。李白说：“我姓李名白，字太白。”于是大家一致赞成把这个地方取名为“太白”，至今北川片口乡还有个太白村。

（以上两则故事是考察北川禹穴沟时听当地人讲述后整理的）

长平山拜师

李白听说梓州郪县，就是现在的三台县有一位赵蕤先生，学识十分渊博，朝廷几次请他做官，他都不去。李白决心去拜访。他走了一百多里，到了梓州，才打听到赵先生隐居在城北的长平山慧义寺旁边的安昌岩。到了赵蕤家，只见柴门紧闭，等了一阵，见一樵夫过路，就打听赵先生到哪里去了，樵夫告诉他："赵先生去九曲溪那边打酒去了。"李白就沿着樵夫指点的方向去找。半路上遇见一位老人，慈眉善目，立即问道："请问您是赵蕤先生吗?"老人回答："正是在下。"李白立即跪拜，说道："小子李白，从绵州青莲而来，特地想拜先生为师。"赵蕤见李白很有礼貌，求学心切，又器宇不凡，立即扶起李白，一同回家。

赵蕤想试试李白的才学，用茶水在桌子上写了一个"埊"字，问李白认得不。李白答："此字为'地'，是则天女皇所创。"赵蕤说："我以此字出一上联：'埊有三层，山在上'，请对下联。"李白略一思考便对道："曌有二曜，日当头。"赵蕤连连称妙："对得好，这曌字也是则天女皇所创，是她的名字。我的上联久未有人对得起，今日你对得这么工整，可见你很有才华。老夫愿收你为徒。"

却说这赵蕤先生，通今博古，写了一本《长短经》，专门讲治国安民的大学问，而且为人仗义，又精通剑术。赵蕤见李白虚心好学，志向高远，也愿意把自己的学问传授他。

李白每天读《长短经》，有不明白处就请教赵蕤，不觉一年过去，增长了很多学问，学习了一整套治国安民之术，行军布阵之法。赵蕤还工于书法，行草更妙。李白就跟赵蕤学书法。他飘逸的书风就是受赵蕤的影响。赵蕤在写字时，要李白在一边弹琴助兴。书写完毕后又要李白去九曲溪洗笔砚，于是这九曲溪后来又叫濯笔溪。

（左启、赵长松讲述）

题诗天竺山

江油藏王寨中有座老君山，传说太上李老君曾在此炼过丹，因此山上建了座老君庙。天竺山现在又叫天佛山，与老君山相连。李白去老君山寻仙访道，路经天竺山，此地山高林密，道路难寻，好容易听到打柴的樵夫在唱山歌，他便向樵夫问路。樵夫要他写一首诗。李白想了一下，吟道：

天竺山下偶问津，樵夫涧底说荆薪。
一曲清歌云烟里，溪回路转不见人。

（谷太白讲述）

李白赶考

相传，李白在匡山学书习剑，正值开元盛世。朝廷下旨叫各地能人异士进京赶考，量才录用。李白为了施展自己的才华，报效国家，将妹妹李月圆安置在粉竹楼，准备好行李，到长安赶考。恰巧是杨国忠和高力士当的考官，他们想趁机大捞一把，就贴出告示说，凡来报考者，必须交白银五十两，否则不予报名。那些各州各县来赴考的举子们有银子的就高高兴兴报了名，等候考试，无银子的人没有报到名，便三三两两聚在一起大骂杨国忠缺德，丧天良。

李白千里迢迢来到长安，一路上用了不少银子，住在长安还要用银子，哪有五十两银子报考，心里十分气愤。于是，他和没有报到名的举子商量，带头联名写状子，准备向皇帝状告杨国忠和高力士借主考捞钱。状子一递上去，却被杨国忠截住了。杨国忠一看状子，告他的人第一个就是李白。他害怕把事情闹大，皇帝知道后降罪，便派人将告示撕了，传出话来说，没有银子的人也可以参考。但公布榜文时，凡在状子上面签了名的人，一个也没有考上。

李白明白这是杨国忠搞的鬼，就和大家一起找杨国忠，要求查卷子。杨国忠和高力士见这么多人涌进考堂，就故意恶声恶气喝问道：“皇榜已布，没有考上的还不快快回家用心苦读，等三年以后再来参考。他们竟敢聚众前来扰乱考堂？难道想造反吗？”

李白没有被吓住，镇定坦然地说：“我们是来看试卷的。”

杨国忠坐在太师椅上，看了一眼李白，打着官腔问道：“你叫啥名字？哪里人氏？”

李白从容地说：“我叫李白，字太白，号青莲居士，剑南道昌明县人士。”杨国忠慢悠悠地喝了一口茶，然后说：“你的试卷不在这里，你自己做的文章嘛，你总该记得，背出来本主考官听听看。”

李白便把他做的文章从头到尾，一字不漏地背了一遍。

杨国忠听后，哈哈大笑，朝着高力士说：“这算什么文章呀？只不过是些口水话，连三岁孩童都会做，叫本官怎么录用你。你如果真有才学，要本官就给你出上几对，看你能不能对上？”

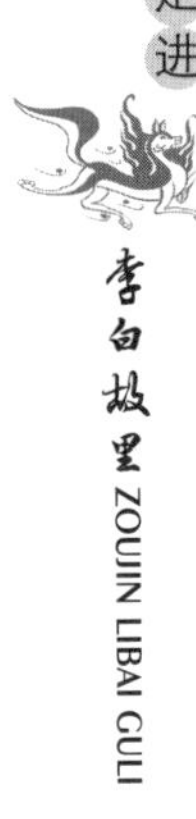

李白说："那就请大人出题好了。"

杨国忠想了一想，就出道："一只瘦猴切乔木，看小畜生怎敢对锯（句）？"

李白一听，心想，你堂堂一国之相，出口伤人，我今天就要还你个下联："两匹肥马踩瓦泥，想老东西如何出蹄（题）。"

杨国忠一下子就成了哑巴了。高力士见李白连他也敢骂，十分恼怒，狠狠地说："本官有一对：做春梦，入秋闱，不知冬夏。"意思是李白你来赴考，简直是做白日梦。

李白想都没想，随口道："立南宫，守北阙，也算东西！"

高力士还不知趣，说："本官还有一对：雄鸡无冠（官），如何司晨？"

李白一听高力士嘲笑自己身无官职，比着连鸣都不能叫的鸡，又针锋相对："牙狗无肾（生），还可守夜。"

这一下可把高力士骂惨了，高力士是皇帝身边的太监，从小就被阉割了，当然没有生育，而且像狗一样，只配守夜，把高力士气得直翻白眼，上气接不到下气。

杨国忠见高力士败下阵来，慌忙说："本官还有一对。"

李白笑了笑说："那就请大人快快出蹄（题）。"

杨国忠说："天上月圆，人间月半，月月月圆逢月半。"

李白才思敏捷，马上就对道："今夕年尾，明朝年头，年年年尾与年头。"

杨国忠左也考不倒李白，右也难不住李白，气急败坏地说："李白不白，胡说唠三叨四。"

李白立即接口对道："杨亲非亲，放屁乌七八糟。"

李白胆子也够大的了，竟然当众揭了宰相的短。原来，杨国忠本不是杨家的子孙，而是武则天的相好张易之的儿子。后随其母嫁到杨家，成为贵妃杨玉环的远房哥哥。本名杨钊，是个无赖之徒。唐明皇和杨贵妃两姊妹常以赌博消遣取乐，他在旁算账，又快又准，因而得到唐明皇的赏识。只是以为他的名字“杨钊”带有杀气，就赐名“国忠”，好永远效忠皇上。

杨国忠把脚一蹬，咬牙切齿地说：“哼！像你这样不知天高地厚的人，就是给本官磨墨都不要！”

高力士也连忙附和说：“哼！像你这样胆大狂妄的人，就是给本官脱靴都不要。”

傲骨铮铮的李白连看都不看他们一眼：“好！看谁给谁磨墨脱靴！”

后来，果真有了一个杨国忠给李白磨墨、高力士给李白脱靴、杨贵妃给李白端砚台的故事。

（刘昌俊讲述）

力士脱靴

唐玄宗天宝元年，渤海国派使臣交来国书，用的是那个梅花篆字，说，你大唐如果有人认得到，我们渤海国就年年进贡，岁岁来朝。如果认不到就让位称臣；如果不让位称臣就割让 72 座城池归我国管。你若不让位又不肯割让城，就发百万雄兵灭你唐朝。

唐天子将国书传给满朝大臣看，没有一人能认识。天子大怒：“枉自养活这么多文武大臣，竟无一人能认得此书，我泱泱大国，堂堂天朝，岂不惹番邦笑话！”随即下诏：“十日之内必须找来能识番书之人。如能识得番书就官封万户侯；如果不想做官就赏金千两，赏银万两。如果找不到能识番书之人，文武大臣一律问罪，另选贤能，辅佐朝廷。”

百官默默无语，把玄宗皇帝急得没法。这时，文臣班中一位白发苍苍的老臣贺知章出列启奏："臣认得一人，姓李名白，字太白，西蜀绵州人士，自幼博览群书，通今博古，他应该认得番书。他现在安家在山东，可以派专使召他入京。"玄宗问："是不是那个诗写得好的李白？"贺知章答："正是，他写的《蜀道难》真可以惊天地，泣鬼神。"唐玄宗立即下诏，派专使召李白入京。

李白随专使入京，朝见天子。玄宗见李白一表人才，气度非凡，下得宝座，亲自迎接。李白赶忙行叩拜之礼。玄宗赐他在锦凳上坐下说话。李白侧身坐下。玄宗说："渤海国交来国书，特召卿入京，开读国书。"李白躬身回答："臣才疏学浅，去年参加科考，被杨太师、高太尉逐出科场，何不请他二位开读。"玄宗说："满朝大臣无一人识得。他二人更是两眼墨黑。朕读过爱卿的诗，知卿学识渊博，就不必推辞了。"此时杨国忠和高力士恨不能找个地缝钻进去，因为去年他们曾将李白赶出科场，还说过李白只配给他们研墨脱靴，想不到今年皇上亲自召他入京。

玄宗令内侍捧出国书，问李白："这些字你认得到不？"李白说："认得到。不但认得到，还写得到。"于是让李白开读。李白一目十行，看完国书，又用唐音朗读一遍，原来这国书是一道战表，其大意就是要唐朝割让 72 座城池给渤海国，否则就发百万雄兵消灭唐朝。玄宗问两班文武大臣有何良策应敌。大臣们有的主战，有的主和，有的沉默无言，不知如何应对。贺知章启奏："请皇上问李白如何应敌。"玄宗请李白出谋划策。李白奏道："今承平日久，军队缺乏训练，如果开战，难得取胜；若割地求和，有损国威，更是下策。请皇上宣番邦使臣入朝，臣当其面代皇上草诏，宣扬我大唐国威，指责其无端挑衅，晓以利害，使其不敢轻举妄动，避免一场刀兵之灾，则万民幸甚！这就是不战而屈人之兵。"玄宗听了觉得十分合符自己的意思，心中甚是高兴，立即准奏，封李白为翰林学士，要李白明日当着番使的面，草拟答番书。

第二天，李白随百官上朝。圣旨宣番使觐见。番使行礼毕，见李白紫袍纱帽，飘飘然如神仙下凡，手捧番书，侍立一旁。玄宗道："尔等小邦，失礼我上国，朕不与尔等计较，现有圣诏批答。"随即命李白起草诏书。李白奏道："臣愿代圣上草诏，但要依臣三件事。"玄宗说："只要爱卿愿写答番书，哪怕三件，即使三十件，三百件，朕也应允。"群臣以为李白要高官，要良田美宅，殊不知李白说："臣请杨国忠与臣磨墨，高力士为臣脱靴，还请赐御酒，只有这样臣才能神气旺盛，一挥而就。"文武大臣一听这三项要求无不惊讶万分。杨国忠是皇上宠妃的哥哥，当朝宰相；高力士是皇上的心腹，三千太监的总管，官封太尉，都是炙手可热的人物，王公大臣要敬他们三分。谁想升官发财都得走他们的门路，多少人想巴结还巴结不上，你李白刚刚入朝，才当上个翰林就如此大胆，敢当众羞辱他们，是不是活得不耐烦了。再说还要喝酒，喝醉了能写国书吗？提这三项要求不是在开玩笑，就是受宠若惊，惊出了疯病！玄宗也大感意外，但已开了金口，不好再收回，而且也找不到另外的人写答番书，只得答应他。随即命内侍设七宝床，捧出三杯御酒，又摆出白玉砚台、象管毛笔、金花笺。李白坐在七宝床上，喝下三杯御酒，立即面红耳赤，趁着酒兴将脚向高力士一伸，说："脱靴！"高力士平时威风惯了，哪里当众受过这种侮辱，本想不干，但圣旨难违，只得硬着头皮，单腿跪下，给李白脱靴。李白盘腿坐在七宝床上又向杨国忠道："磨墨侍候！"杨国忠心想我堂堂宰相，当今国舅，为你这个穷书生磨墨，真是岂有此理，看着皇上，迟迟不肯动手。玄宗急于要李白草诏，示意杨国忠赶紧磨墨。杨国忠只得磨墨。墨磨好了，李白提起象管笔在金花笺上手不停挥，飞龙舞凤，不一会儿功夫就写好了答番书，呈于龙案之上。玄宗见书写齐整，笔力遒劲，但一字不识。玄宗令李白朗读。李白先用唐音朗读了一遍，再向着番使用番音宣读。其大意是：

我大唐奉天承运，抚有四夷，兵精将勇，威加四海，恩被神州，天下归心，万国来朝。尔番邦国小民贫，兵弱将寡，若自不量力，挑起事端，不过是以卵击石，玩火自焚，反为四夷所笑！望两国和平相处，让百姓免于刀兵之灾，有何不好？望其三思而行！

答番书义正辞严，字字千钧，李白朗读得激昂慷慨，声韵铿锵。番使听了面如土色，不敢出声，吓得趴在地上使劲向皇上磕头。

下朝后，番使小声问贺知章："适才草写诏书的是什么人？为什么宰相、太尉还要为他脱靴磨墨？"贺知章说："他是天上的太白金星下凡，辅佐我朝天子。宰相、大尉也不过人间极贵，能给神仙脱靴磨墨还算他们的造化。"番使惊异不已。回国后与国王叙述所见所闻。国王看了国书，也觉句句在理。想到大唐有神仙辅佐，就再也不敢挑衅。

正是：李白一封答番书，吓退番邦百万兵。

义救郭子仪

有一天，李白在长安访友，在街上碰到一队官兵押着一辆囚车，要将犯人押往东市问斩。那犯人是一个器宇昂扬，目光炯炯的汉子。李白见此人气度不凡，忙下马询问那汉子犯了什么罪。囚犯说他名叫郭子仪，因为自己手下的士兵不小心烧燃了军粮，按律应当斩首示众。

李白又问了一些孙子兵法方面的问题，郭子仪对答如流。李白顿时起了惜才之意，下决心要救出郭子仪。他对押解囚车的官兵说："此人今后必为国家栋梁之才，待我启奏皇上，赦免他的死罪。"押解官员知道李翰林一封答番书退了百万雄兵，很受皇上宠信，答应暂停行刑。

李白立即进宫面奏皇上："郭子仪相貌非凡，胸有韬略，是员难得的将才。现在的过失罪不当斩，望皇上特赦。”

此时，唐玄宗对李白言听计从，于是下了道圣旨，赦免郭子仪死罪，准许他戴罪立功。后来，郭子仪果真成了唐朝平息安史之乱的天下兵马副元帅、大功臣。

安史之乱时，李白为报效国家，投奔到永王李璘手下当幕僚。唐肃宗为巩固皇位，说弟弟永王是叛逆，就发兵把永王杀了。李白因此遭到株连，论罪该杀，郭子仪念及李白的救命之恩，以自己的官爵为李白赎罪，才免去李白死罪，改为流放夜郎。

（以上两个故事由蒋实夫讲述）

巡视山西

自从李白醉草吓蛮书后，唐明皇很相信他，很听他的话，所以李白能在刑场上救下郭子仪。奸臣李林甫心想，要除掉郭子仪就得先把李白除去。

李林甫的外孙包同刚是山西的府官，回来要告郭子仪的黑状，问李林甫怎么办？李林甫说：“你先拟个奏折，就说山西一些官员勾结响马，是如何如何的乱，朝廷一定会派人下来查访，我就到朝廷奏一本，建议派李白去，只要把李白送出京城就好办了。”

包同刚上奏皇上：山西官员与响马勾结作乱。唐明皇问李林甫：“这事该怎么办？”

李林甫说：“派人下去查嘛！”

“派哪个去呢？”

“派李白去。”李林甫说。

“李太白是文官，手无缚鸡之力，他得行啥子啊?”唐明皇说。

“李白虽然是文官，给他调人调兵的权，他就有办法处理乱子。”李林甫说。

李白听了这话就急到了：“比我这个翰林学士大的官多如牛毛，人家来阻拦我咋个办?”唐明皇说：“我给你个代天巡狩，说话代表朕，再赐一把尚方宝剑，先斩后奏。”这下把李白的威望一下子提高了，有了尚方宝剑，不管你任何人，都得服从。三天后，李白带着张文、李五两个大内高手，和一帮侍卫出京巡察。

李林甫门人故吏满天下，下密令：只要除掉了李白，官升三级。这时恰恰郭子仪的师弟马玉飞去拜访郭子仪。郭子仪告诉他李白此次出京，恐被李林甫一伙奸贼所害。马玉飞会飞檐走壁，他夜探李林甫的宰相府，偷听到李林甫的谈话，就暗中去保护李白。

李白有马玉飞、张文、李五保护，一路上遇见了许多刺客，都被他们赶跑了。一夜，李白正在馆驿吟诗，又有两个刺客来刺杀他。刺客发现要杀的是李白，迟迟不忍动手。此时，马玉飞、张文、李五等人赶到，打了几个回合，就将两个刺客捉住。经审讯，两刺客供认：一个叫苏景忠、一个叫苏尽忠，是李林甫的死党太原总兵所派，只说是替他刺杀仇人，先给一百两银子，事成后再给四百两。若不去杀就是不听总兵差遣，身不由己，不得不做一回恶人。今夜发现总兵要我们杀的仇人是天下闻名的李翰林，一时下不得手，犹豫间竟被壮士擒拿。我们知错了!

“错了咋个办?”马玉飞问。

“错了就凭李大人处置。”苏尽忠说。

“我看你们还有点良心，又是被逼的，不应该杀，不如收了你们做保镖。”马玉飞说。

“我们有刺杀李大人的罪名，不晓得李大人要不要我们?”

李白知他们是被人利用的侠客，只要弃暗投明，也可为我所用。李白不但没杀两人，还把他们收为保镖，一路上暗中保护李白。

到了山西太原，李白装扮成算命子去明察暗访，恰好遇到一个老婆婆在哭，问其原由，才知是太原知府孙洪的儿子欺男霸女，无恶不作，把她的女儿张翠香抢去了。有人就说："听说李白要来了，去找他告状嘛。"也有人说："告得倒啥子啊！天下乌鸦一般黑。"李白说："事情发生在太原，还得先到太原府去告，看知府怎么处理。"

"告状必须有状子，告知府的儿子的状子又有哪个敢写啊！"老婆婆说。

"这状子我可以帮你写"。李白把状子写好了，老婆婆就去太原知府告状。知府问老婆婆是哪个帮她写的状子。她说是一个算命的，知府下令把太原府的算命子全部抓起来，先后抓了三十六个，老婆婆说他们都不是写状子的。两个衙役又出去抓，一出门就遇到一身算命子打扮的李白。两个衙役想，真是"踏破铁鞋无觅处，得来全不费工夫"。上去就将一条铁链子锁在李白的颈项上。李白说："二位官差，我犯了啥子法?"官差说："少废话，到了就晓得了。"拉起铁链子就押往衙门。

知府问老婆婆："老太婆，是不是他帮你写的状子?"老太婆一看是他，心想：人家帮我写状子，连墨水钱都没有收一文，我不能那么没良心，害人家，就说："大老爷，不是他，是个老算命子写的，他才四十几岁，给我写状子的人都六十几了。"李白想这个老婆子还有点良心。县官一想，管得是不是他，抓起来再说，命差役拿了一副五十斤重的盘头枷给李白戴起。那时朝廷规定的最重的死囚枷不过 25 斤，孙洪偏偏要做出这特重枷来折磨人。张文、李五见李白被枷起，一下子搞慌了神，不知道该怎么办。李白给他们使了个眼色，意思是要他们莫管。张文在这里盯到，李五忙到去调三千兵，抬起李白的空轿子来到太原府。

这边李太白被枷在衙门口示众，三十六个算命子和老婆婆都关进班房里头去了。那边太原知府孙洪忙到去迎接钦差大人。李白的空轿子前呼后拥来到太原府衙。知府走到轿子前下跪禀告："太原知府孙洪给大人接风来迟，恕罪。"轿子里边没人开腔，知府又说："请大人下轿。"轿内还是没人应声，孙洪就问张文："请问这位上差，大人怎么不开腔?"

"大人是生了你的气!"张文说着把轿帘子捞开，孙洪一看是空轿子，很是惊讶。李白在一旁说道："本官早已到此!"孙洪大惊失色，磕头如捣蒜，并命差役赶快打开李白项上的盘头枷。张文、李五拔剑要杀了孙洪，李白说："莫杀，莫杀。先把他枷起再说。"张文将就从李白项上取下的枷，给孙洪戴起。百姓都很高兴地说："贪官也有今天。"

李白将就知府衙门做临时公堂，把三十六个算命子和老婆婆放了，敞开衙门断了案子，把孙洪的儿子砍了头，把孙洪的官罢了，下令他三天内滚出太原城。

（肖吉洲讲述）

天宝山的得名

天宝山以前叫蛮坟包梁子，因为李白才改名天宝山。

李白醉写吓蛮书，大笔一挥，免去了一场战争，立了大功。唐明皇的皇位也坐稳当了，心中一喜，问李白："李爱卿呀，你老家在哪里住啊?"李白说："我在西蜀绵州昌明县青莲乡，所以我又称青莲居士。我家住在青莲乡蛮坟包梁子脚底下。"唐明皇说："你那个蛮坟包梁子不好听得，干脆以我的年号封为你家住的山名。"那时正是天宝年间，从此蛮坟包就叫天宝山，是唐明皇御封的，也是李白挣下来的。

太白祠的由来

李白醉写吓蛮书，立了大功，唐明皇很高兴，就问他“你家里还有什么人?”

李白说：“家里没得啥子人了，我十多岁时，父母都死了。我出门时，家里还有个妹妹，后来妹妹也死了。”

“还有啥子亲戚?”

“没得啥子亲戚了。只有在盘江河边有个李家祠堂。”

唐明皇说：“这也算你们李家祖上积德，出了你这个奇才，干脆使你们姓李的都沾你的光，就把李家祠堂以你的名字御封为太白祠。”太白祠就是这么得来的。

又传说：李白当了翰林学士，李白家乡的人就在盘江渡口下边修了翰林府，等待李白回家乡住。李白一直没有回来，后来就把翰林府变成太白祠，纪念李白。

（以上两则故事由杜国通讲述）

醉写《清平调》

一天晚上，月色很明，唐玄宗带着他的宠妃杨玉环，在兴庆湖畔散步，跟在他们身后的是一群吹拉弹唱的梨园弟子。唐玄宗来到沉香亭，亭边的牡丹园中正盛开各种名贵的牡丹花。玄宗心喜，命令在亭上摆下酒筵，歌舞侍候。李龟年正张罗着梨园班子准备演唱，唐玄宗说："赏名花，对妃子，此情此景怎能再唱那些老掉牙的旧词?"杨贵妃说："何不叫李白来写新词。"于是玄宗叫李龟年把李白找来写词。

哪想到这时李白正和几个朋友醉倒在酒楼里呢。却说李白被召入宫，开初是满腔热情，要施展治国安天下的宏伟抱负，谁知玄宗已经沉醉于酒色之中，日以继夜与杨贵妃寻欢作乐，奸臣当道，贪官横行，残害忠良，根本就不听李白的治国良策。李白满腹忧愁，只得和几个朋友以酒浇忧，天天喝得酩酊大醉。

再说李龟年奉了天子口诏，好不容易才在长安大街有名的酒楼中找到李白，已经喝得酩酊大醉。当李龟年向他传达圣旨时，他醉眼微睁，半理不睬地睡过去了。圣旨是误不得的，李龟年赶快叫宫中小儿把李白左扶右持，架进兴庆宫。唐玄宗见李白醉态很是可爱，心中甚喜，便叫内侍搀到七宝床上休息，叫人用冷水喷面解酒，又叫拿醒酒汤来，他亲自调试冷热，喂进李白口中。半醉半醒的李白见此情形，惊出一身冷汗，忙伏地请罪："臣罪该万死，臣本酒中之仙，还望陛下恕罪。"玄宗说："好一位酒仙！今日同妃子赏名花，不可无新词，特召卿前来写词。"李龟年拿着金花笺交给李白，让他赶紧写词。

李白乘着酒兴，提起笔来，在金花笺上，龙飞凤舞，一挥而就，写好了《清平调》三首。

云想衣裳花想容，春风拂槛露华浓。
若非群玉山头见，会向瑶台月下逢。

一枝红艳露凝香，云雨巫山枉断肠。
借问汉宫谁得似，可怜飞燕倚新妆。

名花倾国两相欢，长得君王带笑看。

解释春风无限恨，沉香亭北倚阑干。

诗中以名花比美人，又把杨贵妃比成天上的仙女，还与汉朝的名妃赵飞燕相比，把杨贵妃乐得心花怒放。玄宗称赞李白才华出众，文思敏捷，能在醉态中写出这样的好诗，天下文人是无法相比的。一时高兴，令李龟年拿来玉笛，亲自吹奏，众乐伎丝竹相合，李龟年引吭高歌，杨贵妃翩翩起舞，而这时的李白却倒在七宝床上呼呼大睡。

从此，《清平调》在宫中被反复传唱，李白更加受宠，凡是宫中宴会都要请李白参加，玄宗出游都要李白陪王伴驾，为他写诗助兴。玄宗还想封李白为中书舍人，参与国家的决策，掌握实权。但是，李白受宠却引起了高力士这一伙奸臣的嫉妒。高力士一心要报脱靴之仇，总想找缝下蛆，让李白倒霉。于是找到驸马张垍商量。张垍是前宰相张九龄的儿子，这个公子哥儿才学不多，坏主意不少，他也十分嫉妒李白。张垍向高力士耳语："公公只消如此这般，保证李白滚蛋。"

一日，杨贵妃正在吟唱《清平调》，高力士见四下无人，就向她说："奴才以为娘娘对李白的《清平调》恨之入骨，想不到还在反复吟唱。"贵妃说："这诗写得好呀！把我比成仙女、名花，我当然喜欢唱。"高力士说："可是在诗中把娘娘比为汉朝的赵飞燕，这就是在骂您。赵飞燕是卑贱的歌伎出身，入宫后以美色迷乱汉成帝，造成奸臣当道，天下大乱。后来她与燕赤凤通奸，被成帝发现，将燕赤凤砍头，赵飞燕也被打入冷宫。李白胆敢将娘娘比为赵飞燕，还将当今英明的天子比为昏君汉成帝，诽谤我大唐江山将要被圣上和娘娘断送。若这歪诗流传后世，圣上和娘娘会背上千秋骂名，都知道娘娘是苏妲己、赵飞燕一样的红颜祸水……"不等高力士说完，杨贵妃已被气得浑身发抖，拂袖而去。

杨贵妃找到玄宗哭诉一番，玄宗也觉得这首诗虽写得好，确有对自己和宠妃讽刺挖苦的意思，本想治李白的罪，又怕影响自己尊重人才的美名，只是从此疏远李白。

御赐金牌

唐明皇很赏识李白的才学，给他封了个翰林学士。李白在翰林院里一天也没得好多事干，经常约起几个朋友，跑到外头去喝酒，结果是皇帝召见他的时候，他经常都是酒气冲天，醉醺醺的。

这样过了一段时间，李白觉得没得好多意思，心头想："皇上整天与杨贵妃在宫中玩耍，不理朝政，也没时间听我的安邦定国大计，不会重用我，只不过把我当成李龟年这样的乐工，供皇上取乐罢了。自己宏伟的理想是不可能实现的，再说我这个翰林学士，听起好听，但官不像官，没得实权。民不像民，一点都不自由。还不如把这个官辞了去游山玩水，饮酒吟诗。"于是李白就向皇帝写下辞王表章。唐明皇爱惜李白的文才，最先没有同意。高力士、杨国忠和贵妃娘娘听到说李白想走，心头都暗自高兴。看到皇帝舍不得李白，都跑到皇帝面前说李白的坏话。这样左说右说，就把唐明皇的心说动了，唐明皇也觉得李白这个人虽说有点文才，但是太自由散漫了，经常喝醉酒，说不定会酒后乱说，把宫中一些丑事讲出去，伤了皇家的尊严。于是顺水推舟，准了李白的辞王表章。

李白要走了的时候，唐明皇问李白想要什么赏赐，李白说啥子都不要。唐明皇心想："李白那次写答番书，还是立了大功的。我不给他一点赏赐，也说不过去，二天别人还说我这个皇帝薄情寡义，不爱惜人才。但他又不要，咋个办呢?"唐明皇想了一下说："爱卿喜欢喝酒，朕就赏赐你一面金牌，上写：赐李白为天下无忧学士，逍遥秀才，可以走州吃州，过县吃县，逢坊喝酒，遇库支钱，文武官员，军民人等，如有怠慢，以违抗圣旨论处。”还赐黄金千两，御马一匹。

李白接了金牌，受了赏赐，谢了皇恩，就离开了长安。后来李白凭这面金牌，游山玩水，走遍天下。各地的官员看到这金牌都不敢怠慢，生怕把李白得罪了。

痛斥贪官

李白离开京城，走到华阴县，听当地百姓纷纷议论：“县令是个贪官，贪赃枉法，不顾百姓死活。”李白有意要把这个县官教训羞辱一番。

这一天，县令升堂问案。李白喝醉了酒，疯疯癫癫地倒骑着一头毛驴，在衙门口跑来跑去。那县官见了，大发雷霆，连声说：“可恶！可恶！哪里来的狂徒，竟敢在本官面前耍泼！快与我抓来审问，让他尝尝本官的厉害！”

李白被抓进县衙，卧而不跪，问而不答，满口酒气，还吐了一大堆。县令拿他没法，喝令：“将这个酒疯子关进监狱，待本官慢慢审问。”

在监牢里，狱官见此人超凡脱俗，知不是等闲之辈，就和颜悦色地讯问：“你是何人？为何倒骑毛驴，戏弄我们的父母官。”李白说：“你拿纸来，我给你写供状。”李白写道：“姓李名白，西蜀绵州人士。曾草吓蛮书，声名播四海。御手曾调羹，龙巾拭唾涎；使高力士脱靴，杨国忠磨墨。天子殿前尚容走马，华阴县里不许骑驴？”

狱官一看供状，吓得魂飞魄散，即刻跪倒：“学士老爷，小人有眼无珠，万望恕罪！”李白说：“不干你的事，你去对县官说，我奉金牌而来，为何要将我关进牢房。”

狱官将供状交给县官，并说他身有金牌，的确是李学士。县官吓出了一身冷汗，立刻与狱官一起来到牢房，见到李白，磕头请罪：“小官有眼不识泰山，一时冒犯，万望恕罪。”李白说：“对我无理，我不计较。但你所受国家的俸禄，是百姓的血汗。你不为百姓做好事，反而贪赃枉法，危害百姓，罪不可恕。”县官磕头如捣蒜，发誓要痛改前非，造福百姓。李白说：“若你诚心改悔，可以饶过你这回，不向圣上奏报。”从此，这个县令开始悔改，为百姓做了一些好事。

此事传闻至各地，说是李学士受皇上差遣，微服私访，观察民风，考察官政。那些贪官污吏有所收敛。李白所到之处，写诗歌颂清官，讽刺贪官，深受百姓敬重。

三请出山

安史之乱期间，李白虽然隐居在庐山，满目青翠，看不见战火，满耳鸟鸣，听不到厮杀。但他在登高望远时，仿佛看到了中原大地血流成河，尸骨成山，看到安禄山一伙豺狼在金銮宝殿上狂呼乱叫，看着想着，泪水滚滚而下。自己一生都在想安社稷、济苍生，而今社稷在遭难，苍生在流血，还有什么心思游山玩水啊！玄宗在逃亡西蜀途中，颁下诏令，以永王李璘为山南东道、岭南、黔中、江南西道节度使，镇守长江下游，从南边配合太子李亨平定安史之乱。永王领诏，出镇江夏（今武汉），招兵买马，积草屯粮，准备东进。听说大诗人李白隐居庐山，就派出谋士韦子春上山求贤，要请李白出山，做他的幕僚，为他出谋划策，同时也为他吟诗作赋，以壮声威。韦子春是李白在长安时结识的好朋友，李白听说故人来访，很是高兴。相见后，寒暄已毕，韦子春就把永王璘奉诏出镇江南的事告诉李白，并说永王十分佩服先生，特聘先生为幕府，共商救国大计。李白也想到，国难当头，正是“猛士奋剑之秋，谋臣运筹之日”，何不应允出山。正在此时，宗氏夫人端来酒菜，向李白递了个眼色，李白才说：“愚兄并非济世之才，现又年近花甲，疏懒成性，不堪重用。”宗氏夫人又推说，现已至年尾，是不是等过了年再议。送走韦子春后，李白夫妇反复商议。李白说：“自安史乱起，社稷不安，国家遭难，黎民百姓陷入水深火热之中，避居深山，心实难安。现在叛军十分猖獗，若打到江南，我们也无法在此隐居了。应聘出山，正好施展我的抱负，待平定叛乱后，我再和你一起隐居山林。”宗氏说：“我听说永王自幼生长深宫，不知民间疾苦，为人刚愎自用，志大才疏，何况他奉的是太上皇之命，而未奉当今天子之诏，投奔于他，恐有不测。再说他招聘你，只不过爱慕你的诗才，为他作诗文，装点门面，哪会真正听你的谋略，让你给皇上做御用文人都不干，难道还要去做无聊的幕府诗人吗?”一时商量未定。隔了几天，韦子春又带来金银、绸缎、锦袍等贵重礼物，表达永王求贤若渴之情，把李白比作谢安，说：“谢安不出，奈苍生何!”李白十分感动，就要收拾行装与韦子春一道出山，宗氏夫人再次阻拦说：“你托你的学生武谔，去东鲁接伯禽，说年底必定归来，不如再等一下，全家过一个团圆年，再下山不迟。”李白、韦子春也觉此话有理。

大年已过，伯禽还未归来，韦子春第三次上山来了。这次带了一乘空轿子，并说：“刘备请诸葛亮也不过三请，这次先生再不下山，我也没法下山去向永王交差了。”大有再不下就赖着不走的意思。李白夫妇不好再推辞。宗夫人将李白送上轿子，送了一程又一程，远望轿子隐入山嘴的密林深处，心中有个此去凶多吉少的预感，在此天下大乱之时，不知何时何地夫妻团聚。而李白坐在轿子上远眺山下，天宽地阔，心想济苍生、安社稷的抱负即将施展，真的好像自己是“东山再起”的谢安，不禁有些飘飘然！

李白下山时，正好永王水军已到浔阳（今九江市），浔阳江上桅樯如林，旌旗蔽天，战鼓雷鸣，画角长嘶。这使李白精神为之一振，心想有这样强盛的军容，叛逆何愁不平！永王听说李白下山，心中高兴，在他乘坐的艨艟战舰上为李白设宴接风。筵席上歌舞翩翩，鼓乐齐鸣，气氛热烈。酒过三巡，李白诗兴大发，即席吟道：

月化五白龙，翻飞凌九天。胡沙惊北海，电扫洛阳川。
虏箭雨宫阙，皇舆成播迁。英王受庙略，秉钺清南边。
云旗卷海雪，金戟罗江烟。聚散百万人，弛张在一贤。
……
卷身编蓬下，冥机四十年。宁知草间人，腰下有龙泉。
浮云在一决，誓欲清幽燕。愿与四座公，静谈《金匮篇》。
齐心戴朝恩，不惜微躯捐。所冀旄头灭，功成追鲁连。

诗中不仅歌颂了永王的军威，也表达了自己愿为平叛贡献力量的决心，获得满座喝彩，接着李白又写了《永王东巡歌十一首》，抒发了决心平叛的豪情壮志。他满以为永王大军出江南，渡五湖，跨辽海，与郭子仪、李光弼大军配合，将会一举扫平叛军，迎来又一个太平盛世。

就在李白一心想平叛立功之时，唐肃宗怕永王与他争夺天下，便诏令永王收兵回蜀。永王不服从肃宗的诏令，继续东进，肃宗宣布李璘叛逆朝廷，调集几路大军包围永王，亲兄弟之间的一场内战在金陵附近爆发，永王的军队一触即溃，大将投降，士兵如鸟兽散，李白的满腔报国热情换来一场灾祸。

（以上四个故事由蒋实夫讲述）

流放夜郎

李白一心想在平定安史之乱中建功立业，答应了永王李璘的聘请，当了幕僚。谁知道卷入了李家兄弟争夺皇位的斗争。永王打了败仗，李白也跟着倒霉。他被当成叛贼，绳捆索绑，押进江州浔阳郡。州官升堂审问："李白！你如何附逆作乱，从实招来！"李白大喊："冤枉！冤枉！一月前我住在庐山，永王三次派人请我下山。说是永王奉诏平定安史之乱，出镇江南。我一心报国，想为平息叛乱出力，才应聘下山。哪里做过背叛朝廷之事。请大人明察。"

州官说："李璘兴兵抗拒当今圣上，妄想夺权篡位。你当他的幕僚，难道就没有为他出谋划策？"

李白说："我入他的幕府，只是吟诗作赋，鼓励大家平定安史之乱，有我这段时间写的诗歌为证。我哪里知道他要背叛朝廷。"

州官说："无论你如何狡辩，李璘兴兵对抗朝廷，已是事实。你是他的幕僚，为他出谋划策。这附逆作乱的罪名，你是赖不掉的。按大唐律令，你犯的是杀头之罪。来呀！将李白钉上枷锁，打入死囚牢。"

李白被解去绑绳，立即又被钉上枷锁，押进死囚牢中。按唐律规定，这木枷有五尺多长，二尺多宽，几十斤重，牢牢地固定着颈项和双手，昼夜都必须戴着。李白是自由放纵惯了的，哪里受过这份罪！

李白在阴暗潮湿的死囚牢中放声大哭："苍天呀，苍天！我一心报国，为什么让我身陷牢狱？为什么自古许多忠臣没有好下场？夫人呀，夫人，悔不该当初没有听你的劝告，贸然下山，才落得披枷戴锁！伯禽、平阳，你们又在哪里？"

李白的哭诉使看守他的狱卒也流下了同情的泪，对他说："我知道你是天下闻名的大诗人，我也喜欢读你的诗。你受了冤枉，要想法申诉才是。"李白请他给宗氏夫人带个信，告诉现在的处境。宗氏夫人在外找门路，求人情。御史中丞宋若思审理李白一案，得知是桩冤案，不仅释放出狱，还留作幕僚，推荐给朝廷。但是皇帝身边那一帮奸臣却容不得李白，非要判李白死刑不可。当时平定安史之乱的大功臣、天下兵马副元帅郭子仪得知此事，念及李白的救命之恩，愿以自己的官爵赎李白的死罪，最后才被判长流夜郎，就是现在的贵州桐梓县。

由于李白名满天下，在押解途中，先后有江夏的李长史、沔州的县官、南浦的郡守，请他做客、写诗，到第二年春天才被押解到夜郎。

夜郎的王县令爱读李白诗歌，敬佩李白的人品，皆因为官清正，刚正不阿，得罪了上司，才被贬到这偏远山区为官。他对李白到来很是高兴，为便于就近请教，在衙门附近给李白安置了住所，以李白有病为名，免去了李白的苦役。

时值春天，花红柳绿，李白陪县官游春。走到县北木瓜山，触景生情，吟诗一首：

早起见日出，暮见栖鸟还。
客心自酸楚，况对木瓜山。

这时一阵雁叫，想起二千里外的妻子音讯杳无，又吟诗一首，《南流夜郎寄内》：

夜郎天外怨离居，明月楼中音信疏。
北雁春归望欲尽，南来不得豫章书。

在夜郎，李白还写了《流夜郎闻酺不预》、《流夜郎题葵叶》等几首诗。

李白在夜郎大约住了一个月，因为发生大旱灾，皇帝大赦天下，李白遇赦，离开了夜郎。

夜郎人民一直怀念李白，十分珍视李白的遗迹，把李白居住过的地方叫“太白宅”，取水的井叫“太白井”，走过的桥叫“太白桥”，还有“太白闻莺处”。又专门建立“怀白堂”、“太白书院”纪念李白。李白在夜郎写的诗被刻成碑，并建亭保护，这亭开初叫“太白碑亭”。不少文人墨客前来凭吊、题诗，这些诗又被刻在石碑上，立在“太白碑亭”近旁，到清代时，诗碑已经有百多块了，于是这里就叫“百碑亭”，碑愈来愈多，来参观的人也多。那些过往的官吏要当地老百姓准备人夫轿马，还要好酒好菜招待，走的时还索要土特产，这使当地老百姓不得安生，于是选了两块李白题写的诗碑，立在20里外的驿道旁，其余的则深埋地下，从此很少有官吏来借参观扰民。两块李白题写后又翻刻过的诗碑至今尚存桐梓县新站。

（桐梓县胡大宇讲述）

骑鲸升天

李白流放夜郎遇赦后，安史之乱还未平息。他还想为国建功立业。听说副元帅李光弼，带领百万大军，出镇临淮，要与叛军决一死战。李白便兴冲冲地赎回他心爱的宝剑，借了一匹老马，投奔李光弼去了。可是这时他已年过花甲，老病缠身，还没有走到李光弼的军营就发了病，只得去金陵治病。在金陵虽然得到一些朋友的接济，还是不够吃饭、治病的用费。他只好到当涂去投靠县令李阳冰。这李县令按家谱推算还是李白的老辈子，所以李白叫他从叔。

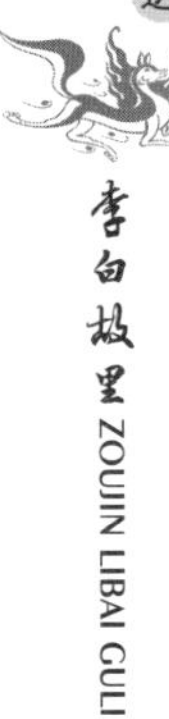

李白到当涂后，受到李阳冰的热情接待，给他安排吃住，请医生看病。李白的病有所好转。

在一个月明的夜晚，李白独自一人，拄起拐杖，带了一壶酒，走到采石江边，找了一只小船，在江上一边饮酒，一边赏月。他回想自己这62年，虽然读过万卷书，走过万里路，写过几千首诗，但是治国安天下的抱负并没有实现，至今天下还不太平，黎民百姓还在受苦受难，而自己却是老病缠身，无能为力。现在投靠的李阳冰即将调走，我又身靠何人？倒是想回到生我养我的西蜀故乡，可是离此几千里，路上又不太平，哪里回得去？看来在人间真是无路可走，是要走上天国之路了。于是他吟了《临路歌》：

大鹏飞兮振八裔，中天摧兮力不济。余风激兮万世，

游扶桑兮挂左袂。后人得之传此，仲尼亡兮谁为出涕？

他反复吟咏，老泪纵横。这时月亮升上中天，像白玉盘似的高高悬挂。明月映入江心，经微风一吹，化着满江碎银。一会儿风平浪静，一轮明月就在江心，它是那么洁白，那么纯净。李白想：我这一辈子都在追求光明，这光明不就在眼前，于是他纵身一跳，溶进那江心的明月。

江中忽然风浪大作，一头几丈长的鲸鱼将李白从水中托起。有仙童二人，向李白宣告："玉皇令我等恭迎太白星君还归本位。"于是仙乐奏起，李白骑在鲸鱼背上，慢慢升空而去。

李白之死在李白的故乡还另有一种传说：李白拿着唐明皇赐的金牌，"逢坊吃酒，遇库支钱"，倒骑驴把一个赃官杀了，又到处游山玩水，好不逍遥自在。后来他想，现在要得倒还安逸，如果哪天唐明皇死

了，高力士、杨贵妃、杨国忠这些奸臣和贪官污吏，肯定不会放过他，说不定会抓去千刀万剐。于是他来到人间天堂西湖边喝酒，假装在西湖里头捞月亮，淹死了。

（杜国通讲述）

青莲陨石

李白自从离开青莲以后，就再也没有回来，家乡人都非常想念他。李白离开家乡后十多年，有人带回来消息说李白被召入京了，给坐金銮殿的唐明皇醉草了吓蛮书，还叫高力士脱靴，杨国忠磨墨，被封为翰林学士。家乡人认为李白为家乡增添了光彩，就在盘江河边为李白修了翰林府，府门口有个水池，叫青莲池。池边两棵桂花树，小鸟在树上做了巢，大家叫它凤凰巢。府门叫金马门，正中建有白玉堂。

后来又听说安禄山要造皇帝的反，李白为了打安禄山，就参加了永王李璘的军队。结果肃宗皇帝说永王是想造他的反，就把李璘杀了，把李白也贬到夜郎去了。大家都觉得，李白好冤枉，好遭孽哟！希望李白落叶归根，回老家来度晚年。可是李白始终没回来，翰林府也一直空着。

到宋朝时就在这里修了太白祠，每逢李白生日要在这里祭祀。平时也有人向“太白菩萨”敬香，保佑子孙聪明，读书成材。

又过了好多年，到了清朝时，李白的家乡人还是没有忘记李白，想到他死在外乡，葬在安徽当涂的青山。在家乡应当给他修一座衣冠墓。于是把李白的诗集和官帽袍服放在墓里头，墓前立座石碑，上写“唐翰林学士李白之墓”。在衣冠墓落成那天，天上升起了好多五颜六色的云，

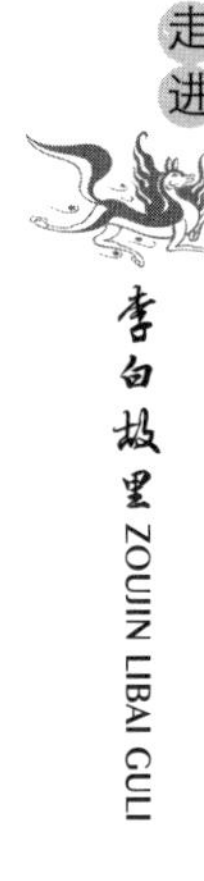

一道七色彩虹从云里头伸出来。突然，一道亮光直射到地上，紧接到就是一个大炸雷，震得山摇地动，刚才还晴朗朗的天空一下子乌云密布，彩虹也一下消失了，接到就是倾盆大雨，啥子都看不到了。等到雨停了以后，大家发现在衣冠墓旁边多了一块奇形怪状的石头，大家都跑过去围到石头看，老人们说："这是天上掉下来的一颗星啊。"大家议论纷纷，说这块陨星肯定就是李白变的，迟不掉，早不掉，偏偏在衣冠墓落成时候从天上掉下来，这正是李白思念故乡，让自己的灵魂变成陨石，落在自己家乡的土地上。

现在，那块陨石还放在衣冠墓旁边。

（杜国通讲述）

青莲人崇拜太白菩萨

在青莲人心目中李白就是天上下凡的神仙，李白去世又回到天上当神仙去了。尊称李白为太白星君或太白菩萨，相信他能保佑平安幸福，能保佑子孙读书成材。家乡人为了表达对李白的崇拜之情，给李白修祠堂、塑金身。供奉李白的祠堂不仅建在青莲，在彰明、大匡山、小匡山也有太白祠。此外，在彰明的长庚寺、儒林寺，河西的普照寺、月爱寺都供着太白菩萨，享受着人间香火。特别是一年一度的祭祀李白的活动非常隆重热闹。

每年农历十一月十五日，是李白的生日。这一天，彰明的县官要带领百姓在彰明县城的太白祠，举行隆重的祭祀李白的典礼，敬献猪羊等祭品，行二跪六叩礼，主祭官朗读祭文。

官方的祭祀李白的典礼只是开了个头，老百姓祭祀李白的活动那就更闹热了。在李白诞辰那天，青莲的人民要到青莲的太白祠祭祀，在太白殿敬香，放鞭炮。当地士绅、头面人物在太白祠集会，办酒席，商议如何举办本年度的太白长寿会（或者简称太白会或长寿会。是希望李白永远活在人们的心中的意思）。在筹备会上要推举出本年度会首，即太白会承办人。当年在乡里买了田，或在青莲场买了街房，或有一定经济实力的人，会被推荐为会首。在他的家门口贴张喜报，上写："某某，恭贺你为太白会会首。"谁也不能推辞，否则会被人鄙视，永远抬不起头来。会首不止一人，分场上会首和乡下会首。担任会首在当时被看成很光彩的事，但也是苦差。会首首先要募集资金。主要是向本场镇各家商铺募集。还有个办法是将青莲文昌宫中的太白架和木雕文昌像抬到庙前，接受百姓朝拜，设功德箱，收集由民众捐献的资金。会首必须先垫付资金，订做各种彩灯，做好太白会的准备工作。

正月初一举行迎春会，青莲及其他各地的百姓到陇西院中朝拜李白。这一天，天宝山上人山人海，各地小商贩和各种小食也在这里营业，这实际上是陇西院的庙会。各地狮灯、龙灯到太白祠、陇西院、粉竹楼朝贺李白、李月圆以及青莲场上各家各户。

正月十六日为太白长寿会正式会期。上午 9 时，第一次游行开始。游行队伍从火神庙出发，经陕西会馆、江西馆、名贤祠等处，走遍青莲场镇的各大街小巷。在游行队伍两边，由袍哥管事和乡丁维持治安秩序。

游行队伍的顺序是：

第一，两对牌灯。上书"天下太平"、"恭贺新年"、"恭喜发财"、"国泰民安"等。

第二，唢呐队。

第三，吊灯：纸扎 4—6 串九连灯。

第四，纸灵官。

第五，纸观音。

第六，纸财神（骑虎）。

第七，纸八仙。

第八，纸文昌（骑白马）。

第九，太白驾。

第十，川剧锣鼓队。

第十一，銮驾：半副，金瓜、钺斧、朝天镫、戟各1个。

第十二，宫扇2把。

第十三，洞经音乐队（由当地礼乐会担任，有笛子、洞萧、胡琴等管弦乐器）。

第十四，木雕文昌四人大轿。

第十五，高台：8台。每个高台上由2小孩身穿戏装，扮“太白醉草”等川剧剧目。

第十六，采莲船、彩龙、火龙、狮灯、高脚狮子等。

整个游行队伍约2里长。

游行队伍所过之处，每家门口有香案，置香炉、油灯、供盘，走三四个门面游行队伍就会停下来接受人们向太白驾、文昌等神像敬香、鸣炮、上油。上午的游行持续约4小时。

傍晚约7点，第二次游行开始，游行队伍的组成与上午不同的是：由小孩组成的8个高台不参加。由太白驾和木雕文昌像以及纸高台、彩灯、龙灯、狮灯组成。晚上的火龙特别活跃，烟花闪耀，鞭炮齐鸣，赤膊的舞龙者在火花中翻腾跳跃。至深夜将各种彩灯焚化。太白驾和木雕文昌像抬回文昌宫供奉。

太白会的参加者不仅是青莲的民众，还有青莲周围的各场镇和绵阳、安县、彰明、中坝等地赶到青莲来朝拜李白的民众数万人参加。绵阳的龙门、青义、石马，安县花荄、黄土，江油中坝、彰明、香水等地的龙灯、狮灯都要来参加太白会。

太白会上展示的太白驾，是太白会游行队伍的核心，是青莲人崇拜的神灵。

太白驾是一座四方七层，高约2.5米的木塔，其构造如下：

木塔放置在木桌上。木桌1米见方，高约80厘米。四脚为象腿，显得稳重有力。两边各有一根抬杠，便于4人抬起。

木塔第一层为太白殿，供奉太白菩萨木雕坐像，高约40厘米。

二层为三皇殿，供奉天、地、人皇。

三层为佛、道、释三教教主（释迦牟尼、李老君、孔子）。

四层为玉皇殿，其中有玉皇、四大天王、二郎神、哪吒、二十八宿。

五层为太乙殿，供奉太乙真人、六丁六甲、十二生肖。

六层为三星殿，供福、禄、寿三星。

七层为魁星点斗。

整个木塔用香樟木制成。红漆刷金，庄重辉煌。在太阳照射下金光灿烂。木塔雕刻精细。门窗都可开关。塔上的飞檐翘角、斗拱、柱、枋、梁、檩，一丝不苟。每层塔外有走廊、栏杆。柱上雕刻蟠龙。天花板上有太极图、八卦及蝙蝠、牡丹等吉祥图案。脊上有仙人、神兽。翘角下有风铃。每层塔内有楼梯。上百个木雕像个个栩栩如生。太白驾既是一件精美的木雕工艺品，也表示了青莲人民对李太白的崇敬之情。

太白会上展示的高台，或称高台戏，将川剧或民间传说的片断定格于高台之上，用4人抬起游行。青莲太白会一般是8个高台，高台置于一米高、一米宽的木桌上，台上有重立的2个10岁左右的小孩，身穿戏装，扮一台戏。分别是“太白醉草”、“借伞”、“抢伞”、“访友”、“钟馗送妹”、“赵匡胤送京娘”、“盗灵芝”、“穆桂英打雁”等川剧剧目。其精妙处是上面的小孩踩在下面的小孩道具上，如“白蛇”踩在“许仙”打的伞上。“李白”的靴子踩在“高力士”的手上。其实是内中用钢筋

支撑，用白布固定在上面小孩的腰部，外面穿上戏衣。掩蔽钢筋支架的痕迹。每台由四个壮汉抬着，前面有人拿着用红布裹的 T 形撑杆，在高台停放时，高台上面的小孩可扶住撑杆，暂时休息；旁边有人撑着用绸缎扎成的五彩伞，为高台遮阳挡风雨。

传言上了高台的小孩可以免去灾难病痛，游行后还会得红包。因此青莲的小孩会争着上高台扮戏。

太白会上展示的纸高台是用彩色纸扎出 8 台川剧，剧目与人扮高台类似。太白会上的彩灯中以九连灯最为特出。九个灯串为一组。题材有青狮、白象、飞鸟、鱼虾、花卉、水果、蔬菜等。灯的组成含有祈福的寓意。如鱼、荷花、莲藕含“连年有馀”之意。

这些纸高台和彩灯扎得栩栩如生，如“太白醉写”把李白蔑视权贵和高力士狼狈不堪的神态表现得活灵活现。

太白会是青莲人祭祀和纪念李白，并祈求幸福平安的一年一度的民俗活动。传说李白入京供奉翰林时，家乡人为他修建了翰林府。李白去世后，在翰林府附近修建了太白祠，同时也开始有祭祀活动。后经多次战乱，太白祠屡次被毁又重建。最后一次大规模重建是清乾隆时期。当时的青莲是水陆码头，阴平道上的一个场镇。甘陕及平武、北川、青川的山货、药材、木材，通过阴平道上的马帮和通口河上的船筏运到青莲。四川盆地以至外省的手工业品、盐等，要销往甘陕及川西北山区，也要运经青莲。由于清代的青莲是比较繁荣的商业场镇，因此就有不少外地人来经商。清朝初期和中期，“湖广填四川”的移民高潮中，青莲来了湖广（今湖南、湖北）、广东、福建等外省人。因此，在青莲形成了五大会馆：湖广馆（禹王宫）、陕西馆（武圣宫）、江西馆（万寿宫）、福建馆（天上宫）、广东馆（南华宫）。这些会馆是外地移民联谊、互助之地，他们也有一定的经济实力。外地人来到太白故里，和本地人一道崇敬李白。在乾隆这一太平盛世兴起了太白长寿会。

从1950年至文革期间，祭祀李白的活动停止。太白驾在太白会停办后，弃置在火神庙后，逐步朽坏。青莲的高台在太白会停办后也中止了。不过江油青林口的高台每年农历二月初一举办。一直延续至今，并已被国务院公布为第二批国家级非物质文化遗产。现在青莲70岁以上的老人对太白会都还记忆犹新。青莲人心中始终怀念着李白。对李白遗迹：陇西院、太白祠、粉竹楼悉心保护。1962年颁布为省级重点文物保护单位。“文革”开始，外地红卫兵来青莲“破四旧”，要毁坏李白故居的大门，铲除“陇西院”三字及四周的蟠龙。住在当地的肖吉洲机智地建议：用草泥将字和浮雕抹平，刷上石灰，上面写“毛主席万岁”的标语，这样终于把陇西院大门的珍贵文物保留了下来。

改革开放以来，重建、扩建太白祠、陇西院、粉竹楼。群众自发集资修复大、小匡山，月爱寺，长庚寺等处。在2001年，李白诞生1300周年时，江油举办了隆重的规模宏大的纪念活动。以李白诗歌吟唱为主题的“同一首歌”晚会，会场内坐满了3万多观众，会场外还有数万听众，台上台下数万人同诵李白诗。2004年9月，绵阳举办第二届旅游发展大会和国际李白文化旅游节，在青莲太白祠举行了祭祀李白的典礼，宣读了由著名作家马识途撰写的祭文，来自全国各地的嘉宾向太白像敬香，还请来了梓潼洞经音乐团演奏古乐。2006年4月，举办绵阳市第三届旅游发展大会和国际李白文化旅游节。在陇西院与太白碑林前的太白文化广场上举行了太白故居开园仪式，李白诗歌演唱会。参加这次盛会的有法、韩、泰、加蓬等国的驻中国外交使节；有来自俄、美、澳大利亚、以色列、日本、新加坡等国的嘉宾；有海内外著名的研究李白的专家学者。法国总统发来了贺电。青莲人对这些活动感到非常振奋，但是这些活动断断续续，不足以表达青莲人对李白的崇敬之情，希望能将一年一度的太白长寿会恢复起来，让世世代代的青莲人永远怀念李白。

（肖吉洲、杜国通、游显煜讲述）

附：李白故里的民间传说及其现代价值

在李白出生和生活了24年的四川江油，千多年来在民间流传着关于李白的许多故事，这是十分宝贵的非物质文化遗产。这些传说故事从内容来看主要有以下五类：李白的出生的神奇传说；出身贫寒，从小勤奋好学；天赋才华，文思敏捷，吟诗词、对对联，出口成章；行侠仗义，乐于助人；藐视权贵，悯贫爱民。

李白的故事在流传过程中产生过累积效应。也就是俗话说的，在讲述过程中“添油加醋”，使故事更生动，更富于传奇性，也使李白形象更高大完美。对于这些李白传说故事既要看到有历史的真实性的一面，也要看到有虚构性的一面。如：《夜梦铁拐李》就纯属虚构，因为“八仙”生活的年代在李白之后。又如《李白赶考》也是虚构。但这类故事富有教育意义，就流传下来了。我们在研究李白生平事迹时，不能把传说当成历史真实，但也不能对这些传说不屑一顾。有的学者只承认正史记载，认为所有传说都是虚构，这是不正确的。在历史研究中，首先是要占有丰富的史料，史料不仅仅指文献史料，口碑史料也是史料的一个重要类型，民间传说就是口碑史料。唐代著名史学评论家刘知幾在《史通》中，认为民间流传的“逸事”“能与正史参行……前史所遗，后人所记，求诸异说，为益实多”。孔子修《春秋》，是我国第一部编年史，其中也采用了口碑史料。我国正史的范本《史记》曾“广采民间遗存”，收入了不少民间传说，如三皇五帝、大禹治水都是传说。韩信曾受胯下之辱更是他直接采集的民间传说而写入正史。司马光的《资治通鉴》也是“遍阅旧史，旁采小说”，他说：“实录正史未必皆可据，野史小说未必皆无凭。”清代学者王士祯说：“野史奇闻往往存三代之真，反胜秽史曲笔者。”如果民间传说不算史料，没有文字的上古历史和少数民族的历史就是一片空白。

对李白的生平研究，当然要靠正史的记载。然而在正史中也采集了民间传说，如《旧唐书》与《新唐书》都把力士脱靴这个传说故事写入了《李白传》。李白在蜀中的情况，正史上提供的史料很少，有的还是错误的，如《旧唐书·李白传》说："李白，山东人……父为任城尉。"这就不是信史。李白故乡的传说故事，对李白的家庭情况，以及少为小吏，读书匡山等情况，可以补正正史。关于李白的家庭出身，现在"富商说"已为大多数学者所采用，其依据是李白之父来自西域，西域多富商，因此李白出自富商之家，这是一种主观推测，并无史料依据。李白故乡的几个传说故事，都说李白的家庭贫寒，小时放过牛。对这些传说不能因为它不合乎"富商说"就斥之为虚妄。关于李白"少为县小吏"之事，不仅仅传说中有，而且现存的北宋碑刻：《中和大明寺住持记》碑、《谪仙祠堂记》碑和北宋人杨天惠写的《彰明逸事》都记载李白当过小吏。看来李白当小吏的故事应当是有历史的真实性。不能以主观臆测的"李白家庭为富商"说去推翻有史料依据的"李白曾为小吏说"。李白的任侠好义，轻财好施，扶危济困，在文献史料中仅有简单的记载，而李白故里的传说故事把李白的任侠仗义描述得十分生动具体，这就补充了正史之不足。

江油的李白民间传说对李白诗歌研究也有一定的价值。李白青少年时期在蜀中的诗歌收入李白诗集中的很少。而有些诗却保留在李白的传说故事中，如《萤火虫》、《咏石牛》、《太华观》、《诗讽县令妻》、《观山火续句》、《观涪江涨水续句》、《圌山题句》等。《上楼诗》在《太仓稊米集》中说："李白在襁褓中，其家携之上楼。问颇能诗否，即应声作绝句一首，所谓'不敢高声语，恐惊天上神'者是也。"说襁褓中做诗，未免太夸张，李白故乡传说作于十岁时则比较可信。这些李白少作，对于研究李白诗歌的发展脉络是很有意义的。

文化遗产是一个国家一个民族生存的根本。如果这种文化消失，国家和民族就失去了存在的意义。在当今社会急剧变革的时代，面临着全球化这一不可逆转的趋势，西方世界挟持着强势的西方文化，大举进入民众的生活，引起生产方式、生活方式的急剧变化，各民族和地域的传统文化受到不同程度的冲击。我们中华民族要自立于世界民族之林，在多元一体的世界文化中，保有我们的重要的一席，而不被单一的文化所吞噬。一方面要吸收西方文化的优秀部分，而不是“全盘西化”；一方面要发掘、弘扬本民族的优秀文化传统，振奋民族的精神。建立起一个世界文化多样性体系，使生活变得丰富多彩。李白的民间传说故事属于非物质文化遗产，它来源于民间的创造，是民众集体智慧的结晶，是民间文学百花丛中的一枝奇葩。它不仅具有学术价值、历史价值和美学价值，在当前对繁荣和发展社会主义文化、建设社会主义精神文明、提高公民道德素质有重要价值。

2004年笔者与肖吉洲合影

在李白民间传说故事中表现了中华传统美德，表现了李白的宏伟的报国之志；表现了关心民众疾苦、扶危济困、见义勇为、乐于助人的精神；对于祸国殃民的腐败黑暗势力敢于与之抗争的精神；“铁棒磨针”，勤奋好学的精神。也是当前建设社会主义精神文明、提高公民道德素质所要提倡的。

非物质文化遗产较之物质文化遗产更为脆弱和不可再

生，随着时间的推移很容易被忽略以致失传。现在李白故里青莲镇会讲李白传说故事的只有两三位八十岁以上的老人，被称为“李白故事通”、“太白故居守护神”的肖吉洲、杜国通不久前已经去世。能讲李白传说故事的人愈来愈少。再不抢救就要失传，其损失将无法弥补。鉴于以上情况应当加强对李白民间故事的调查、抢救、整理、研究工作，并充分发挥其现代价值。

中篇

寻访诗仙游踪

十五学神仙，仙游未曾歇。青年李白走遍了故乡的山山水水。

寻访诗仙游踪

诗仙李白在故乡生活了二十五年。他一边读书，一边旅游，自述“十五学神仙，仙游未曾歇”。川西北本来就是道教发祥地，许多道观分布在风景清幽秀美的群山之中，青年李白为寻仙求道，走遍了故乡的山山水水，江油的所有名山都印下了李白的足迹。有些地方还留下了不朽的诗篇。“美不自美，得人而彰。”诗仙故里的山水，因为有李白的游踪和题咏而更加吸引游人。现在让我们循着李白的踪迹，畅游江油的山水，感受李白故乡诗的意境。

昌明河畔李白魂

到诗仙故里凭吊李白，首先要到李白纪念馆。李白故乡的人们，为了纪念为家乡增辉的伟大诗人，早在宋代就在青莲建立起了一座纪念性建筑，不过那时不叫纪念馆，而叫太白祠。经历千年沧桑，屡废屡兴，因其规模较小，位置较偏，于 1962 年，在四川政协第二届委员会第三次会议上，省政协委员戈壁舟、安旗、肖崇素、赵蕴玉等联名提案，重兴修建“李白纪念馆”。同年 6 月，四川省文化局发出《关于筹建唐代伟大诗人李白纪念馆计划》，随即江油李白纪念馆筹备处成立，开始收集资料，征集字画。当时健在的许多著名的书画家、社会名流，纷纷寄来书画作品，如郭沫若、何香凝、陈叔通、章士钊、沈尹默、潘天寿、傅抱石、邓拓、老舍等人，就是那时寄来书画作品的。“文革”开始，筹建工作被迫中断。筹备处的工作人员，冒着风险将已经征得的书画作品辗转匿藏，终于躲过劫难。1978 年，国运中兴，李白纪念馆的筹建工作得以恢复。1979 年 5 月，纪念馆破土动工。至 1982 年 10 月 23 日，由国家财政拨款建修的主体建筑太白堂和太白书屋完工后，正式开馆。馆址原拟设在李白诞生的青莲乡陇西院内，后经多方征求意见，决定设在县城，以便游人参观。当时正在落实知识分子政策，将下放到农村的知识分子迁回城镇。有人开玩笑说：这也是为李白这位大知识分子落实“农转非”政策，让他从农村迁到县城居住。不过昌明河边也不是与李白毫无关系，他从青莲老家来往于窦圌山、江油县城（当时设在今平武南坝）必须从昌明河边过，这里肯定留有李白的足迹。

李白纪念馆的建设，不仅有国家财政拨款，更多的是各企事业单位和台湾同胞的集资捐建。从 1984 年开始，长城特殊钢厂、长虹机器厂、江油电厂、江油矿山机器厂、川西北石油矿、江油水泥厂、中国工程物理院等数十个中央、省、市企业事业单位，纷纷捐建景点。临江仙馆、晓雅斋、怀谢轩、醉仙楼、青莲池相继建成。台湾同胞蔡肇祺先生及其弟子又捐建了归来阁和李白会馆。

“5·12”大地震，李白纪念馆严重受损，除归来阁和李白会馆外，全部成为危险建筑，只能推倒重建。在河南省的对口支援下，纪念馆损毁的建筑得到重建，又新建了杜甫堂、“诗苑”等。全馆占地四万余平方米，建筑面积一万三千平方米，于 2011 年 5 月 8 日对游人开放。

江油李白纪念馆

建馆以来，一大批海内外著名书画家、学者、知名人士，热情地向李白纪念馆捐书、捐款、捐字画。现在馆内收藏有古籍1800余册，其中珍藏着在敦煌石窟中发现的唐代手抄本李白诗词、宋元明清版本李白诗词注疏，李白诗集以宋代咸淳本和元代至元年间萧世斌本为稀世之珍；还有李白诗集的英文、日文版十余册；毛泽东、周恩来、邓小平、宋庆龄、陈云、陈毅、郭沫若、张爱萍、江泽民、李鹏等历届党和国家领导人书写的匾额、对联、题咏、李白诗抄等一百多幅；仇英、祝枝山、杨慎、石涛、张大千、傅抱石、潘天寿等明清以来大家力作近千幅。还有左宗棠、翁同龢、张之洞、于右任、鲁迅等历史名人的墨宝；周谷城、启功、吴作人等名家题写的匾额楹联一百一十余幅；历代石碑、石刻、瓷器等文物数十件，其中以宋代石碑最为珍贵。馆中还有李白的手迹复制件——《上阳台帖》，据说这是李白唯一的手迹，曾被宋徽宗、乾隆等收藏把玩。经专家鉴定，馆藏文物中属国家一级的就有十二件。这些价值连城的文物珍宝、艺术精品共有五千多件。

当我们步入江油李白纪念馆时，首先为馆内规模宏大、气势雄浑、布局新颖、古朴庄严的清一色的仿唐建筑所震撼。大门为庑庭式，匾额上五个金灿灿的大字——“李白纪念馆”，乃是郭沫若1963年所题，两边是潘力生题写的对联：“古今尊国士，中外仰诗仙。”进大门的左边是花雨轩，为现代名家书画展。右边是香云轩，为奇石根雕展。大门正对面的照壁上是邓小平在1982年亲笔手书的“李白故里”四个大字，金光闪烁。照壁的背面是由雾山石雕刻而成的“李白故里胜迹图”。雾山石刻是江油的一种民间艺术，石头采自江油佛教名山——“观雾山”中的黑色大理石。其石，漆黑如墨，润滑如玉，故又有“墨玉”的美称。“胜迹图”分为两个部分，第一部分是有关李白的遗迹，如“陇西院”、“粉竹楼”、“太白祠”、“窦圌山”等，另一部分则是江油著名的风景名胜，如“佛爷洞”、“金光洞”等组成。全图精雕细刻，气势恢弘，体现了极高的艺术造诣，是艺术家邓文老先生率领其弟子，花了半年时间才雕刻完成的一件艺术杰作。

正对照壁的太白堂，东依昌明河，西临青莲池，这里修竹乔木遮天蔽日，堂前一对雄伟的石狮，煞是引人注目。狮高4.2米，各重9吨，其体积为全国石狮之最，艺术风格兼收南北两派之长，线条流畅，工艺精美，昂首远眺，雄风独具，有威镇千里、长啸西南之势。这是清代同治年间，民间工匠何幺师的作品。这对石狮原在江油新安乡观音寺前，现在请它们来与自比大鹏、心雄万里的李白做伴，正是得其所哉。

太白堂鸱尾重檐，歇山式顶，外檐廊柱环绕，台阶扶梯、六合门窗、斗拱飞檐，整个造型雄浑中带着秀美，古朴中透出典雅。堂前匾额《太白堂》为胡耀邦同志所题。太白堂外楹联是：“观空天地间，我寄愁心与明月；迴出江山上，君随流水寻春晖。”集太白诗句，气韵不凡。堂内一尊三米多高的李白铜像，昂首望天，颇有飘逸豪放、傲岸不羁之概。堂内四壁为洁白的汉白玉石浮雕艺术墙。李白一生好入名山游，足迹遍及祖国各地，艺术墙浓缩了祖国的名山大川。仿佛李白正置身在这壮丽的山河之间，吟诵他的不朽诗篇。

太白堂西侧是一池绿水，满塘碧荷，清风徐来，阵阵飘香，这便是青莲池。年轻的李白汉白玉雕像傲然耸立于池中岛上，衣袂临风，极目远眺，表现了诗人胸怀大志、意气风发、倜傥潇洒的风貌。塑像脚下，荷叶田田，白莲溢香，不禁联想到太白名句："清水出芙蓉，天然去雕饰。"池畔有高大巍峨的醉仙楼和小巧玲珑的怀谢轩，青瓦飞檐，粉墙红柱，倒映于碧水之中，组成一幅绚丽的水彩画。

"谁家玉笛暗飞声，散入春风满洛城。此夜曲中闻折柳，何人不起故园情。"青莲池旁的"故园情"便是根据李白这首《春夜洛城闻笛》的诗意所建的。"故园情"的长廊曲曲折折，环境幽雅宁静，把展区分割成一个独立的小区。太白书屋便是小区内的主体建筑，汲取唐代民居厅堂园林的风格。外檐上有楹联多幅，其中一联为清代著名才子，罗江人李调元所撰，著名书法家沈尹默手书的对联："豪气压群凶，能使力士脱靴贵妃捧砚；仙才包众美，不让参军俊逸开府清新。"李白醉草吓蛮书要力士脱靴，贵妃捧砚的事，已是家喻户晓，而"参军俊逸开府清新"则是用杜甫《春日忆李白》中"清新庾开府，俊逸鲍参军"典故。庾开府指北朝文学家庾信，他曾做过北周骠骑大将军开府仪同三司，故称"庾开府"。鲍参军，指南朝宋文学家鲍照，他曾做过刘宋前军参军，故称"鲍参军"。这里是借俊逸清新对李白诗歌进行评价。另有一联是清代的翰林、湖南布政使剑州人李榕所拟，著名书法家溥雪斋手书的"真赏难逢，今古几人如贺监；大恩不市，平身无语及汾阳"之联。该联讲述了李白和太子宾客、秘书监贺知章及名将郭子仪之间的友谊。

书屋展出李白的家世和生平，按时间顺序分为《生长蜀中》、《酒隐安陆》、《诗酒长安》、《漫游梁园》、《长流夜郎》、《骑鲸捉月》、《千古诗人》几个部分，用文物、古籍、图表、照片及光电技术，生动形象地展示了李白从出生到逝世的完整故事，并对李白作出了高度的评价。其中最珍贵的展品是国家一级文物：北宋淳化五年（994）镌刻的《唐李先生彰明旧宅碑》和熙宁元年（1068）镌刻的《中和大明寺住持记碑》，碑中记载了李白在江油的事迹。还有一头石牛，李白曾为它题写了《咏石牛》诗，文物专家鉴定为唐代石刻，这几件文物可算是纪念馆的镇馆之宝。

太白书屋后的一泓碧潭，是根据李白《赠汪伦》诗修建的桃花潭，潭的周围种满了桃花，每到阳春三月，潭上花枝摇风，落英缤纷，那遥远的踏歌仿佛又在耳边响起。潭外碑廊内陈列着宋、明、清三代的碑刻，诉说着李白在故乡的故事。其中的北宋时期的《谪仙祠堂碑》和北宋大书法家米芾手书的李白《题江油尉厅》碑刻非常珍贵。

太白书屋北面是新建的杜甫堂，内中有杜甫汉白玉雕像及其生平事迹、诗歌展。李白、杜甫是情逾生死的挚友，而李白纪念馆灾后重建又是杜甫的家乡人无私援助。杜甫堂就是这千秋友谊的永恒纪念。

再向北是“诗苑”，展示馆藏的历代书画精品，著名的古今书画大师的杰作。其中祝枝山的《蜀道难》草书长卷、仇英的《山水长卷》、张大千的《李白行吟图》等最为珍贵，可称无价之宝。

太白书屋西边是“古风堂”，展示了江油市从新石器时期至清代几千年来的文物精品，说明李白故里有着悠久灿烂的历史文化。与古风堂相对的是“幽深高雅，泉甘林茂”的晓雅斋。这是一座由两层楼房和两面围墙组成的四合院，院内假山重叠，清泉泠泠，苍松倒悬于峭壁，细鳞悠游于浅池，上楼梯道即假山小道，自然山水搬进了清幽庭院，体现了天人合一的高雅情趣。晓雅斋是 1985 年长虹机器厂捐建的，时任电子工业部部长的江泽民同志，对长虹支持文化建设的义举十分赞许，在落成时，欣然题诗一首：“蜀道曾为太白乡，长虹今日贯绵阳。斋称晓雅饶游趣，明月青天不算狂。”诗前小序说：“绵阳长虹机器厂在太白纪念馆内出资修建一斋，命名‘晓雅’，索句补壁。太白诗热情奔放，富浪漫主义色彩，曾有‘欲上青天揽明月’之句，长虹厂生产之机载雷达能控制飞机航行，而现在宇航技术已可将人送达月球，昔之狂言已成今日之现实，因作七绝一首，时乙丑新春。”

与晓雅斋紧紧相连的“李白研究会馆”，是台湾友人蔡肇祺先生率领其二十四弟子于1992年捐资469万新台币所建。会馆由蘭苑、桃李园、岚光院组成，以紫云阁、谪仙楼为主体建筑。会馆内有大小会议室及若干住房，小溪环绕，花影扶疏，清幽宜人，这是为中外的李白研究者、崇敬者安排的温馨的家。在这里曾多次召开过国际性和全国性的李白学术研讨会，来自亚、欧、美、非、澳的五大洲的李白诗歌研究者、爱好者，到这里研讨、感受李白诗魂和璀璨的中华文化。著名社会活动家路易·艾黎参观后说：“在增进国际对中国的了解方面，这个纪念馆是大有可为的。”三十余年来研究人员在这里笔耕不辍，共出版《李白研究文集》、《历代名人吟李白》、《李白诗选》、《李白故里楹联选》、《李白与巴蜀资料汇编》等专著二十余部，研究文章数以百计，并多次召开“国际李白研讨会”，在学术界享有良好声誉。

在捐建研究会馆之前，蔡先生还出资一百万新台币，捐建“归来阁”。762年杜甫寓居绵州，遥望挚友李白读书的大匡山，吟出了“匡山读书处，头白好归来”的诗句，盼望李白“叶落归根”，回归故里。此阁即以此得名。阁有三层，雄伟挺拔，是全馆最高的建筑。登楼而望，纪念馆全貌尽收眼底，诗情画意扑面而来，令人尘虑顿消，浑然物外。阁内上二层收藏着珍贵的典籍、文物，下层为展室，并销售各种以李白为题材的工艺品。

蔡先生在“归来阁”落成时，亲自撰联：“白发犹异乡，往来旅思萦白发；春晖比慈母，多少游子仰春晖。”这副对联道出了游子们的共同心声。《归来阁记》由著名学者杨明照先生撰文，著名书法家徐无闻先生书写。其中有云："海峡两岸，同系炎黄子孙，同属华夏大宇，相间者盈盈一水耳。鸡犬之声虽不相闻，而缦缦卿云，团团圆月，固彼此与共旧矣。今纪念馆焕然一新，归来阁屹然耸跨，各标胜美，交相辉映，宛如璧合珠联。曰归曰归，其来其来，大好河山必趋一统，此其嚆矢也夫!"归来阁和会馆凝结着海峡两岸的炎黄子孙对李白的一片深情。归来吧！分离多年的台湾同胞！归来吧！云游四方的诗仙之魂!

在太白堂之东的昌明河边，有问水长廊，得名于李白诗句"请君试问东流水，别意与之谁短长"。倚于廊内栏杆，放眼昌明河两岸，浸透了诗情画意，但见袅袅垂柳拂碧水，芊芊翠竹拥绿云，对对白鹭舞东风。长廊曲折向北与临江仙馆相连。仙馆一楼一底，凭栏而望，对岸的绿树丛中，隐约可见粉墙碧瓦，飞檐高翘，山石嵯峨，那就是苏州园林式的太白公园。

在临江仙馆脚下，湍流撞击着河心小岛，岛上芳草萋萋，杂花生树，邀月亭在绿树丛中傲然挺立。远山、碧柳、渌水、飞瀑、孤岛、白鹭、小亭，构成了一幅立体的诗意画。

李白纪念馆既是融学术研究、陈列收藏、文化交流、旅游服务于一体的大型纪念馆，也是一座展示建筑艺术的园林，接待过数百万中外游人。走进这里，不能不被李白的诗魂所震撼，为精美绝伦、博大精深的中华文化而自豪。2009 年被中宣部命名为"全国爱国主义教育示范基地"。

紧邻李白纪念馆的太白公园，是为纪念李白而建的苏州园林式的休闲场所。公园沿着昌明河两岸伸展开去，楼、亭、阁、榭、小桥、曲栏，点缀在绿树碧水之间。有人说这里是四川的苏州园林，也有人说这里是江油的瘦西湖。

沿昌明河堤步入太白公园大门，迎面而来的是一行行婀娜婆娑的依依垂柳，潺潺水声。既静又动，动静相宜，人们均呼之为“半柳堤”，静坐堤边，俯视河面，遥望河西的李白纪念馆，真叫人遐想联翩。

沿堤前行，绿径两旁一排排美人蕉、一丛丛夹竹桃亭亭玉立，在微风中摇曳，笑迎着往来的游人，给人以信步陶然之趣。忽然，哗哗的瀑布声引人入胜，但见一八角古亭傍水而立，亭上书曰：“观瀑亭。”登亭观瀑，但见在太白公园与纪念馆之间有五十余米长的堤坝相连，碧水翻过堤坝，掀起千层雪浪，滚出万斛明珠，好似翡翠般的昌明河佩戴着珍珠腰带。这道横流飞瀑，涛声如急弦、战鼓、骤雨、奔雷，象征着诗仙汹涌澎湃、一泻千里的诗情。

在瀑布之上有一尊浣纱女子的雕像，使人的思绪穿越时空，遥想在一千三百多年前的漫坡渡，年轻的浣纱女因为烹食了跃入篮中的鲤鱼而梦见太白金星投怀，生下李白。从太白公园向北眺望，在大地与蓝天间有云纱轻裹的莽莽群山，其中有李白隐居读书的大匡山，访道士的戴天山，寻雍尊师的太华山，访真人的窦圌山。似乎李白正从青山白云间飘然而下，走近故乡的父老乡亲。

太白公园

过观瀑亭不远，有一竹树掩映、红墙绿瓦的建筑群：“莲池鱼影”馆。园内有嵯峨嶙峋的假山，有碧波荡漾的池水，有秀丽典雅、玲珑古朴的亭榭，尤其是那九曲通幽的回廊和那朵朵似莲的池中水面跳凳，恍若置身江南园林。

出莲池鱼影馆径直前行，便是蜿蜒曲折、静卧在波光粼粼的昌明河上的石桥。每当月明之夜，过此桥，登上假山顶上的揽月亭，凭栏眺望，但见桥灯通明，掩映水中，宛如北斗七星把昌明河两岸相连，因此名为“七星桥”。

下揽月亭沿昌明河而上行，便是河边茶园和曲港泛舟处。可以在这里小憩，品尝太白茶。也可在此泛舟。再往前行。便是孩子们的天地，地上玩的，空中飞的，水中游的……应有尽有，是少年儿童欢乐的世界。

太白公园有浓郁的李白文化氛围。园内到处是展示李白事迹和诗意的浮雕、群雕，如《铁杵磨针》、《诗酒长安》、《力士脱靴》等。在路旁的奇石上也镌刻着李白诗句。巨型山水盆景则取《蜀道难》之意境，山高沟深，瀑布奔流，道路险峻，气势磅礴。面临此景，会使人联想起“蜀道之难，难于上青天”的诗句。

游太白公园不能不游东邻的海灯武馆。海灯也是江油出生的名人。自幼爱好武术，曾师事少林武僧汝峰等习武，以二指禅、童子柔功、梅花桩拳等少林绝技著名于世。曾任新都宝光寺、登封少林寺武术教师，晚年任中国佛协理事，全国政协委员。1985 年，他随中国电影代表团到美国纽约访问，使当地掀起了一阵“少林旋风”。1989 年 1 月，海灯在成都圆寂，终年八十六岁。故乡人民为纪念海灯，就在太白公园旁边建立了海灯武术馆，陈列着海灯法师的生平事迹、照片、著作和遗物。这里也是传承中华武术的场所。

青莲古镇仰故居

伟大诗人李白的家就在离江油城 13 公里的青莲古镇。这个古朴的小镇坐落在一片肥美的平坝上，“涪江中泻而左旋，盘江迂回而右抱”，东邻天宝山，北依太华山，西北是云雾漫漫的戴天山、紫云山。这里山川钟灵秀气，四季风景宜人，土地丰饶，水运发达。在唐代这里称清廉乡，因盘江古名廉水，廉水之旁有廉泉。盘江上游有一段河名清溪，清廉乡就因这清、廉二水而得名。廉泉让水之名早在南北朝时期就有了。据《太平寰宇记》载：“彰明乡。廉泉让水：伯年梓潼人，（南朝）宋明帝因问曰：‘卿乡有贪泉否?’对曰：‘臣居梁益之地，有廉泉让水，不闻有贪泉。’帝嘉之，即拜蜀郡太守。”青莲镇的文风村至今尚有一口廉泉井（又名乔家井），井水清澈甘甜。井边还存在廉泉寺的遗迹。让水之名至今尚存。

青莲又名蛮婆渡，据传说，盘江原是少数民族与汉族分界处，有少数民族妇女在此摆渡，故名蛮婆渡。后觉不雅，改名漫波渡。渡口青山横黛，碧波荡漾，每当夜色将至，一抹夕阳为这山、这水穿上一层淡红的外衣，并将自己的身影长长地停留在盈盈水波中时，景色美不胜收，这便是被誉为“青莲八景”之一的“漫波夕照”。

在这富饶美丽的土地上诞生了伟大诗人李白，他在这里度过了人生中最为重要的青少年时代。故乡的山山水水，一草一本，明月清风，都在他心中烙上了深深的印记，并且融入了他的生命，与他的血液一起流动。二十四岁离开家乡后，无时无刻不在怀念他的故乡，他自称“青莲居士”，是有意与故乡之名谐音，以表达思乡之情。宋代为纪念李白，干脆将清廉乡改为青莲乡，又将他的故居命名陇西院，并在盘江边建起最早的李白纪念馆——太白祠。李白胞妹李月圆居住的粉竹楼经多次毁而重建一直保存至今。清代为纪念李白而修建了李白衣冠墓、太白楼与名贤祠。每年农历正月十六，镇上要举行“太白长寿会”来纪念这位伟大诗人。

青莲已被命名为四川省历史文化名城、省级风景名胜区。现在，江油市青莲竹园文化旅游开发有限公司，拟总投资100亿元建设“李白文化产业园一青莲国际诗歌度假小镇”，青莲将打造成为集“旅游观光、朝拜诗仙、诗歌诵读、休闲体验、健康养老、美丽乡村”为一体的小镇。青莲李白文化产业园以李白文化为主线，将青少年李白的生活场景与成长的轨迹展现在世界面前。使游客能在这里充分感受青少年李白成长的文化氛围，并体验到李白文化精神。李白文化产业园也是传承和展示李白非物质文化遗产的场所，将恢复太白长寿会等民俗活动，发展节庆经济，使娱乐性、参与性与互动性相结合。青莲将成为四川文化旅游的一张名片，世界闻名的旅游胜地。会吸引更多的中外游人前来瞻仰、凭吊这块纪念李白的圣地。

李白故居“陇西院”位于青莲镇东南面，背倚天宝山，面对涪、盘二江交汇处，系省重点文物保护单位。据宋淳化五年（994）《唐李先生彰明旧宅碑并序》记载：“先生旧宅在青莲乡，后往县北戴天山读书，今旧宅已为浮屠者居之。”这是因为李白后代并未回故居居住，这座空房成为和尚居住的庙宇。取名“陇西院”，是因为李白祖籍在陇西，李白自称“陇西布衣”。由于是李白住过的地方，历代都在重建扩建，虽屡废而屡兴，现存建筑为清乾隆五十三年（1788）重建，光绪二十二年（1896）增修仓颉、太白、文昌、地母四殿。此四殿已于1949年初期拆毁，仅存李白故宅及山门。1982年和2001年，江油市政府先后两次出资维修。2008 年，‘5.12’大地震，陇西院损毁严重。河南省对口支援，本着修旧如旧的原则进行维修。如今，陇西院又焕发出它昔日的光彩。山门前的茵茵绿草坪中，矗立着一尊少年李白骑牛石雕。石雕取材于李白少作《咏石牛》，刚毅的线条、柔和的整体风格，更全面地诠释出少年李白的稚嫩和坚强，正如诗中所写“自来鼻上无绳索，天地为栏夜不收”。山门八字形，正中镶嵌着一道竖匾，匾中央用彩瓷镶嵌着“陇西院”三个大字。四周珠花闪闪，鱼鳖游泳，九龙盘绕，工艺极其精美。匾下是三道石门，门旁各有一副对联，中门联为：“弟妹墓犹存，莫谓仙人空浪迹；艺文志可考，由来此地是故居。”左门为：“太华直接青莲宅；天宝遥看粉竹楼。”右门为：“旧是谪仙栖隐处；恍闻昔日读书声。”山门内有照壁，前书“李白故居”四字，后有碑记一篇：

陇西院，乃李白故居，位于岷山山脉阳坡之天宝山麓。岷山雄奇，逶迤北来，至天宝而结穴；涪盘交汇，奔腾南去，夹平芜以成气。紫、柏之瑞气，时绕庭前，匡、圌之秀色常盈襟袖。山川钟灵，风光如画，独太白得其精华也。山名天宝，乃纪元之年；院号陇西，实祖籍之谓。李白所谓：“家本陇西人，先为汉边将”是也。自远祖流外域，黄沙埋碧草；到父客思故国，好雨润青莲。母梦长庚入怀而生太白，子怀大鹏之志而走四方。风雨暗关山，造化妒才；翰墨惊神鬼，桑梓承恩。先生一去，宅留故里。浮图居之以成庙堂，香烟崇祀而尊先贤。然自宋以降，累遭劫难。今存之旧殿，乃乾隆五十三年再建；新葺华堂，为千禧之年重构。

这篇由丁稚鸿先生撰写的碑记已经将陇西院的来龙去脉写得清清楚楚。左边的小四合院既是李白旧宅，又是展室。院分门厅、天井、堂屋、厢房几个部分。门厅正中屏风上是木雕的《高卧云林》图，展现李白之父隐居的环境。门厅壁上挂着木牌，上面刻写着魏万、李阳冰等人

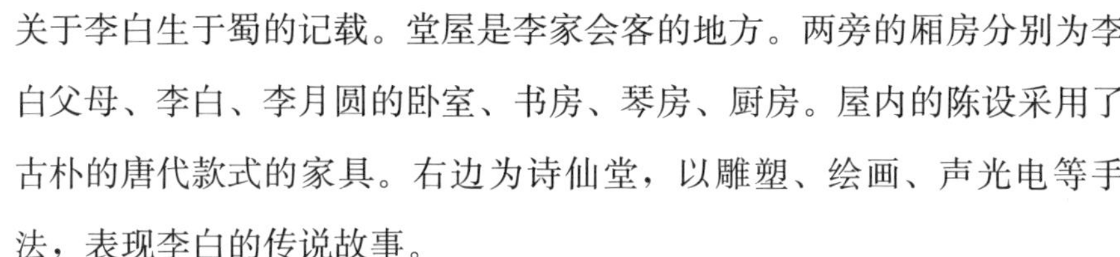

关于李白生于蜀的记载。堂屋是李家会客的地方。两旁的厢房分别为李白父母、李白、李月圆的卧室、书房、琴房、厨房。屋内的陈设采用了古朴的唐代款式的家具。右边为诗仙堂，以雕塑、绘画、声光电等手法，表现李白的传说故事。

正面高台上为青年李白塑像，表现他离开故乡之前胸怀报国宏志的形象。青石台上是陇风堂，殿宇高敞，古朴典雅。前殿中间屏风上雕刻着《万里回归》图，展现李白之父从西域归蜀，走过的万水千山。后殿正中供奉着李白的先祖老子李耳、名将李广及李白九世祖李暠像，还陈列了李白家族世系表。李诗云：“本家陇西人，先为汉边将。功略盖天地，名飞青云上。”李白正是继承了这一家风，为国家建功立业而奋斗一生。

陇西院内，名家题写的楹联，比比皆是。其中一副对联是：“盛世重稽文，溯唐碑宋碣，此原故里；彰明传逸事，考古往今来，同仰诗仙。”

紧邻陇西院的是太白碑林。2002年，在江油市委、市政府的领导下，由青莲镇实施，将整个天宝山规划为太白碑林。进入大门的小广场上，有一座石刻李白写意像碑，碑上由著名诗人、书法家赵朴初先生手

陇西院

书“太白碑林”四字。围绕此碑的是花岗石扇形地碑，更外一圈是八根华表式立柱碑。广场左上高七余米、宽八十多米的青石碑墙，以圆雕、浮雕、线雕等手法，再现了李白在祖国雄伟的山川之间吟诗作赋的情景。一道瀑布从碑墙顶上飞泻而下，几处峭壁上刻着李白的代表作：《蜀道难》、《将进酒》和《梦游天姥吟留别》，分别为明代著名书画家祝枝山、徐渭和当代伟人毛泽东手书。这几幅作品气势磅礴，飘逸豪迈，是难得的珍品，也是太白碑林内一处壮丽的景观。

广场上方为通天道，石梯中嵌着地碑，两旁为形式多样的异形碑。规格大小不一，大者近十平方米，小者近两平方米，为于右任、谢无量、沈尹默、启功等书法家所书。

太白碑林

太白碑林在建成后共有诗碑一千多座，几乎包括了海内外最著名的书法家书写的李白的全部诗词，游人在这里既能欣赏到李白的诗词，也能欣赏到精湛的书法艺术，还可以欣赏到诗碑的形式美，诗碑的设计运用现代美学与装饰学理念，将传统诗碑的庄重、古朴、典雅与现代艺术的新颖、简洁、生动相结合，突破了一般碑林中那种长方形碑的呆板的排列形式，有华表式、方柱式、山墙式、地碑式等诗碑，尚属国内首创。碑的位置高低错落，碑的形状灵活多样，表现了诗仙李白豪放不羁、飘逸潇洒的风格。总之，这座碑林创意新颖，构思独到，气势雄浑，与众不同。

李月圆墓

陇西院侧后有李白胞妹李月圆的墓地，墓前有石碑一座，上题“唐李月圆之墓”，在墓前斜坡上刻了碑记和当代诗人赞李白的诗。《李月圆墓碑记》中说：“李月圆，李白胞妹也，乃女中佳秀、闺中楷模，千秋炳焕、百代留芳之传奇人物也。据云：此女降生，正逢中秋，皓月横空，故名月圆。少而聪，长而慧。及笄字人，留而未去；奉亲终老，代兄敬孝。故有兄白为其筑绣楼于青莲场北（即今“粉竹搂”）之说。既逝，归葬故居之左，倚天宝灵穴，对盘江俊涛；望青山万里，证历史千秋。碧草夭桃，相依怜爱。自唐以降，崇祀不绝，岂非得太白之泽荫乎！故前人有云：‘弟妹墓犹存，莫谓仙人空浪迹；艺文志可考，由来此地是故居。’斯至切之言也。今逢太白谪世千三百载，世纪开元，万象更新；碑林初建，墓地拓宽；植梓楠佳卉于墓区，刻时贤书画于茔域；光桑梓门楣，迎天下嘉宾。此亦不忘前贤而永昭后人也！”

陇西院背靠天宝山，在山顶建有太白楼，楼高三十二米，共四层，为西安著名古建筑专家设计，构图精美，气势磅礴，表现了盛唐建筑风格。登楼眺望，青莲古镇东西南北四面数十里风光尽收眼底。相传李白少年时曾写《上楼诗》：“危楼高百尺，手可摘星辰。不敢高声语，恐惊天上人。”建筑此楼正是体现其意境。

太白楼上展示了李白漫游祖国各地的风光及其诗作。太白楼下是清风明月园：以太白诗“月”为主题，建大鹏亭及其翼廊，塑太白邀月、舞剑等雕像。这也是赏月和吟诵、演唱太白诗歌最好的地方。

太白楼东正在建诗歌大道与高铁青莲站连接，大道两边将展示我国古代著名诗人的代表作品。太白楼东南正在建国际诗歌城，将展示国外著名诗人的作品。

太白楼

天宝山下有小溪自北向南蜿蜒流过，这就是磨针溪，传说李白幼年时，见一老婆婆在此以铁杵磨针，受到感悟，懂得“只要功夫深，铁杵磨成针”，因而奋发学习。现在这条溪还在欢快地流淌。溪旁，生长着茂密的翠竹，长长的芦苇。在几块青石板上，有磨过刀的痕迹，或许有一块是当年老婆婆磨过杵的。溪上有一座青石拱桥，名“启知桥”。桥头有一间红柱凉亭，名为磨针亭。20 世纪 80 年代青莲乡的小学生倡议：捐零用钱建磨针亭，全国的小朋友响应，很快建成。亭前左右各有一碑，左侧碑文为：“祖国前途无量，磨针精神万岁！”右侧碑文正面为：“攻书时间，贵在分秒必争，常言道：功到自然成。”背面为：“用喝咖啡的时间来读书，任何学问都学得好。”

磨针溪畔

陇西院南一公里处有太白祠，紧临盘、涪二江交汇处。江水奔腾，一泻千里，它多像李白那豪迈不羁的个性。当您走进太白祠，便见绿树阴中，红墙碧瓦，新荷吐艳，古桂飘香，一种庄严肃穆之感油然而生。据《彰明县志》记载，该祠兴建于宋代，明末毁于兵燹，后仅有遗址尚存。清乾隆四十二年（1777）重建。重建后筑有万年台、大门、过厅、厢房、正堂形成庭院式格局。第一进庭院内有古桂二株，高数丈，绿叶华枝，婆娑作态，树龄与整个建筑相仿。桂树右侧立有民国时期剑阁专员林维干所书“太白祠”石碑一道。过厅阶沿上左右各有诗碑一道。左碑为清嘉庆十八年（1813），四川道台兼龙安府事赵金笏撰写的七言古诗一首。题目为《癸酉秋过彰明漫坡渡谒太白祠》。开头一段是：

彩鹏无风难举翼，骏马莫骑空伏枥。豪侠矢志方外游，人间烟火非不吃。我来漫坡渡口西，仿佛蓬瀛访仙迹。八百年前溯盛唐，青莲已枯谪仙殁。万稻绿中围赭墙，一院新祠当旧宅。

右碑为清嘉庆八年（1803），杨揆做川北道按察使期间所写。该诗题为《彰明太白祠》首段为：

束发诵君诗，沧洲结遐想。骑鲸蜕去经千春，空见长星照天壤。

蟠根仙李本陇西，或言山东称自杜拾遗。此间乡土信清美，转以流寓为传疑。让水澄碧、匡山嵚崎，鞭鸾笞凤归不得，游踪汗漫谁能羁。

1962年，太白祠被四川省人民政府公布为省级文物保护单位，政府对太白祠进行了培修。穿过庭堂为太白堂正殿，供奉着李白青铜坐像。1989年以来，江油市政府在原太白祠的大门外，征地八亩，修建了新大门、白玉堂、思贤亭、东西配殿、泮池和小桥等附属仿唐建筑，使东西两部融为一体，相得益彰。

太白祠不仅供奉李白，还将供奉我国历代著名诗人，如屈原、杜甫、白居易、柳宗元、韩愈、李商隐、苏轼、陆游等塑像，让他们与李白会聚一堂，吟诗作赋。祠内还将供奉李白的老师赵蕤，他是一位了不起的思想家、谋略家，对李白一生产生过重大影响。

太白祠

在青莲古镇北街青莲小学内有李白衣冠墓。李白离开故乡后，数十年萍飘浪迹，终老未归。他死后葬在安徽当涂的青山，故乡人民为表崇敬之情，给他修了一座衣冠墓。据《彰明县志》记："太白固有墓，墓并不在蜀，而彰明人曰：此固其桑梓地也……于是相议为衣冠墓，具章服如唐制，敛以诗集，筑于仙人旧馆之右，环植花木。碑题：唐翰林学士李太白之墓。"这是清代同治八年（1869）的事，后墓被损坏，1963年重新培修，立"唐李白衣冠墓"碑。墓周松柏挺拔，桂树飘香，花草繁茂。墓旁一小台上，有半立方大的怪石一块，据说是修建衣冠墓时从天而降，老百姓就说是李白念念不忘家乡，化作陨星，回归故里。

李白衣冠墓旁，有清代修建的乡贤祠（后更名为名贤祠）。其中除供奉李白外，还供奉有为彰明县做过好事的，特别是为弘扬李白文化做过贡献的官员。如杨遂（宋淳化年间做彰明县令，立过《唐李先生彰明县旧宅碑》）、杨天惠（写过《彰明逸事》）、廖方皋（清乾隆时作彰明县令，重修太白祠）等。名贤祠是文化人缅怀先贤、吟诗论文之地。

李白衣冠墓

陇西院北面约一公里的太华山麓，有李白胞妹李月圆的故居“粉竹楼”。相传李月圆年轻时，为了代哥哥李白尽孝，虽许配人家，但“留而未去”。后来李白便为她建了绣楼于此。月圆常与女友张雪娥在这里居住，日日以琴棋书画自娱。晨昏之时，便将洗脸后的脂粉水泼于楼下的丛竹之上，时间一长，竹上便覆了一层白粉，于是后人便将此楼称为“粉竹楼”。

该楼自唐以来，崇祀不绝。到明末遭到兵火，仅有遗址尚存。清道光十七年（1837）重建。有《重修粉竹楼记》碑记载其事：“粉竹楼者，李青莲先生为其妹月圆所筑也，自唐迄明，崇祀不绝，迨兵燹后，庙宇倾圮，基址犹存。”清代修复的粉竹楼颇具规模，山门为朱红色，用宝顶中花、鳌鱼鸱、草翼角等加以装饰，正中有竖匾一道，上书“粉竹楼”三个大字。山门有对联四副，分别为：“犹是陇西布衣不吾欺也，或谓山东李白其谁信之。”“月圆徽音不远，谪仙何时归来。”“日斜孤吏过，帘卷乱峰青。”“月冷江干成胜迹，风来海表识高贤。”山门后边是表演戏剧的舞台（称乐楼或万年台），左右配有厢房、厢楼，正中的殿堂有李月圆塑像。后因长期失修，1949年后，粉竹楼仅存山门。“文革”后开始重建。

1987年将原彰明中学内太白楼搬迁到粉竹楼，恢复粉竹楼的木构古典建筑，在初具规模后，开始迎接中外游客。1992年以来，又在园内增建了小亭、花架，广植花木。“5·12”大地震，山门垮塌，后又复原重建。现在这座小巧娟秀，布局井然的粉竹楼又开始接待游人。

走进粉竹楼山门，几丛翠竹特别引人注目，竹竿上白白的一层粉，仿佛还能闻到脂粉香，或许真是月圆姑娘涂抹过的脂粉。粉竹丛中坐着李月圆像，她手持书卷，微微低头沉思，似乎在思念她的胞兄。绕过月圆像，是在一片绿树掩映之中的粉竹楼，楼分上下两层，重檐藻角，古色古香。楼檐有匾额，书“粉竹楼”三个大字，廊柱上有对联：

登楼已销魂，剧堪怜粉竹芳丛蒲花古井；
邀月当酌酒，莫辜负红岩夜雨漫坡斜阳。

现在楼内设置有绣房，绣女们用一双巧手将李白诗意画以蜀绣展示出来。

粉竹楼

在粉竹楼后面约五百米的一片竹林农舍中有洗墨池，这是一口小方井，井口一米见方，井水绿中带黑，酷似墨染。传说是李白兄妹题诗写字后涮洗笔砚处。泉水从井底汩汩涌出，水面上冒出许多像珍珠一样的小水泡，很像蒲花，所以人们又叫它“蒲花井”（有人说井边原来长着蒲花树，所以叫蒲花井）。据附近的村民说，洗墨池的水清冽甘美，常年不枯，在天大旱的年月，堰塘、河沟都枯了，洗墨池仍然一池墨绿。不仅保障了附近的人家的吃水，许多外村的也来这里担水。又传说饮了此井的水，便得太白之遗墨，可以耳聪目明，文思敏捷。千百年来，这方古井不仅孕育了旷代奇才李白，而且滋润着一辈又一辈青莲人。人们感激它，爱护它。1963 年政府拨款培修了洗墨池，池上立石碑，周围竖石栏，刻上“李白洗墨池”五个字，让世世代代的人们都铭记着它。

洗墨池

石牛

“天宝罗汉粉竹楼，红岩夜雨卧牛石。”这是流传在青莲的两句民谣，概括了与李白有关的几处风景。游过了天宝山、粉竹楼，还可以去看罗汉洞，罗汉洞在天宝山下一条山沟里。洞虽不深，但却是李白同李月圆少年玩耍的地方。石牛沟在青莲镇武家坡西南二里，因出过一头石牛而得名，还流传着“李白咏诗镇石牛”的传说。说的是这沟里有一头石牛，每晚要到处乱跑，践踏庄稼，农民束手无策，李白知道此事就写诗一首：

此石巍巍活像牛，山中高卧数千秋。

风吹遍体无毛动，雨打浑身有汗流。

芳草齐眉弗入口，牧童扳角不回头。

自来鼻上无绳索，天地为栏夜不收。

此诗刻在碑上，立在石牛旁，从此这石牛一直静卧不动，不再危害庄稼。李白纪念馆建立后，将这头石牛搬进馆中陈列，据文物专家鉴定，确系唐宋雕塑风格，定为一级文物。

红岩在青莲镇西一公里的盘江右岸，岩呈赭红色，与岩顶青松映衬，色彩特别绚丽。可奇之处是，在夜深人静之时，岩下可听见飒飒雨声，故名“红岩夜雨”。有人说这是岩下河滩的流水声，有人说是岩上风化的碎屑落下的声音，但这些解释都不能令人满意，夜雨声究竟何来，还是一个谜。据当地农民说，他们这里夏天很凉爽，从来不用扇子，冬天又很暖和，好像安了天然空调，又是依山傍水，风光秀丽，是休闲的好去处。红岩下的河渠上，有数十架直径五米的筒车，悠然旋转，昼夜不停，清清溪水提灌在百亩农田中。这筒车正是李白生活的时代发明的，迄今运转了一千多年，它不用电和油之类的能源，造价又很低，抽水机还不能取代它，象征着我中华古老文明顽强的生命力。游人来此，徜徉在竹荫婆娑的小道上，耳听咿咿呀呀的筒车声，远观盘江上对对白鹭起舞，可尽情享受古朴的田园风光，遥想少年李白的生活情景。

陇西院向东约两公里，有个珠帘村。这里有多处天然岩洞，最大的罗汉洞深十余米，右边石洞长年有泉水从洞顶滴下，水质清澈，甘洌可口，若是雨季，泉水不断从洞顶滴下，宛如一道珍珠帘幕，故又名珠帘洞、珠帘泉。传说李白常同妹妹月圆在此放牛、游玩，口渴了就喝这里的泉水。在珠帘洞下有一块草坪就是李白放牛的地方，叫做放牛坪。放牛坪旁边有一块大石头，上面有牛踩过的脚印，就叫做牛踩石。有一次，李白眼睛又红又肿，月圆在这里接下一竹筒泉水，给李白冲洗眼睛，很快就痊愈了。珠帘洞的泉水能治病的消息一传十，十传百，远近百姓都跑来取水。来的人多了，就有个和尚在这里修了座庙子，里面塑了观音和五百罗汉，于是珠帘洞又叫罗汉洞，这股泉水又叫观音泉。庙子里的香火愈来愈旺。每年三月三，这里要赶庙会。罗汉洞庙会延续上千年，除文化大革命时期外，每到庙会期间，都有数千人在此赶会。现在罗汉洞前是新修的一座“大雄宝殿”，供奉释迦牟尼像。罗汉洞中供奉阿弥陀佛、观音大士和大势至菩萨及五百罗汉，善男信女常来敬香、取水。

太白小道美景多

李白从青莲家中去大匡山读书，沿途风景十分秀丽，留下了许多的遗迹和美丽的传说。这条石板砌成的古老的道路，千百年来行人的脚步把它磨得十分光滑，至今还有断断续续的遗存，仿佛在这光滑的石板路上还可以看到李白的足迹。我们完全可以把这条路称为太白小道。

太白小道上留下李白遗迹和传说的地方有普照寺、亮洞子、月爱寺、太白渡、读书台（小匡山）、佛爷洞、白汇溪、白鹤洞、大匡山、戴天山（吴家后山）等。如果说太白小道像一条线，而这些地方像是被串起来的珍珠、翡翠，为李白故里秀丽的河山佩戴了一条瑰丽的项链。

普照寺在青莲北面的太平镇普照村，传说李白从青莲到匡山读书，来往都要经过这里，和这里的老和尚很熟。老和尚请他为寺庙题首诗。他就在粉壁墙上题了一首：“天台国清寺，天下为四绝。今来普照游，到来复何别？楠木白云飞，高僧顶残雪。门外一条溪，几回流岁月。”有一次，李白经过这里时，天色已晚，老和尚留他在寺里住宿。这天晚上，李白熬夜读书。天上的神仙为助李白苦读，点起了一盏很亮的灯笼，照得周围十里都是亮堂堂的。每次李白来寺里夜读，这里就会出现“天灯高照”的奇观。至今普照寺山门的八字粉墙上还写有李白的《题普照寺》。普照寺是开放的佛教活动场所，香火很旺。不过，据历史文献和考古资料，这座普照寺新建于元末至正年间（1341—1367），现存的大殿曾在明代正德八年维修过，已被公布为省级文物保护单位。李白的《题普照寺》应当是在浙江普照寺写的。后人怀念李白，就把这首诗搬在这里。

普照寺西行八公里便到了西屏乡的亮洞子。这里西靠清澈的盘江，北面是起伏的丘陵，东南是开阔的平坝。春天一到，平坝里铺满黄金似的菜花和碧绿的麦苗；丘陵上千亩果园桃红梨白，姹紫嫣红，展现出一幅绚丽的春色田园画卷。亮洞子就隐藏在这幅画卷下面。它是一条长约300米的地下溶洞，蜿蜒曲折，呈S形。窄处近十米，宽处三十多米。奇特的是洞顶有大小不等的天窗，日月之光可射入洞内，因此游此洞无需火把，空气也十分清新凉爽。有一处天窗呈浑圆形，恰似嵌在洞顶的一轮明月。有一处洞壁，以石轻敲，可发出鼓乐之声，故称石鼓石钟。洞壁有泉水渗出，甘美可口，以此泉泡茶，特别清香。

从后洞出来是一片松树林，郁郁葱葱，遮天蔽日。林中有无数形态各异的奇石。有一片砾石活像一只蛤蟆，嘴微闭，眼微张，前肢正在用力支撑，似乎将一跳而起。此外还有石龟、蜥蜴、恐龙等等，无一不是栩栩如生。骑在石龟之上，听到阵阵松涛，使人进入了物我两忘的境界。

相传有一次李白从青莲老家去大匡山，发现这里风光幽静，便在此歇息，敲一敲石钟石鼓，饮几口洞内清泉。白天就着日光在洞内读书，夜晚就着月光在洞内饮酒吟诗。当时洞内只有他一人，便举杯邀请月亮下来与他同饮。《月下独酌》一诗就是在这里酝酿的。

李白面对亮洞，在洞壁上题写了一副回文对联："天外洞映月；月映洞外天。"还题诗一首："匡山去青莲，行走生烈炎。亮洞好去处，鼓乐加清泉。留宿无需烛，明月来洞间。读书与饮酒，相伴到安眠。"

对联还挂在洞内，洞壁上的题诗已经找不到痕迹了，是当地人口口相传下来的，从诗风看不类太白，可能是后人的附会。

亮洞

亮洞向北数公里就是江油市太平镇月爱村，这里有一座月爱寺，今寺内尚存清乾隆年间的建筑。除供奉佛教、道教诸神外，还有太白殿，塑李白及李月圆像。寺前有七星井，《四川通志》载："七星井唐时凿，太白曾赏月于此。"相传李白从青莲到匡山读书，来去都要经过这里。那时这座寺庙前有一棵大树，树下有一口井。来往行人喜欢在这里歇凉，渴了就打井里的水喝。天气晴朗的夜晚，井里会呈现"七星伴月"

的奇观，因此叫七星井。李白曾在这里赏月，看井中的“七星伴月”，还在这里取过井水磨墨。后来，人们就把这里叫月爱寺，就是“李白爱月，月爱李白”的意思。

从月爱寺向西，沿平通河边的太白小道而上，进入百汇溪，两岸溶洞众多，其中最著名的是大康镇因明村的佛爷洞。

佛爷洞长3.7公里，分上、中、下三层，有三厅、二廊、一条河，200个景点。电视剧《西游记》、《古堡恩仇记》曾在此取景拍片。洞中景色幽深奇妙，正如洞口对联所述：

天生洞景，洞中有洞，景中有景，洞景不尽；

人称奇妙，奇上加奇，妙上加妙，奇妙无穷。

洞门外有一尊高约三米的汉白玉石佛像，进洞后便是佛爷洞的第一大厅，长六十余米，宽二十余米，高七至十米。厅堂顶上的钟乳石群恰似一组组的雕花吊灯，使前厅显得富丽堂皇。在大厅正中的佛像头顶，有一酷似手掌的钟乳石，好像是向游客挥手致意，名曰“佛手迎宾”。佛像后又有一钟乳石，渗出晶莹泉水，滴入下面水池，其水清亮甘甜，称为“神水”，据说可以防病治病。厅堂四壁，石笋林立，有“观音坐莲台”、“罗汉朝观音”、“猴子捞月”、“天女散花”……形象变幻莫测，宛如真雕实塑。前厅右侧有一小洞，洞中一石似鼓，以石击之，发出“噔噔嗒嗒”之声，名为“石鼓”。前厅后面有“菩提树”、“观音柳”各一株，高约四米，干粗叶茂，枯藤缠绕，白菌寄生，若不是用手触摸，还以为真是两株树长在洞中。过了这两株石树，似无路可走，忽冷风扑面，迎风而去，有两个小洞，左边矮而圆，右边长而狭，形如日与月，故名“日月门”。俯身侧体跨过日月门，豁然开朗，又是一大厅。进厅外的右边洞壁上，有太白金星枕臂而眠，神态悠然，栩栩如生，传说是李太白醉卧于此，故名“醉金星”。拾级而下，进入大厅中央，环顾上下左右，千姿百态的石笋、石幔、石钟乳组成一尊尊天然雕塑，使人目不暇接。此处名“聚仙堂”，这边有“麻姑献寿桃”，那边有“王母抚瑶琴”，中间有“巨灵钟”顶天立地，顶盔贯甲，厅顶有“金翅大鹏鸟”，展翅欲飞。厅壁有“青狮”、“白象”、“巨蟒”、“石龟”。此厅高约三十米，长约四十米，宽约二十米，比前厅更为雄伟壮丽。厅的后洞高悬在上，恰似一扇大天窗，将后厅照得通明锃亮，有陡峭石梯通往后洞，这石梯如泰山的“十八盘”，这后洞门就称为“南天门”。

行至后洞“南天门”，似乎已将佛爷洞游完，且莫忙出洞，刚才所游的“前厅”、“后厅”只不过是佛爷洞三层洞府中的第一层，还有两层洞中美景呢！

从南天门向右转，进入狭窄、阴暗的“盘陀道”，这“盘陀道”是从石缝中硬开出来的，宽仅容身，曲折难行，下到第二层洞穴，豁然开朗，有一大厅，可容数十人，厅顶全靠中间一根石柱支撑，故名“一柱厅”，厅顶乳管下垂，酷似乳头，乳汁下滴，以口接之，清凉入肚腑，舒坦到全身，从“一柱厅”向前数十米，进入“半边天”，一斜坡梗塞洞中，距洞顶不足1米，必须躬身弯腰才能前进，愈进愈狭，似无路可行，然钻过石缝，又一宽敞的圆形大厅呈现眼前，此厅直径和高均在30米以上，称为“东海龙宫”，中央有一座“金银山”，系方解石组成，在灯光照耀下金光闪烁，银星点点，传说这是东海龙王的藏宝之地。除金银之处，还有一口专装珍奇宝贝的石头箱子，四四方方，箱盖微拱，上饰花纹，可惜找不到开箱的钥匙，在这口“宝箱”的对面，有一根高九尺，直径两尺一寸的石柱，晶莹剔透，花纹精巧，被称之为“定海神针”，大厅的四周和穹顶布满石笋、石花、石幔、石钟乳，有的似香蕉高悬，有的像葡萄成串，还有“白龙过江”、“猿猴献果”……走进这东海龙王的水晶宫殿真是琳琅满目，美不胜收。现在已将厅内一块较平坦处加以修整，成为天然舞厅，名曰“龙女舞池”，在这里尽情歌舞，别有一番乐趣。

从“东海龙宫”原路退回“盘陀道”，再往下钻，便到第三层洞府。一道地下暗河贯穿洞中，小路紧缠着暗河，时而傍岸而行，时而跨过河中石礅，左旋右转，曲折迷离。越进，暗河水越深，陆路终于到了尽头，于是登舟而行。在地下暗河行船。如畅游在天然的艺术长廊，两岸的岩壁上陈列着天然雕塑师的杰作：“金蟾望月”、“地海横鲸”、“猴王观海”、“金莲倒挂”、“宝灯高悬”、“珠帘倒卷”、“花树盆景”……你可以插上想象的翅膀，任意翱翔在仙幻的世界中。洞壁的天然雕塑，倒映在清澈的暗河水中，分不清何处是水，何处是岸，弄不明哪里是实景，哪里是幻景，人坐舟中，仿如乘风浮游，真有点“浩浩乎如凭虚御风，而不知其所止；飘飘乎如遗世独立，羽化而登仙”的味道。面临此美景，使你心旷神怡，不禁引吭高歌，而这暗河洞穴正好是天然音箱，嘹亮的歌声，引起共鸣，更加美妙动听。乘船在暗河中行约一里许即出后洞，进入百汇溪。

佛爷后洞

在“南天门”后洞外，善男信女们集资修建“因明寺”，大雄宝殿已经落成，朱栏、碧瓦、粉墙，掩映在万绿丛中，显得格外雄伟壮丽。在因明寺旁边和石马岭有大片石林，在浓密的松林中有无数怪石，如马，如牛，如象，如狮，如猴，如猪，如龟，如海豚，如鳄鱼……这些天然石雕都在似与不似之间，质朴粗犷，妙趣横生。传说唐僧取经，经过此地，因而有白马、孙悟空、猪八戒的化身。

石马岭西边峭壁上有一个岩洞，名西方境，宽约二十米，洞口高约十米，有热洞、冷洞之分，洞的左边深数百米，愈进愈狭小，愈进愈冷，最后只得弯腰前进，直至匍匐而入，而洞并未到尽头，还有若干小洞，丝丝凉风从隙缝中渗出，即使盛夏，也会打寒战，好像进入了冷藏库，是夏天存放食物的最佳处。洞的右边有一高台，比左边高出数米，深不到十米，与洞外热空气相通，阳光充足，比较干燥，建有庙宇，供奉着释迦牟尼、观音，还有道教的三清等神像。

西方境脚下的太白小道缠绕着百汇溪，两岸奇峰秀石，茂林修竹，飞泉淙淙，鸟鸣啾啾。峡谷中有许多奇妙的洞穴，如珊瑚洞、七仙女洞及未命名的小洞。在峡谷中行两公里许，进入一个山中盆地——下庄坝，大匡山、华蓥山拱卫左右，百汇溪水滋润着百亩良田，菁菁翠竹掩映着粉墙青瓦，袅袅垂柳轻拂着清清溪流，群群牛羊啃食着溪畔芳草，对对白鹅嬉戏于渌水碧波，好一幅恬美的桃花源风光图。

从下庄坝向西，进入一条险峻的峡谷——白鹤峡，幽美、秀丽、险峻、奇特的景色兼而有之。但见峡谷两边峭壁摩天，溶洞密布，峰险岩奇，怪石林立。峭壁上挂着许多姿态各异的钟乳石，仔细辨认，大胆联想，可以找出若干组天然雕塑，如普贤骑象，云豹出洞，猴子捞月，雄狮镇关等等。峡谷愈进愈狭窄，两边峭壁相倾，上窄下稍宽，上面窄到只剩下青天一线，下面的溪流在乱石丛中奔突涌动，发出雷鸣般的吼声。百汇溪的源头很像一口硕大无比的瓮缸，口小肚大，瓮内装了一潭深不见底的墨绿色的泉水，瓮壁上有斜排的三个洞口，从下方洞口涌出清泉，这潭就叫老龙潭，这洞就叫白鹤洞。这口“瓮缸”实在太大了，高四五百米，中部直径五六十米，底部不过二三十米。一般瓮缸口是圆的，而这个“瓮缸”口恰似一只白鹤，鹤嘴向着沟口，鹤尾指着洞口，白云就是它的羽毛，似乎正从洞口向外飞翔，“白鹤洞”的命名何等巧妙！更妙的是瓮口还有几股飞泉，因距瓮底太高，流淌下来时已散成水雾，在阳光照射下，出现一道道彩虹。不过这里时非正午，阳光是照射不下来的。在这瓮壁上方的岩穴内，有一座数十平方米的玄中寺，远看玄中寺好像是挂在峭壁上的庙宇，它的上下左右都是峭壁，上面约百米才到山顶，下四百余米才到深潭，左右各有一条岩缝，是通往外部世界的唯一通道，最窄处仅有五十厘米，仅容一人通过，仰面是压顶的岩石，俯首是幽深的谷底，令人头昏目眩，心惊胆战，只有勇敢者才能亲临此险地，领略大自然的无穷奇趣。而庙宇的建修者，正是通过这条令人心悸的小道，运进入五六米长的木料、砖和水，建造了这悬在峭壁上的殿宇，经“5·12”地震而未垮塌，不能不对创造人间奇迹的建筑者肃然起敬！

玄中寺

玄中寺的脚下就是白鹤洞，要进白鹤洞还要过深不见底的老龙潭，再攀援光滑的石壁，没有非凡的本领和非常的勇气是进不了洞的。据当地人说白鹤洞中深不可测，谁也没有把白鹤洞钻到底，古今只有一人钻通过，他就是李白。这白鹤洞本是白鹤大仙修炼之处，李白渡深潭，攀绝壁，身轻如燕。进得洞去，拜访白鹤大仙，白鹤大仙送李白一把宝剑，从此后，这柄剑伴随李白游遍天下。

白鹤峡

大小匡山寻贤踪

五代时的著名道士杜光庭在游李白故里时，写过一首诗："山中犹有读书台，风扫晴岚画嶂开。华月冰壶依旧在，青莲居士几时来。"读书台又名小匡山，位于太平镇读书台村，让水（平通河）西岸。志书云：读书台"孤峰秀拔，宛如文笔"，在江油城区西边丘陵的众山峦之中，算是较高的一个山头。登上峰顶四顾，丘峦竞秀，如海涛起伏；让水碧绿，如蓝靛浸染。读书台孤峭挺拔，秀出天半，像支巨笔傲然挺立，直指长空，仿佛正在以苍穹为纸，写与日月争辉的盖世宏文。

传说李白曾在此挑灯夜读，一直读到天明，周围几十里都能看到山上的灯光，故又名"点灯山"。李白学成以后，离开故乡，遍游天下，后得唐玄宗召见，很受赏识，封为翰林，于是人们便把李白读书的点灯山叫"翰林山"，还在山上建太白祠，后经多次兴废，到光绪十四年，龙安知府蒋德钧又重建。内塑李白身穿官袍的像，龛上题"天才俊逸"的横匾，两边有"锦心绣口"、"明月肺肠"的挂匾，还有对联"惟见长江留浩月，可怜头白未归来"。蒋德钧重建"太白祠"毁于"文革"，剩下的只有庙前的两块石碑和山顶一座用来焚烧字纸的"惜字宫"。"惜字宫"实际上就是一座小石塔，上刻有四句话，构成了一副对联："倒笔写天，气贯星斗；举杯邀月，诗惊鬼神。"这既是写"惜字宫"，又是写小匡山，同时更妙的是将宫形、山势与对诗仙李白的精神的赞评巧妙地结合在一起了。

在点灯山上有一块方方正正的石头，叫书箱石，据说是李白的书箱所化。在书箱石下有一块空坪，每逢雨后天晴，李白打开书箱，在这空坪上晒书，人们就叫它晒书坪。晒书坪旁边有块石头上，有一双脚印，传说李白在此读书，读到高兴处，用脚在石头上蹭，天长日久就留下了脚印。

现在的读书台上由崇拜李白的善男信女志愿捐款，重建了两重殿宇，前殿供奉青年李白塑像，两厢是李白生平事迹的烙画和李白诗的书面作品。后殿供奉观音菩萨、太上老君等佛、道诸神。

从小匡山下的太白小道向西北，沿百汇溪而上，到大康镇境内的大匡山。

笔者童年是在匡山之麓度过的，曾多次上过匡山，那郁郁葱葱的苍松巨柏，那万壑争流的银瀑飞泉，那山间崖畔的翠竹新篁，那觅食于密林的小鹿，那飞舞于树梢的白鹤……在我脑海中印下了至今仍然鲜丽的图像。可惜，在大炼钢铁运动及“文革”中，森林被伐，庙宇被拆毁，泉水干涸，李白诗中的美景荡然无存。上世纪80年代初，一位研究李白的学者上了匡山后写道：“这是一个单调的秃山头，没有碧峰，没有飞泉，也没有水池。”断然否定这是李白读书处，他把李白读书处搬到了青城山，为此引起学术界一场笔墨官司，同时也引起了地方政府对恢复匡山美景的重视，实行划片承包，封山育林，保护植被，逐步恢复景点，经过30年的努力，匡山美景开始重现。

现在上匡山的公路已经修好，小车可以上山。公路穿行在松林中，碗口大的松树，密密麻麻，遮天蔽日，山风吹来，松涛阵阵，小溪蜿蜒，汩汩有声，山花小草，溢红滴翠，蝉鸟交鸣，悦耳悦心。再往上山势更陡，一股清泉悬挂于峭壁，似抖动的珠帘，像飞舞的白练，飞泉下是一泓碧潭，潭边丛丛野花，簇簇翠竹，组成一个大花环，把碧潭紧紧围住，蝴蝶飞舞于花间，鱼群遨游于潭底。清亮的泉水忍不住要捧起来喝上一口，股股清凉，丝丝甜味，沁人心脾，舒畅全身。

再向上便到了一块十多亩大的山腰平地，这便是唐代古刹大明寺的遗址。这里曾有几块北宋的碑刻，其中有一块碑上说：“翰林学士李白字太白，少为当县小吏，后上此山，读书于乔松滴翠之坪有十载。”还有一块《谪仙祠堂记》说，这里在北宋时已经由皇帝下诏，“敕建大匡山李太白祠堂”。这些碑有力地证明了青年李白曾在此博览群书，吟诗作赋，习文练武。大明寺遗址北靠佛爷包，面向江彰平原，两边有一座矮一些的山梁，左边叫凤凰岭，右边叫桃子山，这三座山恰似一把巨大的椅子，大明寺正好坐在椅子上。佛爷包很像一尊圆头、宽肩、大肚，盘脚打坐的弥勒佛，正因为此山如此奇异，早在一千三百多年前的唐朝贞观年间，就有高僧在此建修庙宇，后因李白在此读过书，又多次重修扩建。唐中和三年（883），黄巢起义攻陷长安，僖宗奔蜀，想到了这个令文苑生辉的诗仙，便御赐了“中和大明寺”匾额。从此，“大明寺”更名为“中和大明寺”。宋代之后，匡山陆续修建了“谪仙祠”、“太白楼”、“双桂堂”和“中和殿”等建筑。及至清代光绪十四年（1888），龙安知府蒋少穆在“大明寺”旁增修了“匡山书院”，并把各处建筑连为一体，拥有三重殿宇，九个院落，一百多房间，常住僧人及士子上百人。其规模之宏大，殿宇之壮丽，楼台亭榭之华美，令人叹为观止。“匡山书院”盛极一时，名噪全国，从这里又走出了江油的第二位翰林——张琴。

大匡山

清末，书院停办，逐步清冷，经“文革”的大扫荡，片瓦无存。直到1995年才由政府投资，建成“匡山亭”一座，朱栏青瓦掩映于万绿丛中，为匡山添了一处新景点。之后又由民间集资，先后建成匡山书院、匡山道观，其中有三清殿、玉皇殿，除供奉李白外，还供奉道教、佛教诸神。

从匡山亭绕佛爷包右边的羊肠小道，攀登上“佛爷”之右肩，再上“佛爷”之顶，可将江彰平原一览无余，遥望窦圌山如雄狮昂首，涪江如玉带蜿蜒，中坝镇高楼林立，青莲乡炊烟袅袅，田畴平野，丘陵起伏，远接天际。佛爷包后面又是重重高山，峭壁摩天，云雾缭绕，属戴天山的范围，此处真有高山戴天之感。忽而山风劲吹，乱云飞渡，人为雾裹，不辨东西；忽而风停雾散，云瀑下泻，茫茫旷野变为滔滔云海，座座山峦好似海上孤岛，此时此地真有飘飘欲仙之感。

从佛爷包沿山道盘旋而上，攀岩附葛，披荆斩棘，行四五里至太白洞，洞口小，又掩盖在杂树从中，很不易发觉。据当地人传说：李白曾在此洞中读书，吟诗，舞剑。这洞内有一深潭，潭中住着一条小白龙，一次李白在潭中涮笔砚时，小白龙忽然从潭中窜出，张牙舞爪，扑向李白，李白顺手将石砚掷去，小白龙闪过，又将前爪来抓，李白抽出宝剑，砍断了一只前爪，小白龙只得负痛逃出洞外，龙尾一摆，洞门塌了大半，洞顶也摇摇欲坠，李白赶紧将四支毛笔抛去，将洞顶撑住。小白龙逃走后，李白才安心在此攻读。进得洞中，但见千姿百态的石笋、石钟乳、石花、石柱，而且与李白斗白龙的传说一一相应，有极像白玉雕成的太白床，有斩断的龙爪，有撑住洞顶的四支石笔，还有大石砚，特别奇妙的是“太白菩萨”，反背双手，微微昂头，似乎正在吟诗，那头上的发髻，衣上的纹理，飘逸的神采，无不与李白相似。太白洞与整个匡山风景区开发出来后，必然会成为一处旅游热点。

大匡山孕育出了一位闻名世界、垂辉千秋的伟大诗人，因而千百年来吸引无数文人墨客，登匡山寻访李白踪迹，形成了江油八景之一：“匡岫贤踪”。墨客们留下了不少诗词。如清人葛峻起，有《匡山读书台》：

魂不归兮蜀道难，匡山遗迹带寒烟。

池亭空贮青天月，词赋真登大将坛。

一代才名摇海岳，百篇诗兴醉长安。

当年手植今犹在，留得苍松万古看。

戴天山上访道士

犬吠水声中，桃花戴露浓。树深时见鹿，溪午不闻钟。

野竹分青霭，飞泉挂碧峰。无人知所去，愁倚两三松。

这是青年李白在隐居读书于大匡山时写的一首脍炙人口的诗，以清新的笔调，展现出一幅恬静幽丽的山水画卷。各种李白诗集几乎都选了这首诗，还被翻译成了几十种文字，流传于全世界，戴天山也成为闻名中外的一座名山，正因为它名声太大就有人要争，于是戴天山究竟在何处，本来就不是问题，却变成了问题。为了具体落实戴天山道观的位置，笔者曾数次上山考察，终于弄清楚了。

戴天山是个古老的名字。原在大匡山的北宋碑刻中说："太白旧山，大明古寺，靠戴天之山。"清光绪《江油县志》记载："戴天山在大匡山顶，上有饲鹤池故迹，即李白访道士不遇处，瓦砾累累皆是，其为当日寺观可知。"清初大移民有一支吴姓人家，从陕西迁到大匡山之上，世代繁衍生息，故这座山也叫吴家后山，它的最高峰至今仍称戴天山，又叫盖天山、尖包顶，海拔高达 2100 公尺。唐朝就有道观，李白寻仙求道，就是从匡山大明寺上来的。

李白《访戴天山道士不遇》写的是春天的景色。戴天山的春天最美。由于它海拔较高，花开得迟一些，当平坝桃花、梨花、李花相继凋谢，而这里春意正浓。在农家小院里，溪涧边，山路旁，在万绿丛中，冒出那么几树桃花或李花，正如山水画中的点睛之笔。李白诗云："桃花戴露浓"，写得太精美了，娇艳的桃花有水滴的滋润，显得更加浓丽。不过春天的戴天山最美的还是那漫山遍野的辛夷花。这辛夷花本是吴姓家族定居吴家后山以后，作为药材培植的，辛夷花蕾是治鼻炎的特效药，中医治感冒鼻塞必不可少。辛夷花经吴家的培育，三百多年已发展到两万多株，占地四千多亩。辛夷花适合生长在海拔一千五百至两千米的山上，开花时在清明节前后半个月。辛夷花盛开之时，几万株辛夷花树，一棵更比一棵美，一株更比一株艳。树身高大，挺拔，像伟岸的美男子。一般有十多米高，树干碗口粗；最高的达三四十米，要二三人围抱。最老的树龄已有几百年，树冠达几十平方米，在这样高大的树冠上，绿叶尚未长出，全是莲花一般大的花朵。花瓣有粉红的、大红的、紫红的、白色的，花蕊是猩红色的。色超桃李，艳若牡丹，丽比芙蓉，千朵万朵，缀满枝头，千树万树，堆成花山，汇成花海，如朝霞般灿烂，如锦缎般绚丽。清风徐来，落英缤纷，红雨翻飞，在树下铺上一层五彩地毯。正是：

三月春风到吴家，吹开万树辛夷花。
花山花海花世界，千重锦幛万朵霞。

如果李白再到人间，重游戴天山，面对这花山花海，肯定会吟出更多更美的诗来。

要上戴天山顶峰还要继续攀登，随着海拔的升高，辛夷花逐渐稀少，箭竹林愈来愈密，可以实地品味"野竹分青霭"的诗情画意。这里是喀斯特地貌，峰险岩奇，怪石林立，如狮蹲虎踞；老树虬枝，古藤盘错，如龙腾蛇绕。李白有诗云："怪石堆山如坐虎，老藤缠树似腾蛇。"

戴天山辛夷花

虽写的是邻近的太华山，也完全适用戴天山。在接近顶峰时，有一个溶洞，其中住着两位道士，梳发髻，着道装，青丝如染，红光满面，过着自耕自食的清苦生活。王道士说："这戴天山道观大有来历，唐朝时有一位宫廷太监，为人正直，得罪权贵，遭受迫害，辗转逃到这里，出家修炼，后来得道，羽化飞升！李白也曾上此山拜师学道，以后一直有道观，清朝后期被毁，前几年我们才找到道观遗址，再次重修。这个洞名神农灵仙洞，庙还在洞的上面。"灵仙洞深约一公里，钟乳石、石笋千姿百态，最奇者有李老君神龛，观音坐莲台、神农像、药王像，都是天然长成，头部与躯干比例协调，衣纹也很逼真，所以他们不必在洞内泥塑木雕神像，直接向这些天然长成的神像进香，这也很合符道家回归自然、"道法自然"的思想。洞内有一股清泉，终年不枯不溢，有防病治病之效。据张道士介绍：朝拜金光洞的台湾同胞第一次来饮此水，痼疾消除，第二次取了50公斤运回台湾。这泉水的确清甜凉爽，其中肯定含有某种微量元素，有益于人体。

2000年春笔者（中）访问王道士（右）

从灵仙洞到戴天山顶峰的路是从茂密的箭竹林中砍出来的，枯枝败叶，年复一年，积成厚厚的一层，踩在上面如履海绵床垫，据说这里常有狗熊、黄鹿等动物出没，如有机会完全可以体验一下“树深时见鹿”的意境。戴天山的顶峰，海拔已是两千一百多米，比周围的山峰都高，经常云遮雾障，真是高山戴天。站在戴天山顶，只见脚下云飘雾涌，似乎置身于仙云飘渺的天界，自己也沾上了几分仙气。若是晴天，在戴天山顶，眺望南边的天仓山、蓥华山，如飘浮云海上的孤岛，东边的江彰平原，渺渺茫茫，直铺天际，西北边群峰叠嶂，莽莽苍苍，直插霄汉。戴天山顶峰正南面有一块200平方米大的平地只长矮草，四周箭竹根不能窜入，显然是旧日道观遗址，道士们在善男信女的资助下，重修了一座小庙，内面仅供奉了一尊太白星君像，头戴逍遥巾，身着道袍，右手执笔，左手拿书，飘逸潇洒，俨然是一尊李白像。张道士解释说：“李太白本是天上太白星君下凡，所以称他谪仙，他曾在此寻仙访道，故要供他的像。”尽管学者们对戴天山的位置争论不休，然而从唐代至今的道士们一代代在此供奉李白，道观屡废屡兴，千余年来，“道风未沧落”。

戴天山道观

2005年春，在戴天山上新发现了一座巨型溶洞，位于旱丰村小学与金光洞之间。从旱丰村小学出发向南，步行一个多小时，穿过一片郁郁葱葱的柳杉林，赫然出现一座高10余米的天然石拱门。走进石门，右边是一道瀑布。顺山涧而下，就是巨大的洞口，高、宽近三十米，进深约二十米。洞口的右边有一小洞，仅一米多高，顶着寒风，躬身而进，行约十米，豁然开朗，呈现出一座能容千人的洞厅，洞厅中布满了钟乳石和石笋，其中最奇者是洞厅正中的石狮，口鼻鬃毛，惟妙惟肖。还有一只直径约一米的石龟，龟壳布满菱形的花纹，它歪着头，蹬着双脚，似乎正在爬行。

从第一层洞厅，爬上一座简便木楼，进入第二层洞厅，众多的石笋、钟乳石、石柱、石幔组成一座地下迷宫，石人、石马、石虎、石象、石兔、石犬……千姿百态，令人目不暇接。其中最大一根石柱约三层楼高，五六人方可围抱。雪白的柱身上天然雕塑成巨幅山水图，千峰重叠，百瀑奔流，令人叫绝。

从第二洞厅下一道十米长的木梯，又是琳琅满目的石笋和钟乳石，最奇特的是数十支厚薄不一的扁状钟乳石，轻轻叩击，发出悦耳的钟磬琴瑟之声，若几人合奏，定会奏出一首首古典乐曲。在其他溶洞中，也偶尔有钟乳石叩击出金石之声，但如此大量而集中的能发出钟磬琴瑟之声的钟乳石，尚属罕见。此地可命名为仙乐厅。据当地人说这座溶洞深不可测，已经探过的有五层，大洞套小洞，上洞连下洞，很难钻完。当年，酷爱求仙访道的诗仙李白，曾在此座山下隐居十年，又在这座山上访过道士，很可能曾到此洞一游，因此可名曰“诗仙洞”。

在发现诗仙洞后，考古工作者又在距诗仙洞不远处的大水洞发现了距今约5000年前的新石器时代晚期的人类遗址，出土了不少石斧、石刀、石凿等磨制石器和陶片等，为戴天山又增添了一道亮丽的人文景观。

道风千年未沦落

戴天山北连太华山，山中有一座道观。在清道光《龙安府志》、清同治《彰明县志》、清光绪《江油县志》中，都收入了李白《太华观》：“石磴层层上太华，白云深处有人家。道童对月闲吹笛，仙子乘云远驾车。怪石堆山如坐虎，老藤缠树似腾蛇。曾闻玉井今何在，会见蓬莱十丈花。”据清道光《龙安府志》记载：“太华山，在县西北四十里，三峰奇秀，有似西岳，上有太华观。”“唐，毛真人在太华山修炼，道成仙去，今太华观乃其遗迹。”可见太华山在唐代已经是道教名山。李白隐居大匡山到邻近的太华山寻仙访道写下了这首《太华观》，描绘了太华仙境。

太华山原来植被很好，满山苍松翠柏，山溪潺潺，飞泉道道，清幽秀丽，太华观（原名登真观）深藏于林荫深处。观后有毛真人洞，幽深莫测。大炼钢铁和“文革”中，太华山与大匡山同时被伐树、拆庙，近20多年来，封山育林，太华山逐步恢复清幽秀丽之景，善男信女又捐资重建了太华观。

戴天山南连乾元山，属江油市含增镇，这里属龙门山脉，2亿年前还是一片汪洋大海，由于地质变迁造成海水干涸，群峰隆起，又经过若干万年的雨水侵蚀冲刷，形成众多的洞穴、石林。在乾元山有名字的洞穴就有白龙宫、金光洞、银光洞、朝阳洞、干龙洞、风洞、水洞等等。位于长钢三分厂厂区内的白龙宫已在1992年开发，接待了大量游人，因《西游记》外景在此拍摄，而名扬中外。乾元山下盘江漂流也吸引了不少游客。更多、更美、更奇的景还在山上。

到半山腰五显庙就渐入佳境，通过一道天然石门，就开始有了置身仙境的感觉，郁郁柳枝挡住骄阳，丛丛野花散发幽香，清清溪涧蜿蜒流淌。溪涧边绿茵茵、翠滴滴的草丛中怪石林立，有的像黑虎下山，有的像孔雀开屏，有的像老僧打坐，有的像水牛卧草，有的像石雕龙椅。

峡谷愈来愈窄，羊肠小道是壁上硬凿出来的，头上有悬岩压顶，脚下是万丈深渊。悬岩上不时有泉水下泻，为路边垂下了一幅幅水晶帘幕。峡谷尽头便是银光洞，从洞口吐出的泉水，像是一匹银龙飞舞在绿云之中，时隐时现，若断若续。银光洞左边的岩壁上，铺满了翡翠般的苔藓，一缕缕，一滴滴清泉从苔藓中流淌，在阳光照耀下似一串串银丝串成的珍珠项链。在这用翡翠、珍珠和银线妆饰的岩壁下，仰着脖子，任甘洌的泉水滴入口中，沁人心脾，那会使你陶醉。银光洞口的上方，不时有水滴坠落，在阳光下，闪烁着银色的光辉，似天仙散下的银珠。看到这奇景才知银光洞命名之妙！

银光洞口高三四十米，宽约 20 米，为接待游人已修起了三层高的楼房。洞厅宽敞明亮，洞壁上有高低错落的天然神龛，供奉着道教的各路神仙。洞厅的右上方又有一洞，据说是深不可测。洞口吹出的冷风刺人肌肤，凉透背心，天气愈热，这风愈冷，简直就是一部大空调。

从沿着嵌在银光洞的左边峭壁上的石梯向金光洞攀登，路愈来愈险，处处令人心惊目眩，稍不留神就会掉下深涧。金光洞就在银光洞的头上。金光洞又名太乙洞、天仓洞，早在唐宋时期这里就成了道家的修炼之处，唐末五代的著名道士杜光庭写蜀中名山，其中就说："天仓诸峰屹然三十有六，上有太乙真人洞，一名乾元山。"在《太平广记》、《茅亭客话》中记载了唐代金光洞的许多传说。到明清时期，这里的道风仍盛，明代成书的《封神演义》就是以这里为背景，集中了这里的神话传说。如书中所写的太乙真人在此炼丹修道，收李靖之子哪吒为徒，哪吒闹海，打死龙王三太子，后被迫剔骨还肉，太乙又用莲藕、荷叶为他复身。这里有关哪吒的传说及其遗迹特别多，洞内有石头长成的哪吒闹海图、乾坤圈、混天绫，洞外有哪吒肉身坟、哪吒点将台、哪吒号，哪吒用乾坤圈打出来的天旋坑、地旋坑，还有收石矶娘娘的石矶石。哪吒号十分有趣，对着一块怪石上的小孔用力吹，就会发出喇叭一样的声音。金光洞已被台湾同胞的哪吒崇拜者确认为祖庙，每年都有好几批虔诚信徒前来朝拜。

金光洞内的塑像很多，最早的有宋代道教造像，据说原来有一百四十多尊，经"文革"浩劫后只有二三十尊了，大多缺头少臂，这些珍贵文物遭到严重毁损，实在令人痛心。现在洞中又重新恢复了三清殿，供奉元始天尊、灵宝天尊和太上老君，还有太乙真人、吕洞宾、邱处机等，其后有玉皇阁，在这座洞中楼阁上供奉着玉皇大帝，右边的年轻侍者便是太白星君的化身李白，其他的神像散布在洞中的天然神龛中。洞中有千姿百态的钟乳石，被赋予《封神演义》中的神奇故事，如哪吒痛打龙太子、二郎神大战孙悟空、孝子跪天桥、九转宫、九龙柱、炼丹池等，使我们进入了一个诡奇幽幻的神仙世界。特别是炼丹池的仙乐可算是一绝，炼丹池是洞内一个巨大的竖穴，深不知底，池内大小不同的水滴，滴在厚薄不同的钟乳石上，如钟鼎与琴瑟和奏，实在是大自然的交响乐。金光洞有上中下三层，每层又有若干小洞，交错迷离，如地下迷宫，幽深莫测，至今还无人钻完过。

金光洞口

金光洞外峭壁高百多米，长约千米，每当夕阳照射，金光闪烁，所以名之为金光洞。峭壁上有许多钟乳石，再加上水的渍痕，组成了五彩缤纷的雕塑和壁画。洞口正上方有一浮雕头像，眼睛突出，嘴巴宽大，酷似三星堆出土的铜面具。洞口右上方又有一男一女两个侧面像，男像高大，眼球突出，鹰钩鼻子，强悍勇猛，女像小巧，眉清目秀，皮肤白皙，美如天仙。此外还有阴阳鱼互抱的太极图，舞场狂欢图，夫妻相会图，携子漫游图……你可以张开联想的翅膀，遨游在虚幻的世界中，编织出许多美妙动人的故事，让它在这块天然的巨大的电影屏幕上呈现出来。

从金光洞口下石级向左转，便是上乾元山主峰——蓥华山的路，这条路就是嵌在那块大屏幕似的峭壁上的。在峭壁中抬头看峭壁又是一景，那峭壁悬岩恰似一弯巨大的新月，所以这里叫做半月岩。过半月岩就到会仙桥，地势十分险峻，桥上是悬岩，桥下是绝壁，桥宽不过五十厘米，稍不留意就会飞身下去会神仙。过完仙桥后不久就到“半边街”，这街五十多米长，一边是长在绝壁上的树木，一边是整齐的街房，一栋接一栋，一层重一层，顶上还有屋檐，人从房檐下走过，可以遮蔽风雨。当然这些街房都是石头长成的，在赶庙会时，卖香烛小吃的在这天然的半边街上摆摊叫卖。从半边街盘桓而上就到了蓥华山顶，海拔约一千八百米，山上长满了青松翠竹，林中密布各种山花，溢红滴翠，争芳斗艳。山顶有蓥华殿，传说是蓥华老祖修炼之处，清代建筑的无梁石殿尚存，正殿前有新修复的前殿和厢房，可接待游客。站在庙后最高处极目四望，只见雪岭西来，涪江东去，戴天山、观雾山飘浮于云海之上，江彰平原，渺渺茫茫，直接天际，置身此地真有超凡脱俗之感。若在此处夜宿，早上可观日出，晚上可赏山月。

李白流传下来的诗虽未有写金光洞的，但他既上过戴天山访道士，也必然到过附近的道教圣地乾元山金光洞。

樵夫与耕者，出入画屏中

与戴天山遥遥相对的窦圌山，在江油市武都镇东北约五公里，李白游览此山后，题句：“樵夫与耕者，出入画屏中”，真乃点睛之笔。

窦圌山原名猿门山，因山上猿猴甚多，山峰似门故名。又因山石为豆子大的石子凝结的砾岩构成，山形如装粮食的圌（屯），故又名豆子山、豆圌山。唐代彰明主簿窦子明（窦真人），弃官隐居此山，后人在山峰的殿宇内供奉窦真人像，并把豆圌山称为窦圌山，一直沿用至今。窦圌山东西宽约1.6公里，南北长约8公里，最高处玉皇顶海拔1140米，比山下平坝高出540米。山顶有三座石峰拔地而起，好似鼎足朝天，高70余米，相距约30米，仅一峰有险路可上，其他两峰四面峭壁似刀砍斧劈，无路可通。就在这奇峰绝顶之上各有殿宇一座，铁瓦盖顶，翘檐欲飞，基础就在百米悬岩的边缘，其设计之奇妙，施工之艰险，难以想象。每当雨后初晴或晨雾欲退之时，云纱轻裹山峰，殿宇忽隐忽现，宛如天宫仙阙；而在天气晴朗之时，周围百里都可欣赏其凌空欲飞之势。此殿究竟始建于何时，据明代曹学佺《蜀中名胜记》说，在南北朝时期的梁朝大同年间（535—545）就开始有和尚在山上建筑寺庙，唐宋时期香火很旺，佛道两家都在山上建寺庙，后虽几经兴废，直到今天仍是川西北的佛教名山，特别是春三月庙会期间，上山的人摩肩接踵，络绎不绝。

窦圌山最奇绝之景是“索桥飞渡”，三座石峰之间无路可通，只有索桥相连，此桥构造极为简单，仅用两根铁链固定于峰顶的铁桩上，一根粗而扁平，用以踩足，宽不足20厘米；另一根较细，可做扶手。索桥悬于百丈深谷之上，山风劲吹，左右摇晃，更添惊险。即使能在钢丝上做种种特技表演的杂技演员到此也要望而生畏，故桥头有题词：“飞仙可渡。”不过能渡此桥者并非神仙，而是受过秘传绝技的本地人。他们攀行索桥，如履平地，兴之所至还要在铁索桥上表演翻跟斗，倒挂金钩、“仙人指路”、“金鸡独立”，仅一只脚踩在左右摇晃的铁链上，凡观此惊险表演的无不拍手叫绝，叹为观止。全世界也仅此一处，堪称“中华一绝”。

在这无路可通的绝顶上的庙宇和铁索桥究竟是怎样建造的？谁建造

的？这的确是一个很有趣的谜。据民间传说：若干年前鲁班看到此山雄伟奇特，于是就用赶山鞭将石头驱赶上山，一夜之间就在山顶砌好了石头的殿宇，所以在一座峰顶的殿宇内供奉着鲁班像。这些美丽的传说不是历史实际。那么峰顶的殿宇和索桥究竟是怎么建修起来的？有一种说法是：在若干年前窦圌山的长老和尚，在山门贴一张告示，为了在山顶建造殿宇和索桥，请上山的游人、香客随带柴草一捆，填在山顶的深谷之中。那时窦圌山柴草随处都是，游人也多，你一捆，我一捆，不到几年，山顶上的峡谷就被填平了，然后在柴草之上铺木板，运去建筑材料，修起了殿宇。又采来铁矿，就地开炉炼铁，打造铁链，架设索桥，一切完成后又拆去峡谷中的柴草。这种修建法的确是“发动群众，依靠群众”，“群众创造奇迹！”

窦圌山云岩寺古建筑群由文武殿、护法殿、大雄殿、飞天藏殿、东禅堂、南岳殿等庙宇组成，飞天藏殿中有一座转轮经藏，又名飞天藏、星辰车。其形如塔，全由楠木构成，四层八棱，制作精巧，上雕天宫楼阁数重，斗拱飞檐，布局宏丽，木雕人物，栩栩如生，镂刻花卉，造型优美。更奇妙的是，这座高十米多，直径七米的庞然大物，全部重量支撑在一根中轴上，中轴立于地坑中心的铁臼中，轻轻推动藏身，这数万斤的木塔就可转动。真是巧夺天工！不得不被古人的聪明智慧所折服。据寺内钟铁上铭文记载，这座飞天藏建造于南宋淳熙七年，即公元1180年，距今已有八百多年历史，这是我国历史最久远的一座飞天藏，堪称窦圌山镇山之宝。由于它的历史价值、艺术价值极高，已被公布为全国文物保护单位。

窦圌山上森林茂密，奇花异草甚多，其中最珍贵的要数香松。她长在坚如混凝土的砾岩缝中，具有黄山松的特点，而又比黄山松更为俊美，如果说黄山松像披着棕色铠甲的武士，而圌山松却是婀娜多姿，皮肤细白，洒满香水的美女。她的枝干呈银灰色，平滑细腻，松针三支一束，粗短而密，随风散发出阵阵清香，故名香松，又称白皮松。木质细致而坚韧，是制作家具的高级材料，叶、枝、皮都能入药，对人类的贡献很大，然而她所求甚少，不需肥沃泥土，不要温室培育，在那野草不长的峭壁之上，坚硬砾岩的缝隙之中，深深扎根，顽强成长，经受着狂风暴雨的考验，遭受着闪电雷霆的袭击，仍然是枝叶密茂，生意盎然，这不正是我们民族性格的象征吗！

窦圌山云岩寺

窦圌山的绝顶飞檐、索桥飞渡、转藏经轮、白皮香松，可称“四绝”。现在窦圌山又新增“两绝”，一是西南第一家滑翔俱乐部，二是四川攀岩训练基地。窦圌山奇峰耸立，四面峭壁，正好开展滑翔和攀岩。在教练的指导下，背上滑翔伞，经助跑后，离开悬崖，飞向蓝天，像鸟儿一样自由翱翔，使你享受“羽化而登仙”的韵味，这是千百年来在圌山修炼的道士们追求的境界，现在终于实现。如果说滑翔充满着浪漫的话，那么攀岩就是踏踏实实一步一个脚印了。攀缘者拴上保险绳，靠双手和双脚的力量，在绝壁上攀登，不仅是对体力，也是对意志的考验。

藏王寨里藏仙景

北宋人乐史编写的《太平寰宇记》“龙州”条下有一段记载：“大匡山在州南八十里，高九百丈，阴洞潜穴，气蒸成川，有飞泉下流，一百里入剑州阴平合白泽水。”这段记载有几句话与大康镇的大匡山相符，“阴洞潜穴”指白鹤洞，“气蒸成川，有飞泉下流”，指白鹤洞内的暗河从洞口流出，形成飞泉，泻入老龙潭，成为百汇溪的源头。然而这段记载又似乎指的是江油平武交界的藏王寨。藏王寨正是在龙州（今平武县南坝镇）之南约 80 里。藏王寨中也有“阴洞潜穴”，那就是白阳洞，洞中也有暗河，流出洞口，形成飞泉，“一百里入剑州阴平合白泽水”。白泽水就是潼江的。那么藏王寨是不是也叫大匡山呢？李白是不是在藏王寨也隐居过呢？藏王寨中是不是也有李白的游踪呢？当地民间传说，太上李老君曾在藏王寨中炼过丹，因此叫老君山，山上建了座老君庙。李白去老君山寻仙访道，路经天竺山（今名天佛山），向樵夫问路。樵夫要他写一首诗。李白吟道：“天竺山下偶问津，樵夫涧底说荆薪。一曲清歌云烟里，溪回路转不见人。”民间传说与《太平寰宇记》的记载都说李白到过藏王寨。

藏王寨位于江油市西北部，属于龙门山脉，西南有千米峭壁，与观雾山相对峙，形成涪江峡谷，东北一直伸延到江油北面的文胜乡，延绵数十公里，总面积达 300 平方公里。主峰海拔达 2345 米。山体主要由石炭系碳酸盐岩类构成，经长时期风雨侵蚀，形成千奇百怪的地表。孤峰林立，天坑密布，溶洞众多，地表水渗入山腹，形成巨大的地下水库，地下水库的水经白阳洞下面从黑龙洞流出，形成终年不枯的瀑布。

藏王寨有天佛山、老君山和养马峡三个部分，各有特色。

天佛山在藏王寨西南部，属江油永平镇。天佛山下的峡谷叫向家沟，当地村民在 30 多年前，修建了一座水库，“高峡出平湖”，山险峻而清秀，水碧绿而清澈，不时有野鸭戏水，白鹭翱翔，荡舟湖上，犹如置身于天然图画。湖面愈进愈窄，两岸峭壁垂直水面，山头云雾自由舒卷，好像进入了小三峡。站在水库的西岸，向湖面望去，有时可以看到“水上仙桥”的奇观，在湖水之上，仿佛横着两匹白练，时隐时现，像是仙人搭建的便桥。

天佛山

水库尽头是一条蜿蜒的溪涧，沿溪边的小公路上行1公里，至“倒坐观音”，这是从碧潭中天然长出的一座莲台，台上小庙供奉着观音菩萨，她背朝沟外，面向峭壁上的大佛。站在莲台上，可以清楚地看到，整个山形恰似一支展翅欲飞的大鹏，昂首青天外，搏击云雾中，所以这座山又名大鹏金翅山，在大鹏的左翅上，有一尊天然岩石长成的巨大佛像，五官俱全。在这座山上不仅有尊大佛，还有天然生成的十八罗汉，有的低头沉思，有的仰面观天，姿态各异，惟妙惟肖。山中的石灰岩经雨水的千万年侵蚀，雕琢成千姿百态的石林，其中可找出《西游记》中的故事，有唐僧小憩山头，悟空大战狮精，八戒捉拿妖怪，沙僧瞭望放哨，白龙现身护主等。还有奔跑的羊群，静卧的牛马、石龟、石蟹、石虎、石象，应有尽有。在天佛山峭壁上，由于水的侵蚀和植被的生长，巧妙地形成了巨幅书法，有“灵山”、“平安”、“上书”等字，笔力遒劲，可算得上乘书法，景观奇特。

“倒坐观音”以上约两百米，溪涧分成了两支，它们从险峻的山峰上奔腾而下，形成无数瀑布和碧潭，左边的溪涧上的玉带瀑最具特色，它从四十多米的峭壁上倾泻而下，把半壁上的一块岩石凿穿，又继续下泻于碧潭中，那块被水凿穿的岩石，好像是瀑布佩饰的玉带。右边溪涧旁有一处巨大的岩壑，长百多米，高近五米，名叫大岩方，是遮蔽风雨的天然石室。从岩壁的缝隙中，渗透出点点滴滴的清泉，其形如串串珍珠，入口有丝丝甜味，当地百姓视为观音净水瓶中的甘露，时时饮用，可以治病健身。其实，这就是含有对人体有利的微量元素的矿泉水，到了这里可以尽量饮用，不取分文。在溪涧边，岩壁上，有各种奇花异草，有种叫风动花的，很是奇特，叶面碧绿，叶背雪白，风起叶动白花现，风停仍是碧绿一片。这里有四季不谢之花，八节长青之草，引来万千蝴蝶飞舞，即使在冬季，也有蝴蝶的倩影，这种“冬蝴蝶”又是这里的一大奇观。这里还有“无云雨”的奇观，沿溪边小路而上，虽是万里晴空，却有霏霏细雨，它是风吹山上飞泉而来。

从“倒坐观音”向东北的山路爬上去，便进入了密密的森林，杉树、柏树郁郁葱葱，古藤、刺架开满鲜花，暮春时节，山顶上的桃花还在盛开，好像一抹红霞罩在山头，这真是“人间三月春芳尽，山寺桃花始盛开”。翻过山口，穿过一片茂密的箭竹林，便到了“一线天”，两边是峭壁危岩，中间仅一线青天，两人相遇必须侧身而过，真有“一夫当关，万夫莫开”之势。过了“一线天”，豁然开朗，好一块山间盆地！四周山上，林木茂密，中间坝子，芳草鲜美，这简直是“世外桃源”。盆地中有几户人家，十余间土屋，在土屋边还有几段残碑断碣，上面记载着清乾隆年间，海玉法师建修岩门寺，道光年间住持理文又重建的事绩，说明这座寺庙已有两百多年的历史，曾经香火旺盛，而今仅剩下残壁断垣，石阶柱基，寺边那几株胸径约一米的银杏树，还可以见证这座寺庙的古老。寺前有一道溪涧，穿过盆地，从东边的唯一缺口倾泻而下，形成一道高约二十米，气势磅礴的瀑布。

从岩门寺前面唯一的出口“一线天”下来，沿石梯小道而下，便进入了景台沟，小溪在山间欢快地流淌着，时而积成碧潭，时而翻着银浪，时而绕过山嘴，把人们带入“山重水复疑无路，柳暗花明又一村”的诗情画意中。山上的杉树和松树遮天蔽日，山下的桐树和杜鹃竞相开放，这里有成片的黄花杜鹃，特别珍贵，金色的杜鹃与粉色的桐花，把景台沟打扮得绚丽多姿。沟口有一座白洋坪水库，比向家沟水库更狭长，水面虽不宽而曲折多变，泛舟其上，饱览湖光山色，别有一番乐趣。

天佛山和景台沟有众多的溶洞，观音洞中有天生的观音像，南海洞中有巨大的瀑布，大方洞中有容纳万人的大厅，土硝洞中有地下迷宫，还有在岭腰穿孔的日月洞，千奇百怪的燕子洞、螺王洞，最神奇而又有医疗价值的是神风洞，离倒坐观音不远，洞口不大，夏天出凉风，冬天出暖风，简直就是一台巨大的天然空调，据说若患有风湿痛，吹了此神风就可痊瘉。

天佛山东北紧连老君山，属江油市重华镇广利村。这里蕴藏着铁矿和硝石，清代就有几百人在此开铁矿、熬硝。老君山巍峨雄壮，主峰高两千余公尺，耸入云霄，主峰下的一块峭壁，高约千米，长达数公里，像是一幅巨大的山水画，悬挂在蓝天白云之下。由于它突兀而起，截住东南云雨，常常云遮雾障，很难看清真面目。二战时期美国陈纳德飞虎队的一架战机，追击日寇飞机时，误撞老君山，4 名美国飞行员血洒峭壁，在这里留下了一段悲壮的故事。

老君山瀑布群

从老君山主峰发源三条溪涧，北边的叫杉坪沟，南边的叫南厂沟，中间的就叫中沟。这几条沟在不到十公里的距离内，落差一千多米。沿途有无数的飞瀑、深潭。其中以中沟的罗公堂瀑布最为壮观。瀑布高七十余米，似一匹白龙从天而降，中途遇岩石阻挡，又跳跃而出，直钻深潭。碧潭周围，绿树四合，人在潭边，似坐在绿色的大缸之内。而那白龙似的飞瀑，正好从缸口泻入你的胸怀。

南厂沟是原来开矿时取的名字，现在又叫兰昌沟，大约是因兰花长得昌盛而得名。这条沟植被茂密，乔木、灌木竞相生长，老树、枯藤相互缠绕。沿途有无数的飞瀑、深潭、溶洞。已发现的就有朝阳洞、天雨洞、犀牛洞、豹子洞、高冠洞等。其中的朝阳洞深 7.5 公里，最高处 140 米，平均宽度 80 米，可称“四川第一溶洞”。洞内发现了规模宏大的容纳上千工人工作的古代采硝工场，工场遗址保存完好，有采硝的作业面，熬硝的连灶锅台，有巨大的硝池，是迄今发现的我国规模最大，保存最完好的古代火药原料生产遗址。从洞散落的陶瓷器碎片和十多厘米厚的火把烟尘推断，至迟明代已在此开采硝。《梓潼县志》（咸丰版）载：“老君山朝阳洞，县西二百四十里……洞高八丈，宽六丈，深十五里，产硝。乾隆二十年开采，归江邑就近汇办。梓邑于重华场隘口安设兵役巡查。”乾隆十二年（1747）开始平定大、小金川叛乱，至乾隆四十年，平定两金川的战争才结束，先后历时二十八年，平叛战争需要大量火药，老君山就是当时重要的国家火药原料生产基地。老君山火药生产遗址的发现，为研究古代矿冶业、军事工业提供了实物资料。2006 年，老君山硝洞遗址被列为全国文物保护单位。

天雨洞中有洞中瀑布，高二十余米，从洞顶泻入洞中碧潭。洞顶有无数的姿态各异的钟乳石，各自挤出大大小小水滴，如下雨一般飘洒下来，故名天雨洞。最深的要数犀牛洞，据当地人说还没有人钻通过。犀牛洞中石笋、钟乳石最为发达。有的似擎天柱，高大粗壮；有的似白莲花，含苞欲放；有的似有情人，相偎相傍。在洞中还有不少古生物化石，很有科研价值。

从犀牛洞向上攀登，便进入一片原始森林，参天古木上寄生着厚厚的苔藓植物，再向上，则是一望无际的荆竹林，纤细的竹枝密密层层，翠绿的竹叶，随风摇曳，似乎是大海涌起的万顷碧波。这里完全可以与蜀南竹海媲美。

老君山顶上有老君寺，据说在唐代已经就有道士在此修炼，创建了寺观。川西北本来就是道教的发祥地，唐代的道教又很兴盛。老君山风景优美，远离尘世，很可能有道士在此烧炉炼丹。那么青年李白很可能到过此地求仙访道。现存的老君寺由老君庙、老君洞、观音庙和灵官庙组成，老君庙是清咸丰七年（1857）建修的，用石条垒叠而成，不用任何粘合剂，也无一砖一瓦一木，经历一百五十多年的风雨，至今仍然完好，的确是建筑史上的奇迹。老君寺位于老君山顶，四面是绝壁悬崖，站在此处，可观日出日落，但见霞光四射，整个山顶红如火焰。而在皓月当空之时，似乎伸手可摘星揽月。在此还可观赏到云海，白云如无声的海涛，在脚下翻滚，远处的山头似海中孤岛，若隐若现。若登临其上，则远观群峰，近览诸庙，美境尽收眼底。

老君山

老君山东北紧邻养马峡，属江油市文胜乡，与平武响岩连界，位于龙门山褶皱带的深切割山谷中。主峡长约十五公里，峡内一座座山雄伟挺拔；一道道谷奇险秀丽；一条条溪逶迤婉转；一个个洞幽深险奇。大自然的鬼斧神工把这三十多平方公里的地方，打扮得如诗如画，且气候宜人，游人到此仿若世外。景区包括白阳洞溶洞群、养马古镇、蒲家沟（又名香马峡）、转迁峡（又名映马峡）、龙隐谷、望天峡（又名转马峡），此外，还可供开发的尚有演阵山、梅花洞、藏王寨天坑群、马尾峡等等。清朝人刘宣游此地，写了《小桃源记》：“余既周察其中，羡其岗峦之雄奇幽险，谓是江油之乐乡。直与武陵源仿佛也。”

由文胜乡至江村进入景区，江村有猴子洞、神仙洞、赵家洞等三个溶洞。到李家沟，山体殊异，睡美人峰如少女仰卧，长鬈下垂，悄然入睡；猿人峰酷似猿人仰面问天；狮头峰像雄狮威踞山腰，惟妙惟肖。在白阳桥头，举首遥望，高大的灰白色峭壁，峥嵘崔巍。仙女、白阳两洞分置于左右悬岩上。白阳洞口似蛤蟆，高、宽二三十米，洞壑宏大深邃。主洞内冷气袭人，然在洞口左侧，裂隙中终年有热风吹出，一冷一热呈鲜明对照。洞中大小厅洞三十余个，有暗河、地下瀑布。白阳洞下黑龙洞涌出的水，飞流直下，长达千米，奔腾咆哮，气势磅礴。当地传说：“文昌菩萨张亚子的父母被赃官陷害，下狱许州（即梓潼白顷坝），张亚子求助于二郎神，二郎神用神箭，射穿涪江底，一股大水通过黑龙洞涌入梓江，水淹许州，张亚子化成蛟龙，救出父母，贪官喂了王八。”

养马坝有一传说，三国时邓艾伐蜀，占领江油关后，分兵一股，经过此处，曾在此养马。又传说，明建文帝避祸藏王寨时，他和随从数十人的马匹不能上山，寄养于此，所以叫养马坝。明初，明将傅友德伐蜀，长征时，红四方面军都经过此地。养马坝中的古镇叫安顺场，曾经是马帮往来、商贾云集之处，有“阴郡锁钥”之称。古镇外的小溪两岸有麻柳十数株，虽已百年树龄，仍枝繁叶茂，生机勃勃。其中有两株麻柳，相伴相依，形若夫妇，村民呼为“鸳鸯柳”，与镇后夫妻峰相映成趣。夏天，麻柳林中成百上千的萤火虫飞舞，忽隐忽现，忽明忽暗，似繁星闪烁，把人们带进一个梦幻般的境界。

出养马古镇沿饮马溪北行，到香马峡（又名大蒲家沟），层峦叠嶂，林木森森。进沟约两公里，在左侧的半坡上，有一巨石，石后大树如盖，传说是建文帝常在此参禅。再前行 1 公里，地名曰“养生潭”，水色随潭深浅而变幻，从浅绿、深绿以至黛蓝，最深处达数米。养生潭左侧台地上，有古代驿站遗址。再前行，进入小蒲家沟，山谷豁然开朗，三十余户居民分住在溪水旁、半坡上。在竹木掩映下，炊烟袅袅，犬吠鸡啼，古老的石碾、石磨、石碓等依然保留。这里真是小小的世外桃源，故称“小桃源”香马峡；林木苍茂，野花烂漫，每到春夏，路旁山坡上的樱花、山胡椒花、杜鹃花、山桃花、野玫瑰、七里香……争奇斗艳，姹紫嫣红，引来蝴蝶翩翩起舞。故此沟又名百花谷。

转迂峡迂回曲折，变化万千，往往是“山重水复疑无路，柳暗花明又一村”，故获“转迂”之名。谷长近九公里。谷内山势险峻，峰峦叠翠，峭壁对峭，飞泉奔泻，碧水潺潺。

龙隐谷则因民间传说建文帝避叔父朱棣追杀隐匿在此谷中而得名。谷口两侧为灰白色绝壁，壁高百仞，与谷外巨石，形成天然屏障。谷口的水潭，水清且碧，传说是建文帝朱允炆时常沐浴处，故称为龙潭。由龙潭上行数十米，有巨石形态如桃，人们称为仙桃石。传说建文帝的隐匿处在黑龙潭附近，黑龙潭上有瀑布，高达百米，飞瀑如练，吼声震耳。建文皇帝死后，乡人感其为政时宽厚爱民，在他住地附近建保王庙塑像祭祀，把这座山改名为藏王寨山，并镌碑记事。还将他出家的龙泉寺，更名为回龙寺，有盼他回来之意。

六峡酝酿《蜀道难》

涪江六峡在江油武都镇与平武县南坝镇之间。谷长五十多公里，两侧1500米以上山峰有十余座。谷口为“第二都江堰”——武都引水工程的引水口和高达百米堤坝。大坝将涪江拦腰斩断，“高峡出平湖”，形成长38公里，水面18.7平方公里的人工湖——武引水库。观雾山和窦圌山倒映在万顷碧波之上，湖光山色，如诗如画。

佛教名刹极乐堂位于水库西岸，这是观雾山下依山面水的古老寺庙，始建于明代，初名伏虎寺，明末毁于战火，清初了然和尚募化集资，重修庙宇。后经咸丰、光绪和民国初年的三次培修扩建，成为一座规模宏大的寺庙。进山门为天王殿，沿石阶而上有弥勒殿，殿上有万佛楼，楼上供有高约一米的七千多尊佛像，这些佛像用楠木雕成，姿态各异，无一雷同，个个都是栩栩如生。据说请的全是全国各地的能工巧匠来完成，后来的总想超过先雕的，于是形成规模巨大的艺术杰作。此外还有方丈室、僧舍、客堂、斋房，共有百多间房屋，寺僧也多达百人，香火十分旺盛，每年都有上万香客，从千里之外的地方来此朝拜进香，这成为“川西北佛教圣地”。

可惜！1958年大炼钢铁，1966年以后的十年浩劫，使极乐堂遭到毁灭性的破坏。天王殿、观音殿、钟鼓楼被拆毁，泥塑佛像被捣毁，万佛楼上的几千尊木雕佛当柴烧，寺庙周围的古松巨柏全部砍光，寺边的银练瀑也断了流。极乐堂不是令人极乐，而使人极悲。

党的十一届三中全会后，宗教政策得到落实。1985年，极乐堂被

极乐堂

批准为宗教活动场，海灯法师担任了住持，着手募化资金，重修庙宇，再塑金身。经短短几年时间，除万佛楼上的木雕佛像无法恢复外，其他的庙宇佛像都基本上恢复了原貌。1989 年海灯法师圆寂后，又建了一座 7 米高的汉白玉塔，将其灵骨灰和舍利子供奉其中，塔前还建立了一座海灯纪念堂，为极乐堂增添了一处新的景观。

极乐堂背靠观雾山的白云岩，遥对窦圌山，从这里看窦圌山不再是一头昂首的雄狮，而像一座大肚圆口的香炉，山上的云雾好像是向万佛敬的香火。从极乐堂后面的白云岩向上攀登，有一种“举步登九霄”的感觉，山势陡峭，绝壁摩天，愈向上登，愈加艰险，而景色也愈来愈美。倒悬绝壁上的古树，有如苍龙探海；缠绕在古树上的青藤，好像蟒蛇盘旋。丛丛野花，流光溢彩；簇簇野果，色鲜味甜；群群山鸟，婉转歌唱；阵阵轻雾，往来飘忽。置身此地，犹如仙境。在这山路上还可以发现两亿多年前的海生蚌类化石，形似乳燕，有鼻有眼，俗称“燕儿石”，地质学家乐森寻教授曾在此山脉中，发现了白垩纪最古老的“节甲类鱼化石”，这是在中国首次发现的珍贵化石标本，被称为“乐氏鱼”。

爬到大约海拔一千六百米的高度就进入了山口，再爬上一道山峰，便到了普贤顶。普贤顶在万丈绝壁之上，可以清楚地看到极乐堂就像玩具积木摆在脚下，再往远看是南塔坡、白鱼山……犹如一座座小土堆，真是：“会当凌绝顶，一览众山小。”再向东南看是辽阔的江彰平原，渺渺茫茫，直与天边白云相接。在万里无云之时还可以看到百里之外的绵阳城。在普贤顶看日出云海，其景色之壮丽，不逊峨眉金顶。普贤顶东边脚下的峭壁上，有一大型溶洞——普贤洞，现已修成数百米长的栈道，可以旋盘而下进入洞中。洞深百多米，钟乳石姿态各异，滴泉水甘洌可口，最奇者是洞顶有许多圆坑组成的穹窿，好像是大小不同的铜钟悬在头上。从普贤顶往西看，是一座又一座的圆形山峦，有如含苞欲放的青莲花。30 多年前，飞机在这里撒播的油松种子，现在已蔚然成林，溢碧滴翠，郁郁葱葱。每当夕阳西下，金色的阳光给山峦镀上一层金黄，万朵青莲变成了万朵金莲，“万朵金莲朝普贤”，成为观雾山风景之一绝。

此处为何叫普贤顶呢？据说普贤菩萨自西土东来，最先就住在普贤顶，后来才去峨眉山，清代编的《江油县志》载：“普贤大士驻锡观雾山，欲立道场，因山高风烈，故募建铁瓦殿，造成，凌空而去，留有‘云里振衣’四字于石，至今传‘先有观雾，后有峨眉’之语。”看来观雾山比峨眉山的资格还老。

现在普贤顶上修复了普贤殿、雷神殿，为无梁石拱建筑，殿内供有重达 6 吨的汉白玉石雕塑的普贤骑白象。

普贤顶与武都平坝相对高差一千多米，东南的暖湿气流与西北来的冷气流在此交汇，山上经常云雾缭绕，云层达到一定厚度就会下雨，当地百姓早上起来只消看一下观雾山是否“戴帽子”就可预知下不下雨，若山顶起云，当天必然下雨，十分灵验，因而将此山看作能预测气象的神山、灵山。“雾山灵雨”成为江油古老的八景之一。

武引水库两岸，由南向北，依次有藏王峡、二郎峡、唢呐峡、观音峡、平驿峡、石门峡，故有“涪江六峡”之称。两岸重重叠叠的山峰，如绿色的巨浪，一浪比一浪更高，一峰比一峰更奇。云雾在山间舒卷，如美女舞弄轻纱；瀑布在岩壁飞泻，似仙人抛洒珠玉；涪江在脚下奔腾，涛声似战鼓齐鸣。一步一景，景随步移，好似天然国画师绘出的一幅山水长卷。其中二郎峡、唢呐峡最为险峻、壮美。百丈峭壁垂直于水面，苍劲的松柏，倒挂于绝壁。峡谷中的石灰岩峭壁，由于长期被风雨侵蚀，形成了千姿百态的钟乳石、石笋，雕凿出千奇石怪的洞穴、崖壑，再加上条条青藤，丛丛翠竹，簇簇野花，组成了色彩斑斓的图画，这简直就是天然美术师给我们展出的彩塑、壁画的艺术长廊，真是美不胜收，目不暇接。当地有许多美丽的传说，正是从这些天然艺术长廊中产生的，唢呐崖有一对钟乳石，酷似一对唢呐，传说从前这里有一位农民，因君王

二郎峡

无道，贪官横行，一气之下，插旗造反，就在这崖壁上安放一对唢呐，若官兵前来围剿，唢呐就响起来，为山寨报警，山大王多次打败了官兵进攻。

二郎峡之得名，传说若干年前，梓潼住着一位远近闻名的孝子——张亚子，他的父母被许州的贪官抓进监牢，张亚子为救出父母，惩罚贪官污吏，涤荡人世污秽，上天请来了二郎神。二郎神慨然应允，弯弓搭箭，射中江心，涪江水随着箭洞，穿过藏王寨，喷出白阳洞，涌进潼江河，冲毁许州城，张亚子变成蛟龙，监牢中驮出父母，贪官喂了王八，因张亚子扶正惩恶后来被封为文昌帝君。二郎神射穿涪江的这段峡谷也叫二郎峡。

观音峡的观音崖酷似一尊打坐的观音，身披绿衣，头绕祥云，两块光滑的崖石恰好是观音的一双慧眼，十里峡谷都在这慈祥的目光注视下。

石门峡是涪江六峡最后一峡，清亮透明的涪江水进入石门峡后，一改温柔的模样，变得湍急起来，山势也逐渐地变陡峭了。峡口就像一个大大的石门，紧紧地锁住了涪江。

三十余公里的涪江峡谷，兼备秀美、幽静、雄奇、险峻诸特色，可与长江小三峡媲美。当年李白访江油县尉，就是溯涪江六峡而上，到达设在今平武县南坝镇的江油县衙。在这里留下了李白的遗迹和传说。峡谷口有太白洞和灯笼洞，传说李白读书于涪江西岸的溶洞，天黑时对岸的洞口两盏灯笼发出亮光，照着李白夜读，故有“灯笼洞对太白洞，灯照太白把书

武引水库

诵”的民谣。险峻壮美的涪江六峡，熏陶了李白的诗魂，酝酿出了千古绝唱《蜀道难》：“上有六龙回日之高标，下有冲波逆折之回川，黄鹤之飞尚不得过，猿猱欲度愁攀援……连峰去天不盈尺，枯松倒挂倚绝壁，飞湍瀑流争喧豗，砯崖转石万壑雷。”这也是“涪江六峡”的写照。

现在涪江六峡正在开发中，将会有九大景区、一百二十七个半岛、一千多个景点。规划有水上观光游、阴平栈道游以及李白咏诗处、邓艾营垒、二郎射箭处等人文景观，还可开展绝壁攀岩、沙滩浴场、水上游乐、垂钓等参与性活动。九环黄金旅游线上将升起最灿烂的一颗明星。因李白曾走过这里，因而可以将武都水库命名为太白湖或诗仙湖。

岚光深院里，傍砌水泠泠

从险、峻、幽、奇的二郎峡溯涪江而上，经过地势较为平缓的响岩坝，再向北十余公里就到了平武南坝镇，这就是古龙州、江油关的所在地。

江油关地势十分险要，群山环抱，峰峦层叠，涪江自北而来，在南坝绕了一个弯子，留下了一片平地，然后奔流向南。江油关就在这片小平坝的北端，明月渡口。关口西边是高入云天的悬岩峭壁，东边是奔腾咆哮的涪江，涪江对岸是巍峨崔嵬的左担道、凤翅山。江油关正是凭这山水之险，扼住阴平道的咽喉，真是“一夫当关，万夫莫开!”古人曾吟诗道：

峭壁阴森古木稠，乱山深处指龙州。
猿啼鸦噪浮云暮，不是愁人亦是愁。

公元219年，刘备和诸葛亮选中了这险要之地，设置江油戍，派兵把守，以防御北边的曹魏从阴平道偷袭西蜀。守关将士扼住明月渡口，涪江两岸的险要处，若敌人来侵，涪江东岸的守军可依山傍水进行抵抗，以待西岸援军，若抵敌不住，亦可撤回西岸，凭借涪江天险，拒敌于关外。263年，魏国伐蜀，大将钟会在剑门关遇到姜维顽强抵抗，毫无进展。邓艾暗中带三万人马，从阴平（今甘肃文县）出发，翻过摩天岭，在渺无人烟的崇山峻岭中行军七百里，经二十多天跋涉，直抵江油关下。蜀守将马邈要投降，妻子李氏苦苦劝告：说江油关十分险要，只要坚守，就会使邓艾军进退两难，不战自乱。而马邈一心想投降后可以升官发财，不听妻子劝告，不战而降。李氏夫人自缢殉国。川剧《江油关》正是写的这段故事，该剧结尾有诗云：

后主昏庸汉祚颠，天差邓艾取蜀川。

可叹蜀中多名将，不及江油李氏贤。

南坝人民对这位忠烈的李氏夫人十分敬重，建修了李氏夫人祠、李氏夫人墓，可惜这些都已毁坏，仅有明代立的“汉守将马邈忠义妻李氏故里”碑尚存。

江油关口之南的小平坝上的南坝镇，即古龙州城所在地。城墙是南梁时在此割据称雄的李龙迁所筑，李龙迁死后葬在牛心山，山上建祠纪念，后称“李古人庙”。唐王朝建立后，追认李龙迁为族祖，李龙迁墓也就成了皇帝祖陵，李古人庙成了道观，大修庙宇，广植柏村，牛心山成为唐王朝的“国脉”所在圣山。武则天篡位，改唐为周，要断去李唐王朝的“国脉”，下令将牛心山与后山相连的山脉凿断。后来唐玄宗、唐穆宗先后调动数万民工填补被凿断处。这一挖二填，劳民伤财，以致

江油关

“东川为之疲弊”。以后各朝代都视牛心山为道教圣地，加以维修重修，庙宇辉煌宏伟，古柏郁郁葱葱，每年正月初一、五月初二的庙会，更是热闹非常。

伟大诗人李白在青年时，从家乡彰明，北游古龙州江油城，曾在牛心山上读书，留下太白读书台——书台子遗迹，据宋祝穆《方舆胜览》（卷七〇·“龙州·亭台”）载：“太白台。在龙州江油县。太白与江油尉往来，故有台在尉厅。蒲翰为之记。”明《大明一统志》（卷七〇·“龙安府”）记载：“太白台。在牛心山。唐李太白尝读书于此，遗址尚存。”清《四川总志》、《龙安府志》、《江油县志》均有同样记载。

李白在这里赠给江油县尉一首诗：

岚光深院里，傍砌水泠泠。野燕巢宫舍，溪云入古厅。
日斜孤吏过，帘卷乱峰青。五色神仙尉，焚香读道经。

李白诗中提到的“旁砌水泠泠”至今还有遗迹可寻，在今南坝镇后街公路侧有井泉一眼，终年不溢不竭，长流不息，纯净甘洌。据说李白诗原来就刻在这泉水旁的石崖上，可惜现在已找不到了。不过北宋大书法家米元璋所写的李白诗碑至今还保存在江油李白纪念馆。

“5·12”大地震，南坝镇毁灭。在河北省对口援建下，南坝镇得以重建。在原古江油关口的明月渡，重建了公路大桥。江油关在原址之南修建，关内广场的北边建有碑廊，将南坝收集到的宋代以来的古碑立于廊内，成为南坝一大景观。其中有一古碑，上刻“太白台”三个大字，这是李白访古江油的物证。

现在到九寨黄龙的游客，可以在此观赏群山环抱、江涛奔涌的壮丽景色，缅怀李氏夫人的殉国壮举，寻觅李白的游踪，吟诵李白《赠江油县尉》。

禹穴沟中题“禹穴”

禹穴传说是治水英雄大禹降生地，也是伟大诗人游览过的地方。禹穴属北川县，位于绵阳城西北方。从绵阳乘汽车，经安县，再经“5·12”大地震后新建的北川城，又向北，约1小时车程，即到万山丛中的老北川县城曲山镇，这个镇在“5·12”大地震中遭到毁灭性破坏，现已建成地震遗址公园。

大禹诞生地禹穴还在老县城以西的禹里镇，这曾经是一座古老的县城，早在一千三百多年前的唐朝初年，这里就成了石泉县的县治所在地。白草河在此与湔江汇合，两河环绕，群山环抱，地势险要。现今这里保留了一些青瓦平房，木楼板壁，古镇风韵犹存，1991年在镇北大西山下新建了大禹纪念馆，几根巨柱托起厚重的檐盖，没有雕梁画栋，也无琉璃碧瓦，显得十分古朴粗犷，代表了大禹那个时代的风貌。馆中陈列着大禹的生平事迹图片和颂扬大禹的书画作品，可惜纪念馆毁于“5·12”大地震，尚待重建。

治城镇南的湔江两岸，左有石纽山，右有甘泉，石泉县正是从此二处得名。石纽山高千米，山上竹木葱茂，怪石嶙峋，山腰的一丛石林中有两块巨石，十分奇特，上小下大，上圆下方，上合下分，石尖纽结为一，上刻隶书“石纽”二字，高、宽约四十厘米，书法古朴，传说是西汉大学者扬雄所书。正是扬雄第一个明确说：“禹生于石纽。”此地既出圣人，就有几分灵气，据说朝暮二时，有五色霞光显现，雨后初晴，白云盘绕，变幻多姿，“石纽停云”成为石泉八景之一，前人有诗赞曰：

烟罗绕处石崚嶒，高出群峰数万层。
山色不随风雨变，往来时看五云升。

从石纽山望湔江对岸峭壁上，有石刻“甘泉”二字，峭壁下有一眼泉水，清澈甘甜，冬暖夏凉，四季不枯。传说大禹的母亲修已，长期饮用甘泉水，得水之精灵，又吞食了月精所化的石珠，才有了身孕，十四个月后才生下大禹。

大禹的出生地在清泗沟内，距禹里镇还有八里。清泗沟口有禹王庙一座，早在唐初建石泉县前，这里就已经有了祭祀大禹的庙宇，后屡经兴废，“文革”中被彻底摧毁。“文革”后，村民们出于对大禹的崇敬，自发捐资重建，内供大禹及其父母的塑像。庙虽简陋朴素，倒也高大轩敞。每年六月初六，传说是大禹生日，远近羌汉各族民众，在此祭拜大禹，踏寻禹迹，香烟缭绕，鞭炮齐鸣，人声鼎沸，热闹非凡。

过禹王庙不远就是金锣岩，百丈绝壁，拔地而起，直插云天，壁面

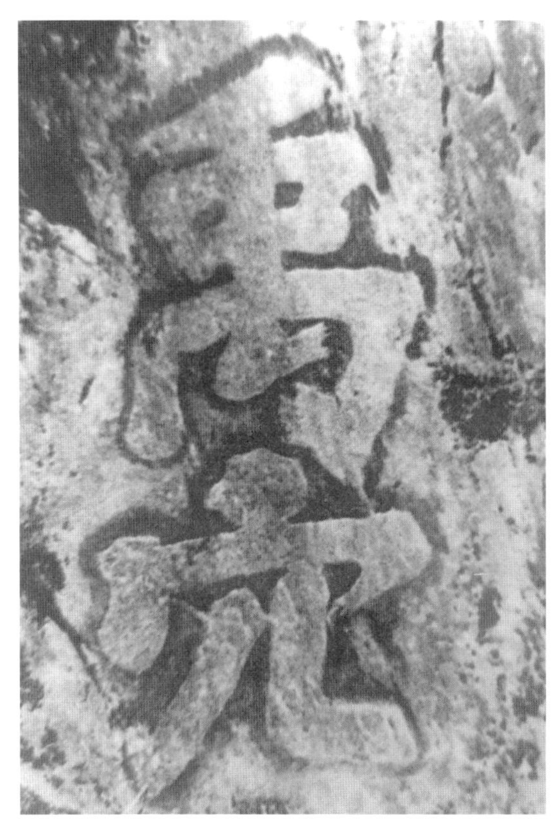

李白题字

光滑，如刀砍斧切。岩中有一圆洞，其形如锣，据说大禹在洞中藏有一面金锣。金锣岩的北面有“禹穴”楷书大字，字径约五尺有余，笔力遒劲雄浑，严谨有度，据明代大学者杨慎考证是李白所书，各种地方志书也记载李白曾在此游览题字。民间传说李白年轻时隐居江油大匡山时，从匡山翻过戴天山，沿湔江而上到大禹故里，李白在此题写了“禹穴”二字。当地人民为纪念李白，在沟口山上建有李白庵。

过金锣岩洞溪谷前行，谷中溪水汩汩，有如抚琴击磬。小路纠缠着溪流，时而在左，时而在右。两边青崖高耸，古木参天。再上行即觉头上有雨丝飘浮，此无云之雨，从岩上飞瀑而来。似银丝悬空，如抛珠洒玉，故得“珍珠帘”之美名。再前行，沿右边岩壁的栈道而上，有一洞穴，洞内刻有“禹床”二字，洞中有石头长成的“禹母灶”、“禹母床”，传说禹母曾在此洞中住过，洞下有一水潭，传说是禹母沐浴之地，名为“禹母池”。从禹母池上行，峡谷愈来愈窄，两岸相倾，头上只有青天一线，崖壁枝柯交叉，老藤网绕，遮天蔽日，即使是炎炎夏日，也觉寒气逼人，幽暗无光。过一线天进入“小禹穴”，岩壁上刻有虫篆“禹穴”

二字，笔画如虫体扭曲，笔力古拙苍劲，传说是大禹手书。小禹穴左侧有一股飞瀑，旁边有数十级石梯，沿梯而上有一平地，清溪潺潺，浓绿环绕，这就是大禹出生地刳儿坪。传说怀了十四个月孕的禹母，在此处采摘野果时，突然腹痛难忍，痛了三天三夜还未生产，女神俄司巴西，用石刀剖腹才生下大禹，又把满身血污的禹抱到下面的水潭中去洗，血水染红了水潭，染红了溪流，至今这被名为“洗儿池”的水潭中和一里多长的溪沟里，还长有许多带红色斑点的白石头，被称为“血石”，红若血染，灿如玛瑙，据说妇女用血石煎水服可以催生。前人有诗赞曰：

白石红斑点点新，花开水底锦江春。
后民收作催生药，犹仰当年岳降神。

这血石的形成原因，说是生大禹的血所染只不过是传说，现在有人力图用科学的观点来解释，有的说是红色藻类寄生所致。

禹穴沟

从洗儿池再上行有九龙瀑等景观，再上即到杜鹃林，四五月间漫山杜鹃花，五彩缤纷，灿若霞锦。从杜鹃林向右，上到了大业山，据说是禹母采药之处，又名“采药山”，树深林密，浓荫蔽日。据晋朝人常璩写的《华阳国志》说，在这大禹出生地，方圆百里被视为神圣不可侵犯的地方，严禁人们入内居住或放牧、采樵，连罪犯逃入其中也不能去追赶。这就形成我国最早的一块自然保护区，所以至今这里的植被仍然很好，保持了原始古朴的风貌。这块老祖宗给我们留下的风水宝地，必将吸引更多的旅游者前来观光游览，凭吊大禹圣迹，观赏李白题字。

曾是李白拜师处

伟大诗人李白年轻时隐居在江油大匡山上读书，觉得个人苦读长进不大，听说梓州城（今三台县）附近隐居着一位品德高尚、学识渊博的高士赵蕤，就背上书囊，佩上宝剑前去拜师，跟着老师学习了一年多。当年赵蕤和李白住过的地方至今犹存，这就是三台县城北2公里处的长平山琴泉寺旁边的赵岩洞。

长平山位于涪江西岸，绵延十数里，山顶长而平，故取名长平山。山虽不巍峨，而清幽秀雅，峦虽不险峻，而妩媚多姿。郁郁葱葱，层林叠翠，四季常绿，淡雅明丽，呈现出一种阴柔之美。在苍松翠柏幽篁的掩映中，隐隐约约可见青瓦红墙，翘角飞檐，这就是千年古刹琴泉寺。

琴泉寺始建于北周（557－581），当时三台称新州，刺史安昌公拓拔则笃信佛教，在城北长平山腰修建了佛寺，以自己的封号取名安昌寺。香火旺盛，游人不绝，至唐代改名惠义寺。唐宋时期梓州治所郪县城（今三台）是经济繁荣、文化昌盛、人口众多的“蜀中巨镇”，是仅次于成都的“川老二”。有不少名人荟萃梓州，或做官或游览，惠义寺成为必游的名胜，因而留下了不少的诗文墨迹。“初唐四杰”中有两位写了颂扬惠义寺的文章，王勃的《梓州惠义寺碑铭》称赞惠义寺建筑宏伟，“重峦架险，曲秀回廊”。杨炯的《惠义寺重阁铭》赞道：“长平山兮建重阁，上穹隆兮下磅礴，纷被丽兮骈交错，俨灵相兮冲寂寞，谁所为兮天匠作。”伟大诗人杜甫流寓梓州时曾多次游览惠义寺。现存的写惠义寺的诗就有五首，《惠义寺送王少尹赴成都》：

苒苒谷中寺，娟娟林表峰。栏干上处远，结构坐来重。

骑马行春径，衣冠起暮钟。云门青寂寂，此别惜相从。

诗中赞美了长平山清幽俊秀，惠义寺雄伟宏丽，景中融入依依惜别之情。晚唐著名诗人李商隐在梓州流寓期间也多次游惠义寺，写了《惠义寺精舍南禅院四证堂碑铭》。从唐代文人诗赋中可见那时的惠义寺规模十分宏大，建筑非常壮丽。经过千年沧桑，寺庙屡毁屡建，至今尚存正殿、前殿、廊庑，左右厢房和南边的四合院等建筑。寺名也曾改过多次，一度曾叫甘露寺，后来称为琴泉寺，一直至今。

琴泉寺山门上的匾额是“惠义禅林”，仍保留着古名，两边的对联是：

千年古刹复兴太平盛世；万仞名山永驻无限风光。

这副联高度概括了琴泉寺的千年兴衰史。进入山门但见院中两株高大的银杏，苍老的树干耸入云天，茂密的树叶青翠欲滴，这两棵数百岁高龄而又生机盎然的银杏，正是这所古老名刹的历史见证。琴泉寺后院的岩壁内有一泉洞，深约丈许，洞顶渗出晶莹剔透的泉珠，点点滴滴，落入水池，发出清脆悦耳的叮咚声，正如“大珠小珠落玉盘”，抑扬顿挫，时缓时急，时高时低，有如仙人弹琴，令人心醉。明朝本地一位文人万谷，曾在此题诗一首：

石髓暗龙涎，岩阴一线穿。囊苔铺翠钿，挥沫引珠圆。

故作声声谱，因名的的弦。碧池即绿绮，水调伯牙传。

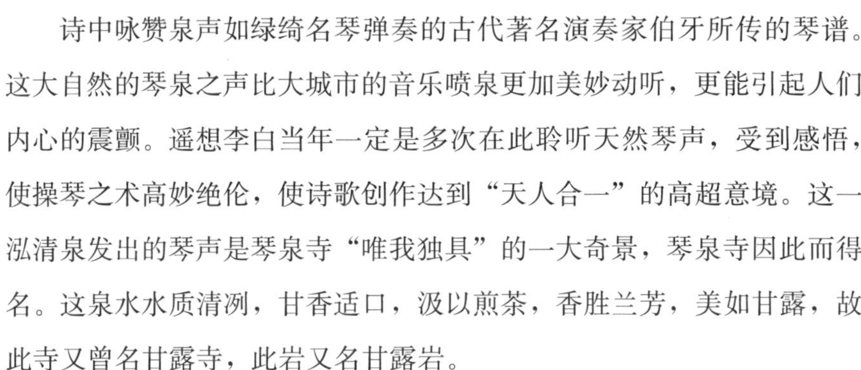

诗中咏赞泉声如绿绮名琴弹奏的古代著名演奏家伯牙所传的琴谱。这大自然的琴泉之声比大城市的音乐喷泉更加美妙动听，更能引起人们内心的震颤。遥想李白当年一定是多次在此聆听天然琴声，受到感悟，使操琴之术高妙绝伦，使诗歌创作达到“天人合一”的高超意境。这一泓清泉发出的琴声是琴泉寺“唯我独具”的一大奇景，琴泉寺因此而得名。这泉水水质清冽，甘香适口，汲以煎茶，香胜兰芳，美如甘露，故此寺又曾名甘露寺，此岩又名甘露岩。

从惠义寺左侧沿石阶而下，便到千佛崖，崖洞高约六米，宽约五米，深约十米。洞中有天然石柱，柱上有通高两米的释迦牟尼佛像，四周洞壁上有密如蜂窝的神龛，雕凿有上千尊的大大小小的佛像。这些摩崖石刻最早有南北朝的，最多是唐代的，菩萨像慈祥端庄，金刚像威武雄壮，千姿百态，栩栩如生，表现了我国古代民间艺术高超技艺。紧邻千佛崖又有一石洞，洞上方有“赵岩洞”三个斗大的字。这就是赵蕤隐居地，李白拜师处。赵蕤自称：“梓州郪县长平山安昌岩草莽臣。”安昌岩也就是这里，因赵蕤在此住过，后人就称“赵岩洞”。在这座不起眼的岩洞中，赵蕤写成了闪烁着唯物辩证法思想光辉的《长短经》，现在已有几个译注本，流传于海内外。当年赵蕤以它为教科书，传给李白安邦定国之策、行军布阵之计。赵蕤还教李白剑术，洞前草坪上应当还留有师徒二人的足迹。后人为纪念赵蕤，在赵岩洞前立了《赵蕤处士碑》，历代不少文人到此凭吊。民国初年，三台知县张政还在这里建修过赵征君祠，供人们瞻仰，可惜碑石和祠宇都已被毁。山下有一道小溪，曲曲折折缠绕着长平山，溪名“濯笔溪”，相传是赵蕤、李白涮洗墨砚处。清清溪水，汩汩有声，好像在对一代又一代人述说着：这里曾经生活过一位杰出的思想家和一位伟大的诗人。

下篇

吟诵李白诗歌

朝忆相如台，
夜梦子云宅。
李白无时无刻不在
怀念着故乡。

李白在蜀中所作的诗歌

李白在蜀中生活了25年，诗作肯定不少，据《彰明逸事》载："时太白齿方少，英气溢发，诸为诗文甚多，微类《宫中行乐词》体。今邑人所藏百篇，大抵皆格律也。虽颇体弱，然短羽褵褷，已有凤雏态。淳化中，县令杨遂为之引，谓是少作是也。"这是说在北宋初，在李白故里有百多篇李白少年时的诗还在流传，不过这些诗作还不够成熟。后来大部分失传了。清代王琦编的《李太白全集》，确定为蜀中所作的有诗14首，赋2篇，题句或续句3则。此外还有两则杂题。安旗先生主编《李白全集编年注释》确定为李白蜀中诗作有20首，赋3篇。李白少作在故乡一直流传，有些已选入李白集或收入地方志，还有一部分保留在青莲场肖吉洲老人的手抄本上。现在将笔者从各方面收集到的李白在蜀中所作的诗歌30首、续句、题句5则奉献给读者。

上楼诗

危楼高百尺，手可摘星辰。
不敢高声语，恐惊天上人。

据周紫芝《太仓稊米集》卷三十四："唐人载：李白襁褓中，其家人携之上楼，问颇能诗否？即应声作绝句一首。”按这种说法，这首《上楼诗》应是李白最早的创作，“襁褓中”即能作诗未免夸大了李白的天才，不尽合情理。据青莲民间传说，是李白十岁时随父赴宴时所作，有一定可信度。诗中表现了儿童的天真与大胆想象，应当是少年李白所作。邵博《邵氏闻见后录》卷十八：“舒州峰顶寺有李太白题诗：‘夜宿峰顶寺，举手扪星辰。不敢高声语，恐惊天上人。’曾子山始见之，不出于集中，恐少作耳。”此外赵德麟《侯鲭录》又说：“曾阜为蕲州黄梅县令，有峰顶寺，去城百余里，在乱山群峰间，人迹所不到。阜按田偶至其上，梁间小榜，流尘昏晦，乃李白所题诗也。其字亦豪放可爱。”诗与邵博记载相同。蕲州黄梅县与舒州相邻，峰顶寺可能属舒州管辖，故邵博说是舒州峰顶寺。此诗与《上楼诗》第一句不同，很可能是李白少年时作《上楼诗》，后游峰顶寺，见景生情，将少作改了一句，题于寺中。

萤火虫

雨打灯难灭，风吹色更明。

若飞天上去，好作月边星。

这首诗在一般的诗集中都未收集，而在英国翟理斯教授编的《汉诗英译》中却收了李白的这首诗，只是诗题叫《萤火》，第四句为“定作月边星”，仅一字之差，诗后注明：“李白十岁时即席作。”这与青莲民间传说相符，李白十岁时随父参加友人宴会，大家要考一下这位神童的诗才，命题作诗，即席吟得《萤火虫》，从一个儿童的眼光和心态观察世界，抓住了萤火虫的特点，并天真地幻想要到天边去陪伴明月。带有儿童式的幻想，这首诗与《上楼诗》风格一致，应是少年时作。

即　景

龟栖莲叶上，鸟筑荻花洲。
桂棹谁家女，渔歌逐水流。

在英国翟理斯教授的《汉诗英译》中注明为李白十岁时即席作的五言诗。据丁稚鸿先生考证，这首诗从风格上看，属李白少作，后人在编《李白集》时，将这首诗稍加改动，抄成了《姑熟十咏》中之《丹阳湖》的后四句。《丹阳湖》："湖与元气连，风波浩难止。天外贾客归，云间片帆起。龟游莲叶上，鸟宿芦花里。少女棹轻舟，歌声逐流水。"前四句气势恢宏，风格豪放，又是一首完整的五言绝句，是李白的成熟之作。而后四句实写小景，语言浅直，未用典故，自然天真，显然是李白少年所作。

咏石牛

此石巍巍活象牛，埋藏是地数千秋。
风吹遍体无毛动，雨打浑身似汗流。
芳草齐眉弗入口，牧童扳角不回头。
自来鼻上无绳索，天地为栏夜不收。

这首诗各李白诗集上都没有，一直在民间流传。李白所咏的石牛的确存在，《彰明县志》载："石牛沟，其石状如牛，每作祟践食田苗，为世人窥见击损，今石尚存。"石牛沟在青莲镇武家坡西南二华里，有一头在天然长成的基础上加以人工刻饰的石牛，考古专家鉴定为唐代雕刻风格，粗犷质朴，列为一级文物，陈列在李白纪念馆。李白的这首诗天真自然，语言清新，表现了诗人追求自由的理想。这首诗作于10岁左右。

初　月

玉蟾离海上，白露湿花时。
云畔风生爪，沙头水浸眉。
乐哉弦管客，愁杀战征儿。
因绝西园赏，临风一咏诗。

这首诗及以下四首，在安旗主编的《李白全集编年注释》中确定为开元三年，李白 15 岁时所作。诗中开始用典。“玉蟾”指月亮。“西园”即铜雀园，为曹操所建，是当时文人聚会处。

雨后望月

四郊阴霭散，开户半蟾生。
万里舒霜合，一条江练横。
出时山眼白，高后海心明。
为惜如团扇，长吟到五更。

这首诗写雨后明月从山头升起，先露半边——半蟾，而后升上中天，形似团扇。“山眼”、“海心”形容月亮像山的眼睛、海的心脏。

对　雨

卷帘聊举目，露湿草绵绵。
古岫披云毳，空庭织碎烟。
水红愁不起，风线重难牵。
尽日扶犁叟，往来江树前。

这首诗写雨景。“古岫披云毳”是说远处的山峦，笼罩着像鸟兽细毛那样的云雾。水红即水荭，生在沼泽中的水草。

晓　晴

野凉疏雨歇，春色偏萋萋。
鱼跃青池满，莺吟绿树低。
野花妆面湿，山草纽斜齐。
零落残云片，风吹挂竹溪。

这首诗写春天的早晨，春雨刚停，春色更加明媚，草木茂盛（萋萋），鱼跃池塘，莺歌绿树。带着雨水的野花更为娇艳。

望夫石

仿佛古容仪，含愁带曙辉。
露如今日泪，苔似昔年衣。
有恨同湘女，无言类楚妃。
寂然芳霭内，犹若待夫归。

这首诗写传说中的妇人盼望丈夫归来而化为石。以湘女（即湘君，舜的妃子）和楚妃（即息妫，息侯夫人）作比喻，表现妇人对丈夫的坚贞。

对于以上五首律诗是否为李白少作，历来有争议。宋代晁公武在蜀中做官时，写了《郡斋读书志》，其中说：“蜀本太白集附入左绵邑人所裒白隐处少年所作诗六十篇，尤为浅俗。”这说明他曾看到过李白故乡人为李白少作编的诗集，但这本集子已失传。王琦说：“今蜀本李集亦不可见，疑《文苑英华》所载五律数首或即是欤?”晁公武对李白少作出自李白之手表示怀疑，其主要理由是说这些诗“浅俗”，“白天才英丽，其辞逸荡隽伟，飘然有超世之心，非常人所及。读者自可别其真伪也”。这种看法是不妥的，他忽略了诗人的成长过程，似乎李白天生下来作的诗就不浅俗，就具有“逸荡隽伟，飘然有超世之心”的风格，否则就不是李白作的诗。这不是以变化发展的观点看问题。鲁迅先生说：“即使天才，在生下来的时候的第一声啼哭，也和平常的儿童的一样，决不会就是一首好诗。”（《未有天才之前》）正因为它“浅俗”，说明它是李白少年的不成熟之作。其实杨天惠的评价是公允的，一方面说李白少作“虽颇体弱，短羽褵褷”，即羽毛初长，尚未成熟。但另一方面是“已有凤雏态”。

《初月》等五首律诗正有这些特点：一、语言平直，不够隽永。二、造句有人工雕琢痕迹，明显看出是少年习作。三、开始用典故，如“玉蟾”、“西园”、“湘女”、“楚妃”这是说明他已经读了不少书，与他前一阶段的《萤火虫》、《咏石牛》、《上楼诗》不同。四、直接写景，而且景物形象重复率很高，看不出诗人情感活动，没有做到情景交融。五、都是五言律诗，合符杨天惠说的：李白少作“大抵皆格律也”。唐人学诗，律诗是必修课，李白也不会例外。如学书法，先学楷书，循规蹈矩，“戴着镣铐跳舞”，而后才可能“随心所欲不逾矩”。这五篇都是五律，也可证明为少作，不能因为后来李白不喜欢写律诗，就说李白少年也未写过律诗。六、清新流畅，不乏佳句，“已有凤雏态”。如：“万里舒霜合，一条江练横。”“鱼跃青池满，莺吟绿树低。”“零落残云片，风吹挂竹溪。”安旗主编《李白全集编年注释》将这五首诗系于开元三年（715）李白十五岁时，有一定道理。当然也不必看为全都是那一年所作，大约在十五岁前一两年，还未离开青莲乡时。从诗中描写的景色看，与青莲乡环境相符合，如“一条江练横”应指盘江，“古岫披云毳”指远望大匡山、戴天山、紫云山上的薄雾云纱。“尽日扶犁叟，往来江树前”描写盘江之滨，青莲坝的农民。

谢令妻

素面倚栏钩，娇声出外头。

若非是织女，何必问牵牛？

据北宋彰明县令杨天惠《彰明逸事》记载：李白在彰明县做小吏时，牵牛过堂下，县令夫人发怒，李白回答了这首诗。表现了李白聪明机智，幽默风趣。

山火续句

（县令：野火烧山后，人归火不归。）

焰随红日远，烟逐暮云飞。

这首诗民间有传说，《彰明逸事》也有记载：李白随县令下乡视察，见农民放火烧荒。县令吟了两句，就吟不下去了。李白接着吟了后两句。前两句实在很平淡，而李白吟的后两句意境开阔，气势磅礴，使全诗顿生异彩，成为一首写境佳作。

观涨续句

（县令：二八谁家女？漂来倚岸芦。鸟窥眉上翠，鱼弄口旁朱。）

绿发随波散，红颜逐浪无。何因逢伍相，应是怨秋胡！

这首诗也在《彰明逸事》有记载，民间有传说。诗中的伍相是春秋时期的伍子胥。当年他被楚兵追杀，蒙一位浣纱女相救，伍子胥很感激她，但又怕浣纱女向楚兵告密，于是犹疑不定。浣纱女为了让他快逃，只能投水自杀以表清白。李白写的《溧阳濑水贞义女碑铭》，歌颂的正是这位浣纱女。秋胡是春秋时期鲁国人，婚后长期在外地当官。回来见到一位采桑女子非常美貌，便去调戏。回到家里，母亲把他妻子喊了出来，秋胡一看就傻眼了，原来自己妻子正是那个采桑女。秋胡妻是个烈性女子，见自己日思夜想的丈夫居然是这种下流无耻的流氓，又恼又恨，痛骂了他一顿后，便跳河自杀。李白续句中的意思是说：女子或因表明清白而死，县官调戏女尸比秋胡调戏自己的妻子更加无耻。

访戴天山道士不遇

犬吠水声中，桃花带露浓。
树深时见鹿，溪午不闻钟。
野竹分青霭，飞泉挂碧峰。
无人知所去，愁依两三松。

这是一首工整的五言律诗，通过景色的变换写山行的过程，以清新明丽的笔调，展开了一幅清幽秀丽的山水画卷。前六句写往“访”，重在绘景，早上的桃花带着露水，更加浓艳。在林间小道上行进，不时有麋鹿出没；已是正午，却听不到钟声。渲染山中之幽静；末两句写“不遇”，重在抒情，情致婉转，使读者体味到诗人造访不遇怅然若失的情怀。全诗合律，对仗工整，而又是信手写来，不露斧凿雕饰之痕，写作造诣已达很高水平，因此许多李白诗选，几乎都把这首诗选为李白早期创作的第一首。

寻雍尊师隐居

群峭碧摩天，逍遥不记年。
拨云寻古道，倚树听流泉。
花暖青牛卧，松高白鹤眠。

语来江色暮，独自下寒烟。

苏仲翔先生的《李杜诗选》认为这首诗与《访戴天山道士不遇》“皆李白早年作品，自然淡泊，不着痕迹，已非后来面目”，是很有见地的。两首诗内容相近，都是写当天的见闻，写山林美景。两诗意境相同，以求师访友为中心，而寻访的人物都未出场，着力渲染有声有色、有动有静的山水花木、峭壁飞泉。幽美绚丽的景色烘托出淡淡的愁思与怅然。两首诗都是五律，对仗工整，格律严谨，与《彰明逸事》所说：李白少作，“大抵皆格律也”相合。两首诗写的地点相近，《寻雍尊师隐居》应当是与戴天山相邻的太华山，诗中的景色与太华山完全相同，太华山上唐宋时有道观。《龙安府志》云：“太华山在县西北四十里，山峰奇秀，有似西岳，上有太华观。”太华山下平通河边有雍村，历来是雍姓所居，《江油县志》云：“雍村在县西北，宋进士雍繁孙所居。”至今这里的雍姓还是大姓。李白去雍村上面的太华山访问一位姓雍的尊师，完全合乎情理。《寻雍尊师隐居》与《访戴天山道士不遇》都是在李白十七八岁隐居大匡山，寻仙访道时所作。

太华观

石磴层层上太华，白云深处有人家。
道童对月闲吹笛，仙子乘云远驾车。
怪石堆山如坐虎，老藤缠树似腾蛇。
曾闻玉井今何在，会见蓬莱十丈花。

这首诗在《龙安府志》、《彰明县志》、《江油县志》（光绪版）都收录了。《龙安府志·人物志》载：“唐，毛真人，在太华山修炼，道成仙去，今太华观乃其遗迹。”大匡山与太华山乃同一山脉，紧紧相依，从大匡山大明寺逶迤西北上，走十余里即到太华观。好仙游的李白不仅与隐居于太华山中的雍尊师有来往，与太华观中修炼的道士也常有来往，《太华观》就是写访拜太华观道士的见闻，展现了古朴清幽的山中景色，描写了深山月下，笛声悠扬，仙子乘云的神仙境界，暗示观主外出云游，访仙未遇。“玉井”在太华观，井水甘美清洌，传说从井水中可照见前身和后世。这首七律诗格律严谨，对仗工整，应属李白的早期诗作。

题窦圌山

樵夫与耕者，出入画屏中。

这两句诗已收入了《李太白全集》。民间传说：李白与两个同学游窦圌山时吟诗。李白的同学吟的那四句诗很平淡，也就没流传开来。而李白吟的这两句是对窦圌山美景“画龙点睛”，既写了窦圌山之美景如画，也写了人的悠然自得，表现了人与自然美景的高度融合。现在窦圌山上还保存着大书法家于右任书写的这两句诗的石碑。

题江油尉厅

岚光深院里，傍砌水泠泠。
野燕巢官舍，溪云入古厅。
日斜孤吏过，帘卷乱峰青。
五色神仙尉，焚香读道经。

李白隐居匡山时期经阴平道到江油县城（今平武南坝）访江油县尉，写了这首诗。至今尚保留有北宋米元章手书此诗的石刻。诗中生动地描写了尉厅内外的秀丽风光。庭院深深，岚光浮动，泉水叮咚，悠扬成韵，燕子在屋檐下筑巢，数片白云飘入古老的厅堂内，回荡缭绕。好一个与大自然和谐的宁静的尉厅。就在这充盈着道气仙风的厅堂内，厅的主人——江油尉，正在焚香读《道德经》，体现了“无为而治”的和平景象。

登锦城散花楼

日照锦城头，朝光散花楼。
金窗夹绣户，珠箔悬银钩。
飞梯绿云中，极目散我忧。
暮雨向三峡，春江绕双流。
今来一登望，如上九天游。

开元八年（720）春，李白带上自己创作的诗赋去见益州长史苏颋，得到苏颋的好评：“天才英丽，下笔不休，虽风力未成，且见专车之骨，若广之以学，可以相如比肩也。”之后，李白为了得到举荐去成都交游，登上了散花楼。这座楼是隋代蜀王杨秀所建，《舆地纪胜》：“散花楼，隋开皇建，乃天女散花之处。”其位置应在成都东部，原为东城楼。此楼在明代尚存，明曹学佺《蜀中广记》（卷二成都府）：“东门之胜：禹庙、大慈寺、散花楼、合江亭、薛涛井……东城楼即散花楼也。李白有《登锦城散花楼》诗。”后毁于明末战火，已无遗迹可寻。现在易地重建的散花楼在百花潭旁边。

李白这首诗，首先展现出一片朝辉朗照的光明景象。“金窗”、“绣户”、“珠箔”、“银钩”，表现了散花楼的富丽堂皇，成都的繁华。“飞梯绿云中”表现了“散花搂”之高大雄伟，绿树重遮，环境幽美，也暗示他心情激动，以至登楼如飞。“极目散我忧”写出了他登高望远，心中的一切忧虑都在远大目标中倏然而逝。后两句由近景而入遥想，反衬出“散花楼”的壮美崇高。此时李白沉浸在一派幻想之中，想到苏颋一定会对他这个才华横溢的年青人刮目相看，在人生道路上即将迈上一个新的高度，一展胸中抱负。从中可以窥见李白豪迈不羁的个性和浪漫主义色彩。

春　感

茫茫南与北，道直事难谐。
榆荚钱生树，杨花玉糁街。
尘萦游子面，蝶弄美人钗。
却忆青山上，云门掩竹斋。

这首诗也是开元八年李白游成都时写的，与前首心情显然不同，大概是干谒失利，未得重用，“道直事难谐”，繁华的城市不值得留恋，向往着匡山的隐居生活。

白头吟

锦水东北流，波荡双鸳鸯。
雄巢汉宫树，雌弄秦草芳。
宁同万死碎绮翼，不忍云间两分张。
此时阿娇正娇妒，独坐长门愁日暮。
但愿君恩顾妾深，岂惜黄金买词赋。
相如作赋得黄金，丈夫好新多异心。
一朝将聘茂陵女，文君因赠《白头吟》。
东流不作西归水，落花辞条羞故林。
兔丝固无情，随风任倾倒。
谁使女萝枝，而来强萦抱。

两草犹一心，人心不如草。

莫卷龙须席，从他生网丝。

且留琥珀枕，或有梦来时。

复水再收岂满杯，弃妾已去难重回。

古来得意不相负，只今惟见青陵台。

这首诗很可能是开元八年李白游成都，瞻仰“相如台”有感而作。李白将卓文君与司马相如的历史故事作了深刻的开掘，先写了他俩如雌雄鸳鸯宁同万死，毁掉美丽的翅膀（碎绮翼），也不愿分离。接着写汉武帝的皇后阿娇因失宠独坐在长门宫，日愁夜涕，为了挽回皇上的恩宠，不惜用重金买司马相如的词赋，而使汉武帝回心转意。司马相如有钱了，变心了，喜新厌旧，要聘娶茂陵美女，卓文君因此写了白头吟，这首诗反映出封建社会妇女的悲惨命运，表达了对被遗弃的妇女的同情。

上李邕

大鹏一日同风起，抟摇直上九万里。

假令风歇时下来，犹能簸却沧溟水。

时人见我恒殊调，见余大言皆冷笑。

宣父犹能畏后生，丈夫未可轻年少。

开元八年，李白在成都未被重用，继续南游，去渝州（今重庆）。此时，李邕正在任渝州刺史，在当时文坛上很有名声，故李白前去拜访他，但是仍然没有得到举荐，于是写了这首诗。前四句勾画出一个力簸沧海的大鹏形象——也是年轻诗人自己的形象，表现了他胸怀大志，非常自负，心中充满了浪漫的幻想和宏伟的抱负。后四句是说当时的凡夫俗子，对他不同凡响的言论与宏大抱负不能理解，而加以耻笑。于是，就抬出孔圣人识拔后生的故事反唇相讥。诗中表现了少年气盛，怀才不遇的心情。

酬宇文少府见赠桃竹书筒

桃竹书筒绮绣文，良工巧妙称绝群。
灵心圆映三江月，彩质叠成五色云。
中藏宝诀峨眉去，千里提携长忆君。

这首诗也是作于开元八年李白在渝州时。宇文少府当为渝州县尉，给李白赠送了一个巴渝特产的桃竹做的书筒，李白写诗答谢。诗中描绘了书筒做工精细，上刻精美的文字，堪称天工绝伦。书筒圆圆的筒心如三江明月，彩色质地如五彩云霞轻叠。书筒里可以放上炼仙宝诀，去峨眉山的话携带很方便，一路提携，一路想念！

登峨眉山

蜀国多仙山，峨眉邈难匹。
周流试登览，绝怪安可悉？
青冥倚天开，彩错疑画出。
泠然紫霞赏，果得锦囊术。
云间吟琼箫，石上弄宝瑟。
平生有微尚，欢笑自此毕。
烟容如在颜，尘累忽相失。
傥逢骑羊子，携手凌白日。

李白从渝州返回，游览了峨眉山，写了这首五言古体诗。前二句写峨眉山在蜀中诸山中最为秀美，无与伦比。接着写初次登临，遍游峨眉山上各景点。看到岩壑幽深，群峰险怪，阴晴变化，景象万千。林泉胜迹，难以尽览。第五、六句具体写峨眉山之高峻，山峰直插苍穹，七彩云霞与绚烂的山色，像斑驳错彩的山水图画。七、八句写登山以后的感受，仿佛沉浸于丹霞翠霭之间，得到了仙家的锦囊之术。九至十二句是说好像有仙人在彩云间吹箫，在岩石上抚弄宝琴，生平的愿望在今天终于圆满实现，使我欢乐无比。最后四句写，云烟霞影，七彩光环，呈现于眼前，尘世间的烦恼得以清除。幻想能遇到峨眉山的仙人骑羊子葛由，就要同他携手上天，羽化登仙。此诗极写峨眉之雄奇壮美，为人间仙境之感，使人飘飘然有出世之思，峨眉奇景暂时淡化了李白的出世建功立业之心，表现了他的超功利的审美情趣。

听蜀僧浚弹琴

蜀僧抱绿绮，西下峨眉峰。
为我一挥手，如听万壑松。
客心洗流水，馀响入霜钟。
不觉碧山暮，秋云暗几重。

据《峨眉县志》记载："唐开元年间，年轻大诗人李白游峨眉山时，即住万年寺毗卢殿内，由当时广浚和尚接待陪游。"至今万年寺还有当年李白听琴处的遗迹——白水池。白水池中的青蛙鸣声如琴，传说是因听广浚和李白抚琴，学会了发出琴声。这首五律诗写的就是听广浚和尚弹琴。表现听琴时的感受和弹者、听者之间感情的交流。开头两句说明广浚抱着"绿绮"（司马相如用的琴，泛指名贵的琴）从峨眉峰下来的。弹琴的具体地点应当是万年寺，因万年寺并未在峨眉峰顶，而在峨眉峰下东边。接着描写听蜀僧弹琴如听万壑松涛，宏浑悠长。听了琴声，自己的心好像被流水（亦指伯牙弹奏过的“流水”）洗过一般地畅快、愉悦。琴声渐远渐弱，余音久久不绝，和薄暮时分寺庙的钟声共鸣着，融合在一起。琴音令人如醉如痴，不知不觉青山已罩上一层暮色，重重叠叠秋云布满天空。

这首诗写得极其清新、明快，表现出一种“清水出芙蓉，天然去雕饰”的自然美。

象耳山题句

夜来月下卧醒，花影零乱，满人衿袖，疑如濯魄于冰壶也。

李白从峨眉山下来，在眉山象耳山曾作短期停留，留下了“李白读书台”遗迹和这段题句，表现了他对大自然的亲近、融合。

冬日归旧山

未洗染尘缨，归来芳草平。
一条藤径绿，万点雪峰晴。
地冷叶先尽，谷寒云不行。
嫩篁侵舍密，古树倒江横。
白犬离村吠，苍苔上壁生。
穿厨孤雉过，临屋旧猿鸣。
木落禽巢在，篱疏兽路成。
拂床苍鼠走，倒箧素鱼惊。
洗砚修良策，敲松拟素贞。
此时重一去，去合到三清。

开元八年（720），李白出游成都、渝州，干谒苏颋、李邕未得重用，又回到匡山，写了这首诗，最早收录在《文苑英华》中。《李太白全集》、《彰明县志》也有记载。旧山就是匡山，在“住持碑”中有：“太白旧山大明古寺，靠戴天之山。”诗中所描写的景色也非大匡山莫属，李白以后定居的安陆、任城都无这种景色。这首诗的写作时间应当是在重返隐居处，诗中描写冬日旧居一片萧索、荒凉、破败的景象，透露出未受重用的不愉快心情。不过他并没有灰心丧气，在十分艰苦的环境中，振作精神，“洗砚修良策，敲松拟素贞”，他要像挺拔的青松，不畏风寒，坚忍不拔，继续追求自己的理想世界。

别匡山

晓峰如画参差碧，藤影摇风拂槛垂。
野径来多将犬伴，人间归晚带樵随。
看云客倚啼猿树，洗钵僧临失鹤池。
莫怪无心恋清境，已将书剑许明时。

这首诗最早见于北宋初的“大明寺住持碑”。北宋宣和年间的“谪仙祠堂碑”的碑阴也刻有这首诗，并在附记中明确说：“太白辞山时咏此”。在《龙安府志》、《彰明县志》、《江油县志》中都录了这首诗并加了诗题：《别匡山》。王琦编的《李太白全集》未收此诗，可能出于政治原因，当时文字狱非常厉害，“莫怪无心恋清境，已将书剑许明时。”可以曲解为借李白之口反清复明，“清风不识字，何故乱翻书”就遭来杀头之祸，何况这两句！我们不能因王琦未收录就否定为李白所作。现在绝大多数学者都认定这是李白早期诗作。詹锳主编《李白全集校注汇释集评》与安旗主编《李白全集编年注释》都收录了此诗，并系于开元十二年，李白离开匡山时所作。这首七律描写了匡山的雄奇、秀丽、清幽的美景，表达了对匡山的依恋之情和报效国家的雄心壮志，表现了李白既热爱大自然，热爱故乡，又有宏伟的政治抱负的心态。

峨眉山月歌

峨眉山月半轮秋，影入平羌江水流。
夜发清溪向三峡，思君不见下渝州。

这首诗是开元十二年（724）夏，李白离别蜀地时的作品，首句写秋高气爽，明月从峨眉山升起了半轮，展现了青山吐月的优美意境。次句写平羌江，即今青衣江，源出于四川芦山县，流至乐山入岷江。“影”指月影，“入”和“流”两个动词构成连动式谓语，意言月影映入江水，又随江水流去。第三句写诗人正连夜从清溪驿出发进入岷江，向三峡驶去。末句中的“君”一说指友人，一说以峨眉山月泛指故乡，总之是抒发了依依惜别的无限情思。意境明朗，语言浅近，音韵流畅。

蟾蜍薄太清

蟾蜍薄太清，蚀此瑶台月。
圆光亏中天，金魄遂沦没。
螮蝀入紫微，大明夷朝晖。
浮云隔两曜，万象昏阴霏。
萧萧长门宫，昔是今已非。
桂蠹花不实，天霜下严威。
沉叹终永夕，感我涕沾衣。

这首诗为《古风五十九首》组诗的第二首，应写于开元十二年（724）的下半年，《旧唐书》载：“开元十二年秋七月壬申月蚀，既。已卯，废皇后王氏为庶人。”诗中讥讽唐玄宗废黜王皇后，而改宠武妃之事。古代认为月蚀是蟾蜍吃掉月亮，而使天空一片昏暗。诗中以此比喻皇后被废。接着写“螮蝀入紫微”即霓虹来到了太阳的旁边，使太阳也失去了往日的光辉。浮云隔断了太阳与月亮，使自然界的一切事物、景象变得阴暗朦胧。比喻皇帝为奸臣所蒙蔽，对朝事失察；皇后受诬陷而被废。造成往日华丽喧闹的后宫，变得凄凉惨切。就因为皇后不会生孩子就把她废黜！就像桂花不结果实，天就怒下霜威！最后两句写诗人整夜为此事思索，悲痛满怀，泪流满衣襟。

巴女词

巴水急如箭，巴船去若飞。
十月三千里，郎行几岁归？

开元十三年（725）春，李白离开巴蜀，出峡东游，写了这首诗。李白出蜀前曾在川东万县一带，即古巴国之地停留。巴地民歌源远流长，李白在此地采风，学习当地民歌，这首就是民歌风格，质朴真切，缠绵多情，明白如话，不事雕琢。巴水指川东的江水，水势湍急，流速如箭，巴船顺流而下，舟行如飞。郎君离家十个月，行程三千里，何年何月才能归来？表面看是写巴地女子思念远出不归的丈夫，实际隐含着即将出远门的李白对故乡的依恋。

早发白帝城（又名《下江陵》）

朝辞白帝彩云间，千里江陵一日还。
两岸猿声啼不住，轻舟已过万重山。

这首诗写作年代有两说：詹锳《李白诗文系年》认为写于开元十三年（725）李白出蜀之时。安旗《李白全集编年注释》认为写于唐肃宗乾元二年（759），诗人流放夜郎，遇赦，乘舟东还江陵时。诗中描述了自白帝（今重庆市奉节）至湖北江陵一段长江，水急流速，舟行若飞的情况。首句写白帝城高入云霄；二句写江陵远在千里，而船行只一日时间即能到达，表明舟行非常迅速；三句以山影猿声烘托行舟飞进；四句写不知不觉中轻舟已穿过了万重青山。表明了水势一泻而下。杨慎称赞此诗："惊风雨而泣鬼神矣！"

自巴东舟行经瞿塘峡登巫山最高峰晚还题壁

江行几千里，海月十五圆。始经瞿塘峡，遂步巫山巅。
巫山高不穷，巴国尽所历。日边攀垂萝，霞外倚穹石。
飞步凌绝顶，极目无纤烟。却顾失丹壑，仰观临青天。
青天若可扪，银汉去安在？望云知苍梧，记水辨瀛海。
周游孤光晚，历览幽意多。积雪照空谷，悲风鸣森柯。
归途行欲曛，佳趣尚未歇。江寒早啼猿，松暝已吐月。
月色何悠悠，清猿响啾啾。辞山不忍听，挥策还孤舟。

这首诗作于开元十三年初春，李白出蜀，坐船从巴东（今属重庆市）到瞿塘峡然后登上巫山最高峰，在傍晚归来时作的诗。詹锳、郁贤皓等先生以为作于乾元二年（759）但初春流放夜郎之时，流放中的囚徒不可能让其离开流放的路线，登上巫山顶峰观山望景。再说流放路线是由东向西，而诗中明明写的由西向东。瞿塘峡在夔州（今奉节）东一里，乃三峡之门。陆放翁《入蜀记》：瞿塘峡，两壁对耸，上入霄汉，其平如削成，视天如匹练。瞿塘峡之东为巫峡，在巫山县。巫峡有巫山十二峰。李白在诗中写他离开青莲老家已经十五个月了，游遍了巴国

（今属重庆市管辖），又登上了巫山最高峰。极目远望，万里无尘烟，青天似乎可以举手摸到。向南可以望见白云出处的苍梧山，向东可以望到天地交界的大海。一直游到日落月出，才下山回到船上。

宿巫山下

昨夜巫山下，猿声梦里长。
桃花飞渌水，三月下瞿塘。
雨色风吹去，南行拂楚王。
高丘怀宋玉，访古一沾裳。

这首诗作于开元十三年春三月。诗中说在巫山下过夜，满山猿猴，连梦里都仿佛听到它们的哀啼。桃花漂浮在渌水上。疾风将雨吹至南方，淋湿楚王的衣裳。在高高的山岗，缅怀宋玉，为什么他那么多才却未得重用，看到这古迹，让“我”热泪满眶。

题上阳台

山高水长，物象千万。非有老笔，清壮何穷？

开元十三年春，李白出蜀，曾游览巫山，山上有阳台，李白上阳台题写了这四句，其墨迹至今尚存。字画飘逸，豪气雄健。

上三峡

巫山夹青天，巴水流若兹。
巴水忽可尽，青天无到时。
三朝上黄牛，三暮行太迟。
三朝又三暮，不觉鬓成丝。

乾元二年（759），李白因受永王李璘案牵连，被流放夜郎，从九江逆流而上，进入三峡作了这首诗。诗中写道：两岸巫山高耸，把蓝天夹成了一条缝。峡谷中的江水奔腾咆哮，迂回曲折，尽在眼前。蓝天是那么高，永远攀登不上。连续三天三夜都是黄牛山下缓慢艰难的逆水行舟，满头的鬓发不知不觉都已变白了。

王国维在《人间词话》中说："一切景语皆情语也。"这首流放途中作的诗描写巫山险峻，巴水纡曲，舟行艰难，愁白了发。表现了诗人处于逆境，心情十分郁闷。《下江陵》（《早发白帝城》）写乘舟出峡时，彩云飘荡，晨光初灿，气象开朗，舟行轻快，一日千里，将轻松喜悦的心情渲染得淋漓尽致。同一位诗人，同一处景致，却气象迥异，正是"融情入景"的鲜明写照。

李白怀念故乡的诗

李白离开故乡后，再也没有机会回来，但他无时无刻不怀念故乡，怀念故乡的山水，怀念故乡的亲友，这种怀念故乡之情愈老愈浓烈。

渡荆门送别

渡远荆门外，来从楚国游。
山随平野尽，江入大荒流。
月下飞天镜，云生结海楼。
仍怜故乡水，万里送行舟。

开元十三年（725）李白出蜀，写了这首五律诗。诗中说：出了三峡，来到荆门（今湖北宜都县西北），进入楚国故地（湖北、湖南一带）游览。两岸的山逐渐消失了，长江仿佛流入荒漠辽阔的原野。夜晚俯视平静的江面，月亮在水中的倒影，好像天上飞来一面明镜；日间仰望天空，云彩飘浮，变幻无穷，形成了海市蜃楼般的奇景。故乡的水恋恋不舍地一路送我远行。这首诗以移步换景手法，从不同角度描绘长江的近景与远景，犹如展开一幅山水长卷。最后两句诗不直接说自己思念故乡，而是借故乡流来的水抒发对故乡山水依依难舍的深情厚谊。意境高远，形象壮美，想象瑰丽，成为脍炙人口的诗篇。

荆门浮舟望蜀江

春水月峡来，浮舟望安极？
正是桃花流，依然锦江色。
江色绿且明，茫茫与天平。
逶迤巴山尽，摇曳楚云行。
雪照聚沙雁，花飞出谷莺。
芳洲却已转，碧树森森迎。
流目浦烟夕，扬帆海月生。
江陵识遥火，应到渚宫城。

这首诗与上一首应写作于同一时间，诗的开头在写景中抒发了对故乡的留恋之情，与上一首诗的结尾“仍怜故乡水，万里送行舟”相呼应。诗中描述春天的江水经过故乡的明月峡，滚滚而来，在荆州的江面上放舟游荡，一眼望不到边。江面上桃花漂浮，就像故乡的锦江一样，春意盎然。江水清澈，碧波荡漾，日光照耀，晴空映江，茫茫无际，与天相接。曲折绵延的巴山至此完全消失。万里晴空，白云飘浮，舒卷变化，摇曳多姿。江边，白沙如雪，映照着集聚的雁群；岸上，百花盛开，出谷的黄莺，在花丛中飞舞；船儿继续前进，芳草萋萋的沙洲已退向后方。迎面而来的是郁郁葱葱、苍翠繁茂的树林。舟行一日，日落西山，夜幕已降，远望江边，暮霭沉沉；东方江面，月亮冉冉升起；再遥望江陵，灯火点点，闪烁不定，著名的楚成王建的渚宫城就快到了。

在这首诗中，李白以生花妙笔，描绘了一幅幅清新明丽、壮阔雄浑的长江行舟图，犹如一组连续不断的电影镜头，展现了祖国壮丽河山的自然美，蕴含着诗人对祖国山河的热爱和对故乡眷恋。情景交融，有着强烈感人的艺术力量。

江上寄巴东故人

汉水波浪远，巫山云雨飞。
东风吹客梦，西落此中时。
觉后思白帝，佳人与我违。
瞿塘饶贾客，音信莫令稀。

这首诗与上两首诗写于同一时间。李白初游湖北，写诗寄给巴东（泛指原巴地东部，今属重庆市东部和湖北秭归一带）老朋友。诗中说西汉水（嘉陵江）从故乡远来，流过云雨翻飞的巫山。东风吹荡游客香梦，西去落在此地。梦醒后思念白帝城，身在那里的老朋友与我久不相见。瞿塘峡有许多的客商，请他们带封书信，别让音信太稀少。诗中表达了对友人的思念和对故乡的眷恋。

悲清秋赋

登九疑兮望清川，见三湘之潺湲。水流寒以归海，云横秋而蔽天。余以鸟道计于故乡兮，不知去荆吴之几千。于时西阳半规，映岛欲没。澄湖练明，遥海上月。念佳期之浩荡，渺怀燕而望越。荷花落兮江色秋，风嫋嫋兮夜悠悠。临穷溟以有羡，思钓鳌于沧洲。无修竿以一举，抚洪波而增忧。归去来兮，人间不可以讬些，吾将采药于蓬丘。

这篇赋一说作于开元十三年（725），一说作于乾元二年（759）。据李白《上安州裴长史》中“乃仗剑去国，辞亲远游。南穷苍梧，东涉溟海”，这应当是他出蜀后，漫游苍梧，登上九疑山所写。这篇赋描绘了绚丽的九疑秋景，登高望远，视野开阔，意象变幻。同时也流露出对故乡的思念之情。结尾流露出求仙访道、采药炼丹的思想。

可以明显看出受屈原《楚辞》的影响，富有浪漫情调。

淮南卧病书怀，寄蜀中赵征君蕤

吴会一浮云，飘如远行客。
功业莫从就，岁光屡奔迫。
良图俄弃捐，衰疾乃绵剧。
古琴藏虚匣，长剑挂空壁。
楚怀奏钟仪，越吟比庄舄。
国门遥天外，乡路远山隔。
朝忆相如台，夜梦子云宅。
旅情初结缉，秋气方寂历。
风入松下清，露出草间白。
故人不可见，幽梦谁与适。
寄书西飞鸿，赠尔慰离析。

开元十四年（726）秋天，李白漫游江南一带，在淮南（扬州）生了一场病。病中特别思念故乡的亲友，写了这首诗，寄给他隐居梓州的老师和挚友赵蕤（朝廷曾征召赵蕤出山当官，故称征君）。诗中说，我好像会稽吴县的一朵浮云，飘浮不定。干谒功业没有成果，光阴荏苒，时光紧迫。我政治抱负恐怕难以实现。现在又得了一场重病，绵延加剧。古琴藏在玉匣里，好久不弹，长剑挂在空壁上，无力挥舞。我现在像春秋时楚国的钟仪，虽困在晋国仍弹奏楚音，又像庄舄虽在楚国而用越国的方言吟诗。我思念的家乡在遥远的天外，回乡的路被重重高山隔断。白天老想起成都的司马相如琴台，夜上做梦又老是梦到扬雄的故居。旅情如一团乱麻，纠缠郁结。秋气寒凉，与心一样凋零寂寥。秋风吹入，古松更清朗，草间露水晶莹雪白。思念老朋友，却又见不到面，只能托梦与你相会。请西飞的鸿雁给你带封信，聊表我的思念之情。

这首病中怀念故人，思念故乡的诗写得情真意切，缠绵悱恻。同时也表达出光阴流逝，而未建功立业的焦虑心情。

静夜思

床前明月光，疑是地上霜。

举头望明月，低头思故乡。

这首诗大致写在开元十四年（726）后，李白满怀雄心壮志，想干一番事业，但事与愿违。几年的背井离乡，奔波劳碌，花尽路费，一无所获，滞留于江南一带。在一个明月之夜，独自赏月，恍惚间，床前洒满了一层白霜，抬头望，却是一轮明月高悬天际，不禁低头沉思，想起那沐浴在月光之下的遥远的故乡。这首诗体现了“清水出芙蓉，天然去雕饰”的风格。语言平淡，明白如话，完全是信手拈来，不带半点修饰，没有任何矫揉造作之痕。而其思乡之情表现得淋漓尽致，引起了无数游子的共鸣。因而千人吟、万人唱，成为中国历史上传诵最为广泛的诗。

诗中“床”的意思历来有争议，一说睡觉的床；一说井台；一说胡床，又称“交床”、“交椅”、“绳床”。唐代流行的一种可以折叠的轻便坐具。各说都有一定道理，这不妨碍对这首诗的欣赏和传诵。

秋夕旅怀

凉风度秋海，吹我乡思飞。

连山去无际，流水何时归？

目极浮云色，心断明月晖。

芳草歇柔艳，白露催寒衣。

梦长银汉落，觉罢天星稀。

含悲想旧国，泣下谁能挥。

这首诗与上两首诗情景相接，应当是写于同一时期和地点，即开元十四年（726）秋在扬州旅舍。也可以说这首是《静夜思》的续篇。诗中说秋天的凉风吹过海面，也吹起了我的思乡之情。只看到层层叠叠的山峦，没有家乡的影子，流水不停地向远去流去，不知何时才能归来？放眼望去，只有灰色的浮云，寒冷的月光，芳草已经衰败，秋天的露水带来的寒意，催促着更换寒衣。我常常梦到银河落了下来，醒来后，天上的星星已经稀少。只能含着悲伤思念故乡，涕泣涟涟，有谁来为我擦拭眼泪。

这首诗借助秋风、冷月、衰草、白露等一系列的景物描写来烘托和诉说漂泊他乡的游子的孤寂凄凉与思乡之情，意味深长，耐人寻味。

送友人入蜀

见说蚕丛路，崎岖路不平。

山从人面起，云傍马头生。

芳草笼秦栈，春流绕蜀城。

升沉应已定，不必问君平。

这首诗大致写在开元十八年（730），李白第一次入长安，送友人入蜀时所作。临别时，李白叮嘱友人：蜀道崎岖险阻，处处是层峦叠嶂，山崖峭壁迎面而来，云气依傍着马头而升起。由秦（今陕西省）入蜀的栈道，在山岩间凿石架木建成，被繁茂的树木芳草所笼罩。春江环绕着成都。个人的官爵地位，进退升沉都早有定局，何必再去询问善于卜算的严君平呢！这首五律诗是描绘蜀道山川的奇险壮美的抒情诗，风格清

新俊逸，诗的中间两联对仗非常精工严整，曾被前人推崇为“五律正宗”。（《唐宋诗醇》卷一）

蜀道难

噫吁戏，危乎高哉！蜀道之难难于上青天！
蚕丛及鱼凫，开国何茫然！
尔来四万八千岁，不与秦塞通人烟。
西当太白有鸟道，可以横绝峨眉巅。
地崩山摧壮士死，然后天梯石栈相钩连。
上有六龙回日之高标，下有冲波逆折之回川。
黄鹤之飞尚不得过，猿猱欲度愁攀援。
青泥何盘盘，百步九折萦岩峦。
扪参历井仰胁息，以手抚膺坐长叹。
问君西游何时还？畏途巉岩不可攀。
但见悲鸟号古木，雄飞雌从绕林间。
又闻子规啼夜月，愁空山。
蜀道之难难于上青天，使人听此凋朱颜！
连峰去天不盈尺，枯松倒挂倚绝壁。
飞湍瀑流争喧豗，砯崖转石万壑雷。
其险也如此，嗟尔远道之人，胡为乎来哉！
剑阁峥嵘而崔嵬，一夫当关，万夫莫开。
所守或匪亲，化为狼与豺，
朝避猛虎，夕避长蛇，
磨牙吮血，杀人如麻。
锦城虽云乐，不如早还家。
蜀道之难，难于上青天，侧身西望长咨嗟！

这首诗是李白的代表杰作，写作时间和主旨历来争议不断，迄今尚无定论。这首诗最早录于唐人殷璠所编的《河岳英灵集》，该书编成于公元753年（唐玄宗天宝十二载），由此可知这首诗的写作年代应该在753年之前。曾维益《李白蜀道难新探》一书中提出写于开元八年，李白二十岁时，访江油县尉，往返经过阴平道，触景生情，写了《蜀道难》。笔者以为这首诗的素材主要取之于阴平道，特别是涪江六峡这一段。而写成这首诗应当是在开元十八年（730），李白第一次入长安，干谒失败，于是以古乐府《蜀道难》为题，用蜀道的艰险比喻仕途的坎坷，发泄怀才不遇的愤懑，透露出对社会危机的忧患。

诗的开头就以蜀人的土话发出惊叹，“哎呀呀！蜀道真太难攀登，比登天还难呀！”从“蚕丛及鱼凫”到“然后天梯石栈相钩连”，主要写开辟道路之艰难。从蚕丛、鱼凫开国的古老传说，追溯蜀与外界隔绝的漫长历史。重重高山峻岭，人兽难行，只有鸟儿才能飞越。当年的开路的五丁壮士遭遇山崩地裂，付出了生命的代价，才开辟出一条崎岖险峻的栈道。

从“上有六龙回日之高标”到“以手抚膺坐长叹”。描写蜀道之高峻、险要：上面高到连六龙拉的太阳车也无法通行，下面是急流、旋涡，激浪排空，迂回曲折的大川。善于高飞的黄鹤尚且无法飞过，善于攀缘的猿猴也要发愁。青泥岭绕着山峦盘旋，百步之内要绕许多个弯。在这里仿佛星星就在身边，伸手就能摸到，人紧张得大气也不敢出，只好坐下来摸着胸口长吁短叹。

从“问君西游何时还”到“嗟尔远道之人胡为乎来哉”进一步写跋涉攀登之艰难。可怕的岩山栈道实在难以登攀！只见那悲鸟在古树上哀鸣啼叫，雄雌相随飞翔在原始森林之间。月夜听到的是杜鹃悲惨的啼声，这荒荡的空山令人愁思绵绵！这比登天还难的蜀道，叫人怎么不脸色突变？座座相连的山峰离天还不到一尺；枯松老枝倒挂在绝壁之间。

漩涡飞转，瀑布飞泻，争相喧闹着；水石相击像万壑鸣雷一般。道路这样的艰险，远方的客人为了什么要来？

从“剑阁峥嵘而崔嵬”到结尾。写剑阁地理形势之险要，只要一人把守，千军万马难攻占。驻守的官员若不是自己的近亲，难免要变为豺狼，据此造反。清晨要躲避猛虎；傍晚要防范长蛇。毒蛇猛兽磨牙吮血，杀人如麻，令人胆寒。锦官城虽说是个消闲快乐的地方，还不如离开险地早早回家。

这首诗气势雄浑豪放，以浪漫主义手法，展开丰富的想象，极度的夸张，淋漓尽致地描绘了古蜀道的险峻崎岖，给读者展开了一幅雄奇绚丽的山水画卷，有极高的艺术价值和审美价值，堪称千古之绝唱。

剑阁赋

咸阳之南，直望五千里，见云峰之崔嵬。前有剑阁横断，倚青天而中开。上则松风萧飒瑟飓，有巴猿兮相哀。旁则飞湍走壑，洒石喷阁，汹涌而惊雷。送佳人兮此去，复何时兮归来？望夫君兮安极？我沉吟兮叹息。视沧波之东注，悲白日之西匿。鸿别燕兮秋声，云愁秦而暝色。若明月出于剑阁兮，与君两乡对酒而相忆。

这篇赋写作时间与上两首诗相同，都是为送友人王炎入蜀而写的。第一部分，运用夸张手法，先正面描写剑阁高峻险要，倚靠青天，直插云霄。然后又从侧面写，以松间烈风萧飒，猿声哀切，渲染出凄清恐怖的气氛；以飞湍汹涌，声若惊雷，渲染惊心动魄的气氛。第二部分主要表达了对友人依依不舍和盼其早归的情感。以碧水东流、太阳西落、鸿雁秋声、愁云暝色等景物烘托离愁别绪。最后，想象离别后两人对着明月，共同举起酒杯相互怀念。真是情景交融，情深意切。

春夜洛城闻笛

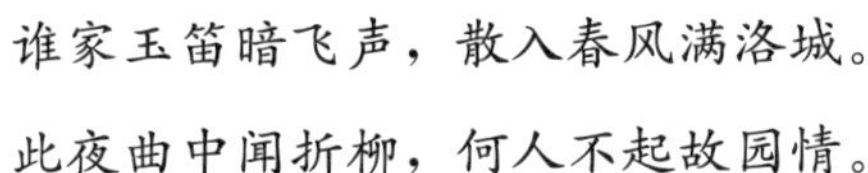

谁家玉笛暗飞声，散入春风满洛城。
此夜曲中闻折柳，何人不起故园情。

开元二十年春天，李白寓居洛阳，此时离开家乡已经五年了。几年来到处拜谒，却得不到举荐，仕途上的失意更令人无比惆怅，对故乡的思念悄悄袭上心头。在一个春天的夜晚，辗转难眠，一阵悠扬的笛声随着春风飞到整个洛阳城。仔细一听，原来这支曲子是古人思念故乡的《折杨柳》。在此夜晚，听到此曲，万千乡愁顿时涌上心头。这首诗静中求动，情景交融，读之使人荡气回肠。

观元丹丘坐巫山屏风

昔游三峡见巫山，见画巫山宛相似。
疑是天边十二峰，飞入君家彩屏里。
寒松萧瑟如有声，阳台微茫如有情。
锦衾瑶席何寂寂，楚王神女徒盈盈。
高咫尺，如千里，翠屏丹崖灿如绮。
苍苍远树围荆门，历历行舟泛巴水。
水石潺湲万壑分，烟光草色俱氛氲。
溪花笑日何年发？江客听猿几岁闻？
使人对此心缅邈，疑入嵩丘梦彩云。

这首诗是开元二十二年（734），李白与他的好朋友元丹丘隐居于嵩山时所作。唐人在座位后设屏风，上有绘画。元丹丘的屏风上绘三峡风景，引起了李白的乡情。三峡是巴蜀的大门，李白从这里告别故乡，所以一见到巫山屏风画，不禁吟诗。前四句写初见到巫山屏风时的感受：疑画为真，好像巫山十二峰飞来了。接下来写由疑而入迷，从画中听出有声：萧瑟秋风，吹过松林；还从阳台感受到巫山神女之情。可是转眼间幻觉顿失，锦缎被子和瑶草编织的卧席冷落寂静。巫山神女与楚王梦遇的美好故事也是空的。原来这是咫尺千里的一幅画，并非实景。后八句由远而近，从大到小，有层次地展现出画面景物。郁郁苍苍的树林掩映着荆门，长江上的行舟历历可见。万壑间水漫石滩，草丛中云烟弥漫。日光下溪畔的山花是何年盛开？乘坐在船上的客人是哪年听到猿声？面对这幅画使人心胸开阔，好像进入彩云飘渺的梦中仙境。

这首诗把审美过程中微妙而复杂的心理感受及其变化，表达得真切生动，既给人历历在目之感，又有亦幻亦真的惊艳，其中隐含的美妙神话传说，不仅极大地丰富了画面的内涵，更能激起人们美好的联想。表现出诗人自由洒脱、无拘无束的超凡想象力。

巫山枕障

巫山枕障画高丘，白帝城边树色秋。
朝云夜入无行处，巴水横天更不流。

这首诗大约与上首诗写于同一时间。枕障是设在枕边的屏障，上面画着巫山风光。诗中化用了宋玉《高唐赋》：“妾在巫山之阳，高丘之阻。旦为朝云，暮为行雨。”巫山、巴水代表着巴蜀。诗中隐含着对故乡山水的眷恋。

题嵩山逸人元丹丘山居

家本紫云山，道风未沦落。
沉怀丹丘志，冲赏归寂寞。
揭来游闽荒，扪涉穷禹凿。
夤缘泛潮海，偃蹇陟庐霍。
凭雷蹑天窗，弄景憩霞阁。
且欣登眺美，颇惬隐沦诺。
三山旷幽期，四岳聊所托。
故人契嵩颍，高义炳丹雘。
灭迹遗纷嚣，终言本峰壑。
自矜林湍好，不羡市朝乐。
偶与真意并，顿觉世情薄。
尔能折芳桂，吾亦采兰若。
拙妻好乘鸾，娇女爱飞鹤。
提携访神仙，从此炼金药。

安旗主编的《李白全集编年注释》将此诗系于天宝九年。诗中抒写诗人的求仙历程，与元丹丘的情谊以及共同的情趣。李白生长的蜀中是道教发祥地。诗一开头就说，我的老家住在紫云山下，那里的道教气氛一直很浓郁。我常常想归隐山林，喜欢空灵沉寂的环境。现在离开故乡来到闽越一带寻找大禹的遗迹禹穴，攀登高山，泛舟沧海，又来到庐山霍山修炼。借助雷声打开人的天耳，远听千里之外；居高阁玩赏霞光云影。很喜欢登高一览美景，也喜爱隐居生活。在三山四岳中度过美好的时光。老朋友元丹丘素来住在嵩山与颍水，高尚的品德道行彰显若丹青。不与尘世来往，断绝俗风骚扰，自言山林中人。珍惜林泉的美趣，不慕俗世的欢乐，感觉世间的一切都索然无味。你喜欢丹桂的芳香，我喜欢兰草的清馨。我的妻子喜欢求仙，我的女儿也好道。我们志同道合，相互帮助，一起求仙访道，一起修行炼丹。

从这首诗中可以看出，家乡浓郁的道教气氛从小熏陶了李白。李白住家在紫云山下，唐朝时这里是闻名遐迩的道教圣地。山上建有道宫，名崇仙观，观中有黄箓宝宫。宫中的三十六根大柱都是檀木。少年李白常上山寻仙访道，到老年时还念念不忘紫云山。

留别曹南群官之江南

我昔钓白龙，放龙溪水傍。
道成本欲去，挥手凌苍苍。
时来不关人，谈笑游轩皇。
献纳少成事，归休辞建章。
十年罢西笑，览镜如秋霜。
闭剑琉璃匣，炼丹紫翠房。
身佩豁落图，腰垂虎盘囊。
仙人借彩凤，志在穷遐荒。
恋子四五人，徘徊未翱翔。
东流送白日，骤歌兰蕙芳。
仙宫两无从，人间久摧藏。
范蠡说勾践，屈平去怀王。
飘飘紫霞心，流浪忆江乡。
愁为万里别，复此一衔觞。
淮水帝王州，金陵绕丹阳。
楼台照海色，衣马摇川光。
及此北望君，相思泪成行。

朝云落梦渚，瑶草空高唐。

帝子隔洞庭，青枫满潇湘。

怀君路绵邈，览古情凄凉。

登岳眺百川，杳然万恨长。

知恋峨眉去，弄景偶骑羊。

这首诗写于天宝十二载（752），在曹南（今山东曹县），告别朋友前往江南。诗的开头用阳陵子明钓白龙的故事，说明自己早年就曾经学道炼丹，本想道成升天，凌驾苍穹。后来应召入宫，给皇帝献言建策，却少有采纳，只有辞别朝廷，到如今已经十年了，岁月蹉跎，照镜自顾，白发如霜。宝剑闲闭在琉璃匣中，自去紫翠房炼丹。身上佩着道家的豁落图，腰间垂着仙人的虎皮囊。很想借得仙人的彩凤，游遍宇宙洪荒。可是又舍不得朋友们，一直徘徊犹豫，不忍心翱翔而去。一天天黄河东流送白日，歌声传递兰蕙的芳香。求仙得道和宫廷富贵两方面都没有成就着落，使我极度的忧伤。我要像范蠡脱离勾践，屈平离开怀王那样，带着一颗飘飘的、飞升成仙之心，到处流浪，但我时刻也忘不了我的家乡。现在我们就要分别万里，在此我们要尽兴喝酒，冲淡离愁。我将去的帝王之州被秦淮河围绕，金陵紧邻着丹阳。那里的楼台映照海色，衣服车马光鲜靓丽，繁华非常。在那里北望远方的诸君，相思的泪儿成行。朝云飘落在云梦的江湄，瑶草凋谢在高唐之观。娥皇女英相隔洞庭湖，青枫飒飒满布潇湘。旅途遥远，思君心切，游览古迹，情更凄凉。登上山岳望百川，恨比江水长。我想去峨眉山，与仙人葛由一道骑羊观赏风景，登上天堂。

这首送别诗不仅表达了李白对朋友的深情厚谊，更表达了李白“仙宫两无从”的悲伤。他胸怀壮志，想建功立业，但未得皇帝重用；他想求仙学道，但也无成就。只有漫游四方，而最后还是想回到故乡。

送赵云卿

白玉一杯酒，绿杨三月时。
春风馀几日，两鬓各成丝。
秉烛唯须饮，投竿也未迟。
如逢渭川猎，犹可帝王师。

这首诗题另作《赠钱征君少阳》，钱少阳事迹无从考证。赵云卿即赵蕤。在《杨升庵全集》和乾隆版《盐亭县志》中都说："赵蕤……又字云卿。"从诗中看出，赵云卿是隐士，与赵蕤的身份相合。赵蕤是李白的师友，大约活了八十多岁。安史之乱时，赵蕤还健在。李白对赵蕤情深意重，这首诗劝赵蕤出山，像姜子牙那样，当帝王之师，为国家建功立业。

上皇西巡南京歌十首

其一

胡尘轻拂建章台，圣主西巡蜀道来。
剑壁门高五千尺，石为楼阁九天开。

其二

九天开出一成都，万户千门入画图。
草树云山如锦绣，秦川得及此间无。

其三

华阳春树似新丰，行入新都若旧宫。
柳色未饶秦地绿，花光不减上阳红。

其四

谁道君王行路难，六龙西幸万人欢。

地转锦江成渭水，天回玉垒作长安。

其五

万国同风共一时，锦江何谢曲江池。

石镜更明天上月，后宫新得照蛾眉。

其六

濯锦清江万里流，云帆龙舸下扬州。

北地休夸上林苑，南京还有散花楼。

其七

锦水东流绕锦城，星桥北挂象天星。

四海此中朝圣主，峨眉山下列仙庭。

其八

秦开蜀道置金牛，汉水元通星汉流。

天子一行遗圣迹，锦城长作帝王州。

其九

水绿天青不起尘，风光和暖胜三秦。

万国烟花随玉辇，西来添作锦江春。

其十

剑阁重关蜀北门，上皇归马若云屯。

少帝长安开紫极，双悬日月照乾坤。

这首诗作于至德二年（757）末，唐玄宗从蜀中避安史之乱后回到长安时。本诗记叙了唐玄宗入蜀的经过，描绘了蜀道和成都（当时称南京）的秀丽风光。诗中饱含着对壮丽的故乡山水的热爱之情。第一首写安禄山的叛军威逼长安城，唐玄宗到蜀地来避难。剑门关高耸五千丈，崖石嶙峋，仿佛楼阁建立在九天云外。第二首写成都的繁华壮丽，如人间天堂，千家万户，如画如图。碧草、绿树、白云、青山如同锦绣一般，秦川的风光是比不上的。第三首，把春树葱茏的华阳城比为新丰，新宫的景色与旧宫景色没有什么不同。青青杨柳，一点也不比长安的逊色，花光艳丽，与上阳宫的花儿一样红。第四首，谁说皇上走的蜀道难行？六匹马拉的御驾西行，万人夹路欢迎。山环地转，秀丽的锦江就如长安的渭水，玉垒关就好像长安城。第五首，说天子的教化遍布万方，锦江的风光不比曲江池逊色。成都还有著名的石镜石，比天上的月亮更明亮，宫女们正好用它来画妆。第六首，漂洗蜀锦的锦江水奔流万里，皇上正好可以乘坐巨大的龙舟扬帆顺流下扬州。不必夸长安豪华的上林苑，成都还有壮丽的散花楼。第七首，锦江水东流环绕锦城，锦江上有七座形似北斗星的桥梁。四海的臣子来成都朝觐陛下，天上的神仙闻你的大名也来到峨眉山聚会。第八首，秦惠公用会便金的石牛欺骗蜀国开辟了蜀道，汉水（嘉陵江）源远流长，与银河相接。如今天子一行来到成都，留下神圣的足迹，锦城也可以作为帝王州。第九首，碧绿的江水，湛蓝的天空，尘埃不起，气温暖和，胜过北方的三秦。各地绚丽的春光都跟随皇上的玉辇，来到西边的成都，给锦江增添更加浓郁的春色。第十首，剑阁雄关历来是蜀国的北大门，皇上回归长安的马队如天上行云。少帝已经收复长安，重新打开紫极殿，现如今长安城是日月双照，光满乾坤。

有学者说这首诗对唐玄宗充满了崇敬、歌颂之意。也有学者认为李白是“反调正唱”，讽刺唐玄宗弃国而逃，把成都当作京城长安。不过，这十首诗多处说蜀地景色胜过三秦，十分明显的表达了对故乡山水深厚的热爱之情。

峨眉山月歌送蜀僧晏入中京

我在巴东三峡时，西看明月忆峨眉。
月出峨眉照沧海，与人万里长相随。
黄鹤楼前月华白，此中忽见峨眉客。
峨眉山月还送君，风吹西到长安陌。

长安大道横九天，峨眉山月照秦川。

黄金狮子乘高座，白玉麈尾谈重玄。

我似浮云滞吴越，君逢圣主游丹阙。

一振高名满帝都，归时还弄峨眉月。

这首诗作于上元元年（760），当时李白流放遇赦，住在江夏（今武汉），遇到来自家乡的僧人晏，写了这首送别诗。诗中说：以前我在巴东三峡的时候，常常西望天上的明月，就想起了峨眉山。月亮从峨眉山上升起，青晖漫天，光照沧海，与人万里相随。如今黄鹤楼前月华如水，在这里很幸运地遇到来自峨眉山的老乡。明媚的峨眉山月还将陪伴着你，乘着东风去到长安。长安的道路宽阔，直通九天。万里共明月，峨眉山的月亮也会照耀秀丽的秦川渭水。皇上会请你坐在黄金狮子座上论道，你将手挥白玉麈尾谈论佛法精要。我如浮云一般滞留在吴越一带，你却荣幸地被圣明的皇上约请去皇宫，一鸣惊人，满皇城都称颂你的大名，愿你不在乎这些名利，回到家乡欣赏峨眉山的明月。

这首诗从“我”到峨眉月，从峨眉月到僧，再写到峨眉月，表明他无论何时何地都对故乡月亮情有独钟。诗中蕴含着对故乡山水和故乡人的深情厚谊。

江西送友人之罗浮

桂水分五岭，衡山朝九疑。

乡关渺安西，流浪将何之。

素色愁明湖，秋渚晦寒姿。

畴昔紫芳意，已过黄发期。

君王纵疏散，云壑借巢夷。

尔去之罗浮，我还憩峨眉。

中阔道万里，霞月遥相思。

如寻楚狂子，琼树有芳枝。

这首诗作于上元元年（760），当时李白被流放遇赦后寓居江西（今南昌市），友人将去罗浮（今广东增城、博罗县境），李白写了这首送别诗。前四句都是为友人说的，罗浮在岭南，要经过桂水、五岭、衡山、九疑山等地。友人的原籍又在安西，去罗浮愈近则距原籍安西愈远，不能不勾起思乡之情。诗的后半部分由友人的思乡之情引起自己的思乡之情，希望结束自己的流浪生涯，在晚年“叶落归根”回到自己的家乡，到峨眉山过隐居生活。从这首诗中可以看出李白在晚年强烈地思乡之情。有学者抓着“乡关渺安西，流浪将何之”的句子论证李白出生于安西都护府。这是误解了诗的原意。这个“安西”是指李白所送友人的原籍。如果硬说李白思念的故乡是安西，为什么后面又来一句“我还憩峨眉”呢？这岂不是前后矛盾了吗？

宣城见杜鹃花

蜀国曾闻子规鸟，宣城还见杜鹃花。

一叫一回肠一断，三春三月忆三巴。

这首诗作于上元二年（761），李白已是迟暮之年，流寓安徽宣城。三十多年的漂泊流浪，收获的只是两鬓白发，当年的雄伟抱负不过镜花水月。人到晚年，渴望叶落归根，可是贫病交加，故乡路遥，战乱尚未平息，没有可能回归故乡。或许他已经意识到自己将客死他乡，因而思乡之情比任何时候都炽烈。时值暮春三月，宣城被如火的杜鹃花染得通红，诗人心中对故乡的思念也如火焰般燃烧了起来。杜鹃花令他联想起相传为蜀王杜宇所化的杜鹃鸟，由于它的叫声仿佛是在呼唤游子“不如归去”，所以又被称为子规鸟。杜鹃鸟本身就是蜀地的象征，当听到它一声一声的啼叫时，就更强烈地思念着故乡三巴（指巴郡、巴西、巴东。李白的老家在青莲，属绵州巴西郡管辖）。可是遥远的故乡又回不去，因而愁肠寸断，有锥心刺骨的痛楚。李白这首最后的思乡之曲显得分外悲凉，令人也为之肠断！

在李白故里怀念李白的诗

伟大诗人李白千百年来受到人们的崇敬。他生活过二十五年的故乡，成为人们缅怀、凭吊他的圣地。无数的诗人墨客寻觅李白在故乡的遗迹游踪，留下了数以百计的诗歌，在此选录一部分与读者共赏。

不　见

杜　甫

不见李生久，佯狂真可哀。
世人皆欲杀，吾意独怜才。
敏捷诗千首，飘零酒一杯。
匡山读书处，头白好归来。

这首诗是杜甫在上元二年（761）流寓绵州所写。当时，李白已在流放夜郎时获释，但处于战乱中，杜甫得不到李白的消息，故在题目下有自注："近无李白消息。"他与李白是至交好友，在745年分别后一直怀念着李白。他在绵州，避成都徐知道之乱，住在左绵公寓（今李杜祠），多次登越王楼，写过《越王楼歌》，在楼上能清楚地看到西北方向的大匡山，那是他的至交好友隐居读书的地方，见山思人，写下了这首诗。诗中说与老朋友好久都未见面，你被牵连进永王谋反案中，长流夜郎。遭此政治迫害，你不得不装出疯疯癫癫的样子，这实在是一个大悲剧。现在那些势利小人，为迎合皇上的意思，都说你该杀，我却同情你怀才不遇。你一生好酒，在醉态中诗思如潮涌，创作了上千首诗。现在你老了，希望你离开杀机四伏的险境，叶落归根，终老故里。你在匡山清幽的读书处，我还等着你回来，我也能与你见面，重论诗文。

这首诗用的倾诉心曲的写法，不写景物，不假藻饰，用质朴的语言，盛赞了李白的绝代才华，抨击了才大遭忌的现实，充分表现了对知心好友的一片深情。与李白的《宣城见杜鹃花》可以说是心心相印。一个是想回故乡而又回不了故乡；一个是热切的盼望好友回归故乡。两首诗都有巨大的艺术感染力。

李白读书台

杜光庭

山中犹有读书台，风扫晴岚画嶂开。
华月冰壶依旧在，青莲居士几时来？

杜光庭（850—933），字宾圣，道号东瀛子，处州缙云（今浙江省）人。唐末五代时著名的道士。黄巢起义军攻陷长安，杜光庭随唐僖宗入蜀，留成都。前蜀王王建封其为谏议大夫，赐“广成先生”。晚年隐居在江油窦圌山，遥望匡山时写了这首诗。诗中说，李白曾经读过书的地方还在匡山上（李白读书台有两处：一处在江油市区西，又名小匡山，又名点灯山；一处在大匡山，在今江油市大康镇），山风阵阵，扫尽云雾，现出了重峦叠嶂，就像打开了画屏。月光仍然是那么的柔美，冰清如玉的酒壶装满了美酒，青莲居士，你几时能够回故乡来？一片深情，溢于言表。

这首诗用词准确精炼，写景形象飞动，是一幅绝妙的匡山写意画。在写李白故乡风物之美时，又抒发了对李白深深的怀念之情。全诗意境优美，格调清新，不失为一首怀人佳作。

匡　山

戴　仁

青莲居士读书堂，万古名山重大匡。
故宅已非唐土地，残碑犹有旧文章。
蝉鸣远树宫袍灿，蜂酿寒泉斗酒香。
白发萧萧归未得，空余猿鹤怨凄凉。

作者戴仁，字西岭，江油人。明嘉靖辛丑年（1541）进士，曾任江油主事，也在京城当过小官。退休后隐居农村，以诗文自娱。这是他上匡山凭吊李白写的诗。诗中说，由于青莲居士李白在这里读过书，使大匡山成为万古名山。现在这里已不是李唐王朝管辖的土地，但古碑上仍然记载着李白当年的事迹。树上蝉鸣鸟唱，青山中点染着红紫，像是唐玄宗赐给李白的宫锦袍那样灿烂。用蜂蜜和山泉酿制的美酒芳香扑鼻，而李白在满头白发时仍然没有回来。树上的猿猴还在啼叫，饲鹤池中的白鹤也在唳鸣，这鸣叫使人感到无限的愁怨凄凉。

这首诗写得自然清新，沉雄苍凉，音韵铿锵。最后两句用了杜甫的“匡山读书处，头白好归来”和李白的“看云客倚啼猿树，洗钵僧临失鹤池”之意，而不露痕迹，表达了对李白的缅怀仰慕之情。

秋日同戴西岭游大匡山觅李太白读书台怀吊四首（其一）

郭文涓

清秋小队觅匡山，吊古怀贤积翠间。
百代才华惊百眼，千秋书屋拥青鬟。
凤辉此地金星降，鲸驾何时碧海还？
展拜英灵泫涕泪，仙魂应绕野云闲。

作者郭文涓，福建人，明嘉靖至万历时期曾在江油做过官。他与戴西岭即上首诗作者戴仁一同游大匡山写了这首诗。诗的第一联说：在秋高气爽的日子里，结伴登上拥青积翠的大匡山，凭吊先贤李白。第二联说：李白的绝代才华使那些曾瞧不起他的人震惊。在青峰碧树的环绕中建立了留传千古的太白书屋。第三联写李白诞生于此地，驾鲸而去的李白不知何时回来？最后一联写祭拜李白时不禁热泪涟涟，此时李白的英魂应当就在匡山顶上的白云间吧！

晓登匡山用太白辞山原韵

魏裔鲁

溪山昨夜多风雨，古寺烟萝面面垂。
鸟讶客来惊欲去，鹿知僧定惯相随。
诗存短碣埋残径，情怯荒林失旧池。
登眺不堪怀供奉，可怜千载是吾师。

作者魏裔鲁，河北人。清顺治、康熙时任龙安知府。诗中说，在一个雨后的早晨登上匡山。大明古寺轻烟袅袅，萝藤垂绕。鸟儿受到惊扰欲飞走，野鹿习惯地跟随着僧人跑。诗碑残断埋在路边，失鹤池堙没在荒林之中。看到这些不禁伤感地怀念起供奉翰林李白。尽管时间流逝千年，李白永远是我们的老师。

这首诗用李白《别匡山》的韵，从写景入手，抒发怀念之情。匡山因明末清初的战乱而荒芜，诗人面对此景，感慨万端，肯定李白的不朽。

太白台孤松二首

朱　樟

酒中仙见小枝生，三品风高五鬣晴。
学得髯龙听春雨，空山犹有弄涛声。

遥闻石齿漱寒江，烧草空留野火腔。
剩得盛唐千尺树，绿荫圆覆读书窗。

作者朱樟，字亦纯，晚号灌畦叟。浙江钱塘（今杭州市）人。康熙四十六年（1707）任江油县令，口碑较好，喜欢诗文。这两首诗从李白手植的古松入手抒写对李白的仰慕之情。第一首说：酒仙李白曾见到这棵古松长出嫩枝，它汲取了大匡山的风霜雨露逐渐长大。风吹松林，发出江海一般的涛声。第二首写松树在成长过程中的坎坷经历，曾被野火烧过，树身已出现空洞，仍然枝繁叶茂，圆圆的树冠荫蔽着后来读书人。这首诗用象征手法，以孤松喻李白，托物寓意，含蓄隽永。

读书台怀古

彭　址

大匡山势郁崔巍，上有李白读书台。
界落边荒游屐少，我来访古山之隈。

台畔苍松色如铁，云是太白手所植。

岩下清泉水细流，鹤飞不见草如织。

抚松吸水呼谪仙，满携斗酒索诗篇。

层峰拱立寂无语，野猿怪鸟啼寒烟。

不知当时读何书，狂吟豪饮吞六虚。

沉香亭上君恩重，徂徕山中酒友疏。

大阉心怀脱靴耻，谗动宫闱弃才子。

天宝离乱走西蜀，胡不奔赴还乡里。

永王应辟成蛇足，夜郎赦后浔阳狱。

放浪天涯实可悲，故山空自留遗躅。

吁嗟乎！自古才名多不偶，同时冷落浣花叟。

一代诗人并坎坷，千秋凭吊知谁咎？

作者彭址，字基土，江南栗阳人。康熙六十一年（1722）任江油令，曾修《江油县志》，建武都东、北城楼，为人民做了些好事。这首诗每四句用一韵，分为七个小段。第一段写大匡山总环境，山势高峻，树木葱郁，处于边荒之处，少有游人。第二段以太白手植的松树、清泉、失鹤池写匡山的风景依旧，有人去山空之感。第三段写抚摸着松树，呼唤着谪仙；携带着美酒，思索着诗歌。群峰无语，猿鸟悲鸣，思念着早已离去的太白。第四段写不知当年李白在这里读的什么书，使他那么豪放，势能气吞宇宙。唐玄宗对他分外恩宠，反而疏远了徂徕山的朋友。第五段叹惜李白受到宦官的谗害，致使被迫离京。安史之乱后，皇帝入蜀避乱，那时李白为什么不回到家乡来？第六段表达对李白受永王事件的牵累而入狱流放的不幸的遭遇的同情。最后一段感叹李白、杜甫都是怀才不遇，一生坎坷，这究竟是谁之过？

青莲郁翠

陈　谟

绝世才华李谪仙，故居今古艳青莲。
琴书仿佛匡山近，云树苍茫陇右绵。
无复鸿文光万丈，徒留翠竹郁连阡。
试看夹道亭亭植，峻节高标那可攀。

作者陈谟，陕西韩城人，乾隆二十三年任彰明县令。诗中说：谪仙李白有绝世才华，他的故居青莲花一直盛开。这里仍有弹琴读书之声，仿佛离匡山很近。绵延千里的苍茫云树，连着李白的祖籍陇右。如果没此处已难寻李白那光焰万丈的诗文，空留下葱葱郁郁的翠竹任人凭吊。李白的高风亮节就像道路两边的翠竹高不可攀。

太白故里

李化楠

骑鲸人去迹犹留，冷淡村烟吊李侯。
奴视权阉真有骨，诗非老杜竟无俦。
秋风落月漫波渡，夜雨荒原粉竹楼。
太白星精长不死，龙门俎豆肃千秋。

这首诗的作者李化楠，字廷玉，号石亭，绵州罗江（今属绵阳市安县宝林乡）人，李调元之父。清乾隆壬戌（1742）进士，曾任顺天府北路同知，保举知府。诗中说：李白早已骑鲸升天而去，还留下了他的遗迹。在烟霭迷茫的李白故里，凭吊李白，缅怀他敢于蔑视炙手可热的宦官高力士的骨气和除杜甫外无与伦比的诗才。秋风、落月，夜雨、荒原，李白故里漫波渡、李白胞妹李月圆的故居粉竹楼是一片萧索破败之景，但无论历史如何变迁，李白永远活在人们的心中，受到千秋万代的祭祀、崇敬。这首寻觅李白旧踪时的抒怀之作，透过厚重的历史积淀，还原了一个永垂千古的诗仙精灵。

太白祠二首

李调元

太白祠前草欲芜，米颠碑迹半模糊。
平生亦有清平调，诗到匡山一字无。

绳床寂坐非求佛，仕路奔波不为贫。
疑是前生多夙契，与君相近又相亲。

作者李调元（1734—1802），字羹堂，号雨村、童山蠢翁。绵州罗江（今属绵阳市安县宝林乡）人。乾隆二十八年（1763）进士，曾做过吏部主事、广东学政等官。因得罪权贵而流放伊犁，以母亲年老，需要奉养为由，以钱赎罪，回到家乡隐居。李调元素有“四川才子”之称，博学广识，编纂大型从书《函海》等。第一首前两句写作者刚到大匡山太白祠的所见、所感：看到荒草丛生，一派凄清，宋代大书法家米芾书写的李白《题江油尉厅》诗碑也有一半因风化而模糊了，表现了怅然欲失的心态。后二句笔锋一转，写“我”也曾像李白写《清平调词》那样，不假思索、一挥而就的诗作。可是到了这里，不敢“班门弄斧”，一个字也写不出来。第二首，我也曾在绳床（交椅）上打坐，但不是求佛；也曾在仕途上奔波，但不是为了富贵。我前生与李白极有缘分，遭遇很相似，又是同乡同姓，寄托了无限的身世之慨。

望匡山

黄景仁

白也书堂在，云林似昔时。
星辰如可接，猿鹤尚余悲。
去作青山冢，归虚百首期。
怜才意千古，高咏少陵诗。

作者黄景仁（1749—1783），字仲则，号鹿菲子，江苏武进人，著名诗人。诗中说：匡山上李白的读书堂还在。云雾缭绕的山林也和从前一样。山势高峻，似与星辰相连接。猿猴、白鹤仍在悲鸣。李白却埋骨在当涂青山，没有实现白头归来的约定。千百年来都同情你怀才不遇，不禁令人高声吟咏杜甫的《不见》诗。

陇西院怀古

张士一

匡山高躅仰青莲，信是三清降谪仙。
天宝以来谁抗手，杜陵而外没齐肩。
才通夷语书能退，力荐汾阳阃可专。
再造唐京留伟绩，岂徒诗酒到今传。

作者张士一是清代廪生。诗中说：我曾在匡山上瞻仰李白像，相信李白是天上下凡的神仙。从唐朝天宝以来，没有人能与他相比，只有杜甫能与他相提并论。他通晓蕃文，一封书信就退了百万雄兵。他慧眼识才，营救了郭子仪，使之能平定安史之乱，收复两京，这是在政治上建立的丰功伟绩。李白岂仅诗酒为千古一人。

太白读书台

蒲中兰

人去台空爽气收，书声久已寂峰头。
一川花柳徒文藻，满目荆榛不胜愁。
灯影只频月影照，剑光莫并日光浮。
升高未竟景行止，怅望山巅思倍悠。

作者蒲中兰是清代彰明人，廪生。诗中说：李白已经远去，读书台也空了，朗朗读书声也没有了，匡山的爽气似乎也收敛了。鲜花翠柳，白白地装点了这里的山川。满目的荆棘荒草引起人们无限的愁思。李白读书时的灯影剑光已经不在。登在这高高的山上，缅怀你高尚的德行，令人加倍地思念。

彰明太白祠

杨　揆

束发诵君诗，沧洲结遐想。
骑鲸蜕去经千春，空见长星照天壤。
蟠根仙李本陇西，或言山东称自杜拾遗。
此间乡土信清美，转以流寓为传疑。
让水澄碧，匡山嵚崎，
鞭鸾笞凤归不得，游踪汗漫谁能羁。
君身谪仙人，举世少同调。
一生倜傥慕鲁连，旷世才华惊谢朓。
当时稽山贺监洛阳董糟邱，倾情倒舄亦复非常俦。

独有阶前盈尺地逼仄，激昂吐气岂藉韩荆州。

召君沉香亭，流君夜郎道。

尘寰游戏皆偶然，《梁父吟》成独长啸。

锦袍画舫中流开，落花如云江上来。

鸬鹚长杓鹦鹉杯，江水潋滟浮春醅。

翻然捉月撇波去，方丈瀛洲渺何许？

抟得青山土一抔，不教鬼唱秋坟句。

青山宿草成荒芜，青天片云时有无。

狂歌纵饮聊自适，世皆欲杀胡为乎？

只今青莲乡，犹作枌榆社。

相望咫尺浣花溪，方驾词坛是凌跨。

我贯郫筒酒一尊，扪参历井赋《招魂》。

瓣香心事无人识，君忆元晖我忆君。

作者杨揆，字荔裳，陕西华阴人。曾任过内阁中书、川北道按察使等职。这首诗作于嘉庆十八年（1813），由彰明知县张宏轩勒石立于青莲太白祠。全诗可分为五段。前四句为第一段，写自己从小就热爱李白诗歌，虽然李白已骑鲸上天，离去了千年，仍然深深地怀念着。第五到十二句为第二段，认定李白祖籍陇西，山东是流寓地，青莲才是李白的出生地。澄碧的让水、险峻的匡山留下了李白的足迹，后来漫游各地，未能再回故乡。第十三至二十句为第三段，写李白旷世才华，少有人能与之相比。他曾与贺知章、董糟邱（洛阳酒商）结成非常深厚的友谊，也曾慷慨陈词于荆州长史韩朝宗。从二十一至三十六句为第四段，写李白一生大起大落的坎坷经历。曾被召入宫，吟诗于沉香亭，曾高歌纵酒，漫游各地，晚年却落得世人欲杀，流放夜郎，最后捉月而去，埋骨青山。最后一段是对李白的高度评价，与杜甫并举，表达对李白无限敬仰之情。

全诗语言流畅，开合有序，跌宕起伏，有李白歌行之风格。

癸酉秋过彰明漫坡渡谒太白祠（七古一首）

赵金笏

彩鹏无风难举翼，骏马莫骑空伏枥。
豪侠失志方外游，人间烟火非不吃。
我来漫坡渡口西，仿佛蓬瀛访仙迹。
八百年前溯盛唐，青莲已枯谪仙殁。
万稻绿中围赭墙，一院新祠当旧宅。
谪仙武昭九世孙，圭祖中衰姓名易。
神龙逋蜀生伯阳，指李复姓阿谁识。
长庚兆梦岳降神，一名一字皆取白。
天才幼慧胜相如，诗思逸放师谢客。
苏贺揄扬知遇深，元宗优礼闻望赫。
金銮召对御羹调，宝床方丈侍玉食。
宠任供奉入禁中，气盖天下志无敌。
沉香绝调奏清平，酩酊脱靴力士屈。
雷公振动玉女风，长安赐金忽迁谪。
爱才明主犹不容，四海飘蓬将焉适。
巨眼永王见岂朦，幕府僚佐势胁逼。
璘营宴逃瑾匿瑕，夜郎长流免离窟。
鹊鸣巫峡喜赦书，帆逐浔阳灭孤迹。
二女伴冢泣青山，拾遗诏魂留虚职。
楚魂故乡当归来，月圆安在墓草碧。
噫吁嘻，嗟乎！

莫道白为诗酒豪，世事能论岂无绩？
羞为房琯战驱车，独救汾阳再兴国。
汾阳已用弗弹冠，阉者闭关怒触额。
李牧不再慨边豺，有苗未平想干戚。
区区葵藿回阳心，《梁甫吟》中试寻绎。
更读一篇《蜀道难》，勉君蛇虎避朝夕。
此衷忠爱亦荩臣，少陵为仲白为伯。
忌醒乃啜渔父醨，黜官始薄羊公石。
万里江河写胸怀，五岳云烟舞笔墨。
驺虞鹫鹫虽隐沦，天汉高名悬日月。
骚坛大宗营村闾，此地生胎无死骨。
书台苔藓匡山前，粉竹荧火天宝侧。
廉泉让水鸭绿波，可酿葡萄吊落魄。
古今栋宇屡沧桑，凭依灵荫终修饰。
紫袍白面美须髯，端坐神厨亲咫尺。
庭松初栽未龙鳞，月旦多评列碑碣。
东方嵇阮一身兼，俎豆乡贤曷有极。
转怪一生王佐才，何事酒狂济诗癖。
天不使如郦食其，反如安期项羽徒。
私亲百世精诚溟海沉，瓣香再拜为叹息。

作者赵金笏，清嘉庆时曾任四川候补道，代理龙安知府。嘉庆十八年癸酉（1813）秋写了这首诗并将此诗刻碑，立于青莲太白祠。

全诗可分四段，前十句为第一段，以彩鹏难飞、骏马未骑比喻李白怀才不遇，只得漫游四方。然后写李白故里的所见的景物。第十一至四十句为第二段，写李白的家世及生平事迹。李白是凉武昭王李暠九世孙，神龙初，逃归于蜀，而生李白。李母梦长庚星入怀，所以取名李白，李白从小聪慧过人，胜过西汉的辞赋家司马相如。诗歌飘逸豪放，以南朝诗人谢玄晖为师，曾得到苏颋和贺知章的高度评价，被唐玄宗优礼相待，以七宝床赐食，亲手为之调羹，供奉翰林院，出入皇宫中。在沉香亭醉写清平调，让高力士脱靴，一时声名大振，气盖天下。由于雷公、玉女（指高力士等小人）当道，皇帝昏聩。被赐金还山，离开长安，漂泊四方，不知到何处去。安史之乱爆发，李白被永王李璘胁迫作幕府。永王与兄长唐肃宗争夺帝位失败，李白受牵连，远流夜郎，途经巫峡便闻喜鹊报喜，不久得到大赦。李白死于当涂，结束了他孤苦漂泊的一生。死后方得到左拾遗的诏封。他的两个孙女在青山守护他的坟茔。楚地的李白之魂应当回到故乡来，陪伴安眠于青莲天宝山中的胞妹月圆。第三段从“噫吁嘻，嗟乎！”到“天汉高名悬日月”，高度评价李白的诗才和功绩。李白不仅是以诗酒称家，在安邦定国方面也是有功的。李白以言过其实、做了败军之将的房琯为耻。他慧眼独具，营救郭子仪，成为平定安史之乱、中兴唐朝的功臣。李白像葵花向阳那样，对李唐王朝忠贞不二。在他的《梁甫吟》、《蜀道难》都表达了对国家命运的高度关切。他的忠君爱国之心，可与杜甫并肩。他像屈原、羊祜那样在仕途上不顺，而这正玉成了他在诗歌方面取得重大成就，使之声名高入云天，与日月齐晖。最后一段写了在故乡的遗迹：匡山读书台、粉竹楼、廉泉、让水。接着写太白祠的李白塑像和故乡人民对他深切的怀念和祭祀、崇奉，感慨李白兼东方朔、嵇康、阮籍三人之长，有王佐之才而生不逢时，深表同情。

这首诗笔墨酣畅，感情充沛，气势恢宏，用典虽多而行文自然。融叙述、议论、描绘于一炉，写了李白的一生及其评价，可以说是李白小传。

按试龙郡过青莲乡望匡山

钟骏声

赤鲤跃渊化作龙，一吐万朵青芙蓉。
手扶大将翊国运，气摄巨珰无怯容。
已将富贵等闲视，哪有冀倖藩王从。
东流西放不归去，千年愁杀匡山峰。

作者钟骏声，清代浙江仁和人。诗开头引用李白故里的传说故事：太白金星贬下凡尘，化为鲤鱼跃入李母篮中，李母烹吃后怀孕，后来生下李白。以此比喻李白已化为龙，所以出口成诗，不加雕饰，犹如万朵青芙蓉。接着写李白营救郭子仪，后来平定安史之乱，使国运中兴。李白毫无畏怯地让大宦官高力士脱靴，豪气震慑了权贵。第三、四联为李白从永王事辩解，说李白并不图富贵，不是希望得到藩王李璘的恩宠，而是为了平定安史之乱而入永王幕府，然而却因此被流放夜郎，最终也未能回到故乡，匡山也为之忧愁。

匡山书院二首

李　榕

龙州蒋少穆太守重建“太白祠”并置“匡山书院”于祠侧，将以夏五落成，移余讲席。清明日集“登龙书院”生，入山中以观土木，从游者四十人。

压山楼阁起峥嵘，上座长庚炯炯明。
回首十年祠下路，没人游屐草青青。

卖卜君平空有肆，操琴司马独无台。
读书自是千秋事，都向名山过去来。

作者李榕（1818—1890），原名甲先，字申夫，四川剑阁人，咸丰壬子（1852）进士。官至浙江盐道使、湖北按察使、湖南布政使。罢官后回家乡，任剑阁“兼山书院”主讲，后被龙安知府蒋少穆（德钧）延聘至江油，任“登龙书院”和“匡山书院”主讲教师。第一首写蒋德钧新建的匡山书院和重建的太白祠雄伟壮观，太白塑像炯炯有神，改变了十年前一片荒芜的面貌。第二首说西汉以占卜为生的严君平、辞赋家司马相如在成都的遗迹已经没有了，而李白的遗迹得了整修，说明重建太白祠和新建匡山书院的重大意义。读书自是千秋大事，一切读书人都会来到大匡山追踪李白的遗迹，凭吊、缅怀李白。

匡山读书台

葛峻起

魂不归兮蜀道难，匡山遗迹带寒烟。
池亭空贮青天月，词赋真登大将坛。
一代才名摇海岳，百篇诗兴醉长安。
当年手植今犹在，留得苍松万古看。

作者葛峻起，清代河南虞城人，曾任彰明督学、四川学政。诗中说李白终老未能回到故乡，匡山的李白遗迹失鹤池、邀月亭等，都充满了期待之情。李白才华横溢，为唐诗坛领袖，他的不朽诗篇能摇海撼山。此处化用了李白诗句：“兴酣落笔摇五岳，诗成啸傲凌沧洲。”最后说匡山上李白手植的松树还郁郁葱葱，永远留给后人瞻仰。

丁亥七月江油试竣，陪高熙亭学使、蒋少穆太守游匡山

徐大昌

词曹星使抱云来，太守风流载酒陪。

旧迹重寻读书处，新诗犹见谪仙才。

星辰天上文昌近，江汉源头禹穴开。

共作笔花千万树，不应唐代独人才。

作者徐大昌，四川南川（今重庆市南川县）人，光绪年间曾做平武训导（相当于校长）。丁亥七月即光绪十三年（1887）七月，视察科举考试之后，陪学政（相当于省教育厅长）高熙亭、龙安知府蒋少穆游匡山。首联“词曹星使”指高熙亭。“太守”指蒋少穆。次联写这次为寻访李白匡山读书处的遗迹而来，赞誉高熙亭、蒋少穆写的诗有李白的诗风。第三联写江油东面有梓潼的文昌祖庭，西边又有大禹故里，所以地灵人杰，诞生了李白。最后一联从历史发展的高度说：应有千千万万的人才涌现，不仅仅是一个唐代的李白。

自圌山游大匡山谒太白祠

吴朝品

我行窦圌山，下山到关渡。

关渡屈盘十五里，云是太白读书处。

先生当年读何书？大小匡山云卷舒。

不见旧时陇西院，但闻溪壑流泉声徐徐。

讲堂一朝营大屋，弦诵铿锵遍林谷。

名山石室似琅環，龙州太守初兴筑。

谪仙一去千百年，层峦斗绝摩青天。

空谷鸟鸣互酬答，盈阶草色长芊眠。

吁嗟呼！当涂主人难再得，招魂万里归蜀国。

乡人遥拜读书台，酹酒迎风三太息。

作者吴朝品（1858—1909），字立卿，绵州人。四川曾任绵州、中江教谕（相当于相当于县教育局长）、西安知县。酷爱文学，敬仰李白、杜甫。1900 年，在杜甫曾住过的绵州治平书院（左绵公馆）的旧址上，集资修建李杜祠，是现在全国唯一的李白、杜甫合祠。

这首诗写他从窦圌山至匡山的所见、所闻、所感。从窦圌山至匡山必经关渡（即官渡，今江油大康镇。南宋末曾一度将江油县治从平武迁到大康雍村。常在此渡口接送官员，故称官渡）。从关渡上匡山要走十五里崎岖的山路。山上看不到李白旧居，看到的是白云舒卷，听到的是流泉潺潺。龙安知府蒋德钧新建的匡山书院规模宏大，朗朗读书声清亮悦耳，有如琅嬛福地（西晋张华曾游过的洞宫，其中藏有各种奇书）。谪仙已经离开一千多年了，这里的风景仍然是那么美。陡峭险峻的山峰高入云天，山谷中鸟儿鸣叫相互应答，阶前的绿草茂密幽深。我洒酒在地，祭拜先生，希望你的英魂从当涂回到故乡来。

这首诗文笔活泼流畅，清新自然，交替用平仄韵，一层一转，有李白歌行体之风格。

附： 珍藏李白纪念品

李白故里有浓郁的李白文化，有许多以李白命名，或与李白有关的工艺品和土特产值得珍藏，留住对李白故里永久的纪念。

太白砚

太白砚也称学士砚，是以李白为题材的雾山石刻砚台。雾山石产于江油观雾山，故名雾山石，色泽黝黑，温润如玉，质地坚韧，肌理致密，易于开片和雕刻。雾山石刻最早起源于汉代，当地居民采用雾山石作墓葬修建和装饰。到了唐初就有工匠用于制作砚台等工艺品。韦皋镇蜀，亦取雾山石制砚。李白故里的艺人为纪念诗人李白，在石砚上雕刻李白形象，始有“太白砚”之名，或称学士砚。到清朝中晚期，专门从事雾山石刻的艺人增多，工艺日臻完善，石刻品种也有增加。从制砚发展到刻制挂屏、座屏、笔筒、花瓶、花盆、桌面、象棋等工艺品。表现手法愈来愈丰富，分平刻、阴刻、镂花、浮雕、圆雕，镶嵌异色石等。人们称这类石刻工艺品为“雾山石刻”，销及全川与甘陕。民国时期，从观雾山沿武都一带从事石刻工艺的个体户和小工厂很多，专门从事石刻工艺的技师工人有二百余人。后来，由于销路停滞，石刻工人多已另谋生路，这项民间工艺行濒临灭绝，唯有老艺人邓文算是“雾山石刻”仅存的一位传人。

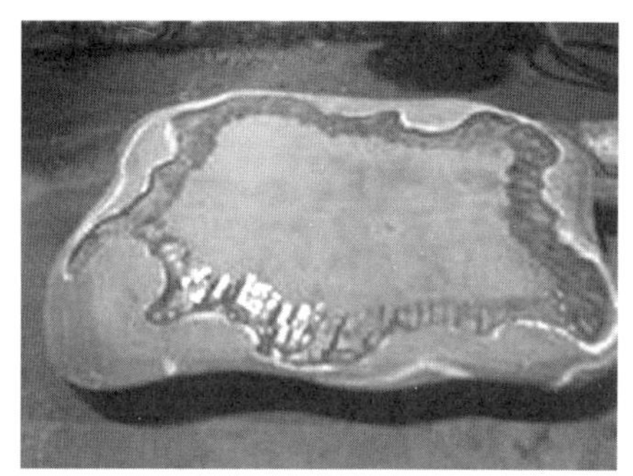

新中国成立后，党和人民政府重视雾山石刻的发展和关心老艺人的生活，1980年邓文受聘于李白纪念馆，承担古典园林建筑的木、石雕刻，制砚和培养学员。他的艺术特色是：题材广泛，人物、山水、花鸟鱼虫、飞禽走兽无一不精。构思巧妙、造型优美、刻工精细。在技巧上，长于选石、制胚，因石构思；精于浮雕、圆锥、嵌石等工艺；并兼竹、木、石、骨、金属的雕刻，莫不别具匠心。邓文的雾山石刻代表作品有江油李白纪念馆的大型浮雕“李白故里胜迹图”、“饮中八仙图”、“李白行吟图”，还有表现李白诗意和故里山水的“学士砚”、“龙须砚”、“李白诗意镇纸”、“屏风”等。刀法娴熟，线条流畅，怀念太白之情，跃然石上，堪称艺术佳品。邓文去世前将其精湛工艺传于徒弟。现在李白纪念馆有艺人专司制石砚及挂屏、座屏、镇纸等。其中以李白为主题的太白（学士）砚最为著名。雾山石刻工艺复杂、雕刻精美，具有较高的艺术观赏价值和实用价值。与广元白花石刻、灌县汉白玉小摆件并列为“四川三大石刻”。雾山石刻制作工艺已成功申报为省级非物质文化遗产。雾山石刻工艺品，因其制作工序复杂、艺术造型及雕刻工艺要求严谨，且产品均为纯手工制作，产量不高，必将使雾山石刻工艺品随着时间的流逝而不断增值。因而其收藏价值很高，深受藏家喜爱。

太白笔

据王仁裕《开元天宝遗事》记载：李白年少之时，曾梦见自己所用之笔，头上生花，后来果然天才横溢，名闻天下。

安徽黄山一带民间传说：有年春天，诗人李白来到黄山，见到北海山峰竞秀，景色奇美，禁不住诗兴大发，便昂首向天，高声吟道："黄山四千仞，三十二莲峰；丹崖夹石柱，菡萏金芙蓉……"这声音惊动了狮子林禅院的长老。他走出山门，细细一看，只见一位白衣秀士，风度潇洒，便上前施礼，请问尊姓大名。原来，这位不凡之客是"长安市上酒家眠，天子呼来不上船"的诗仙李翰林。长老急忙吩咐小和尚抬来用清泉酿制的米酒，还拿来一些文房四宝。长老亲手盛满了一杯酒，双手捧上，敬给李白。李白慌忙还礼，双手接过，一饮而尽。二人席地而坐，纵谈诗文，开怀畅饮。李白深感长老待人诚恳，意欲草书诗作相赠，以作答谢之礼。长老大喜，小和尚们忙着研墨的研墨，铺纸的铺纸。李白趁着酒兴，奋笔疾书。长老及小和尚们分站两旁，目睹那遒劲的大字，赞叹不已。李白写毕，还有三分酒意，便将毛笔顺手一掷，那毛笔从空中落下插入土中。他这才告辞长老而去。长老送走李白，回过头来，不禁大吃一惊，刚才李白掷下的毛笔已化成一座笔峰，笔尖化成了一棵松树，矗立在散花坞中。这就是如今见到的"梦笔生花"。

江油生产毛笔的历史悠久。神仙街（现江油城区和平南街）原为文化用品业聚集之地。有 10 多家手工制售毛笔的作坊和店铺，兼营胶墨、砚台，墨盒、笔架、笔筒等文化用品，其中以钟玉珍、巩金山的笔最为驰名。产品有狼毫笔、羊毫笔、兔毫笔，行销省内外。现在李白故里有店铺和作坊专门生产和出售以太白命名的毛笔。因为李白“梦笔生花”而太白笔又称生花笔，有工艺性的，也有实用性的。

太白茶

李白在匡山读书，发现山民喝了泉水解不了渴，就跑到白鹤大仙那里要了一把茶树苗，拿到山上来栽种，采的茶叶耐泡，馨香扑鼻，韵味深长，人们就把这茶叫太白茶。匡山峰峦俊秀，云雾缭绕，日照期长，土质肥沃，的确是一块得天独厚适宜茶叶生产的宝地。

历史文献记载，大匡山下产的兽目茶、昌明绿在唐代已享誉全国，远销西藏。唐代大诗人白居易《春尽日》诗赞道：“芳景销残暑气生，感时思事生含情。无人开口共谁语，有酒回头还自倾。醉对数丛红芍药，渴尝一盏绿昌明。眷归似遣莺留语，好住园林三两声。”并注：“昌明茶，色绿。蜀茶之名也。”据《唐国史补》记载，唐中央大员常鲁公出使吐蕃（今青藏等地）时，吐蕃首领令手下献上一种饮料并自豪地问：“贵客可知这是什么汤水吗?”常鲁公答道：“汉人谁个不知，这是消烦解渴的茶饮。”首领如逢知己：“好!”随即又令人取出自己珍藏的6坛不同产地的茶叶请客人识别。常鲁公一一认道：“这是寿州茶，这是舒州茶，顾渚茶、蕲门茶、昌明茶、潜湖茶。”说得首领啧啧称是。茶为媒，两人私交更深了。由此可以看出，早在唐代，江油（昌明）茶就已进入全国名茶行列，进入西藏上层统治者的宫阙之中。所以，被誉为“茶仙”、“茶圣”的唐代大学者陆羽著《茶经》说：“剑南以彭州上，绵州、蜀州次……西昌、昌明”。时至北宋，江油茶“雄风”犹存。当时曾任尚书的范缜著《乐斋记事》说：“蜀之产茶凡八处，雅州之蒙顶、蜀州之味江、邓州之火井、嘉州之中峰、彭州之堋口、汉州之杨村、绵州之兽目、利州之罗村。”其中“绵州之兽目”，即今绵阳市江油兽目山，在江油市大匡山麓，百汇溪两岸，今让水、西屏和大康三乡镇交界之处，这说明，其时江油已进入四川省八大产茶区之列。

宋元丰三年（1080）成书的北宋官修地理总志《元丰九域志》记载：“彰明（今江油市境南部地区）共二十乡、七镇、一茶场。”将茶场与乡镇并列，足见其规模很大，成专业茶生产基地。

元明清历朝，江油都是重要的茶叶生产基地。

新中国成立后，成立了国营江油茶厂，生产茉莉花茶，创立了一整套以炒青茶坯作原料，窨制茉莉花茶生产工艺，破除了茉莉花茶原料非烘青坯莫属的陈规陋习。主要产品有：

（1）“昌明牌”太白花茶

用炒青茶坯作原料精心窨制。在1983年四川省花茶鉴评会上，香冠群芳，名列第一，获综合一等奖，在我国开炒青茶坯窨制茉莉花茶创优之先例。其鲜叶原料，采自龙门山脉的崇山峻岭，茉莉鲜花产自江彰平原的肥壤沃土，其品质特征：色泽翠绿，油润生辉，香气馥郁，清新芬芳；滋味鲜浓，经久耐泡，形若秀眉，长圆略弯，名称太白，颇富诗意。色、香、味，形、名五美兼具。太白花茶属自然产品，无人工痕迹，无农药污染，是一种极好的天然饮料，含多种对人体健康有益的物质，能生津止渴，防暑降温，提神醒脑，利尿强心，醒酒解毒，帮助消化，50年来，一直为省内外广大消费者所青睐。

（2）太白牌高级旅游花茶

为了配合江油市日益发展的旅游事业的需要，该厂又于1989年春创制了太白牌高级旅游花茶。其选料考究，千中挑一，采用现代名特茉莉花茶窨制工艺精心制成。条索紧细匀卷，色泽润绿带毫，香气馥郁悦鼻，形状秀丽匀态，汤色黄绿明亮，叶底整叶全芽，是广大旅游者煮茗品茶、馈赠亲朋的最佳礼品。

太白酒

李白既是诗仙，又是酒仙。杜甫在《饮中八仙歌》中夸赞道："李白斗酒诗百篇，长安市上酒家眠。天子呼来不上船，自称臣是酒中仙。"这几句诗正是写李龟年奉唐明皇御旨，到酒楼上找李白，李白酒醉后置之不理的故事。江油是诗仙李白的故乡，有一千三百多年酿酒历史，其独特的传统工艺相传至今。

（一）"太白遗风"牌等系列优质酒

国营江油酒厂继承太白遗风，弘扬酿酒传统，先后酿成"太白遗风"牌等系列优质酒。太白系列酒以高粱、糯米等五种纯粮作原料，谷壳为填充剂，博采全国名酒之长，结合现代科技融汇提炼，仿古配方，精酿细制，再以降度处理，研制出"醇和净爽，香而不腻，低而不淡，各味协调"，兼具古朴窖香的系列名酒。太白系列酒共有 30 多个品种，各具特色，质量稳定。自 1985 年以来，已有十三个品种荣获商业部、四川省、省商业厅以及绵阳市颁发的优质产品证书，产品畅销省内外各市县深受消费者青睐和赞誉。该厂生产的曲酒具有"窖香浓郁，绵软醇香，甘洌清爽，回味悠长"的特色。主要有：

1. 太白液，即"太白遗风特曲"，系名优产品，1986 年获绵阳市科技进步三等奖；1987 年获商业部、轻工部、农牧渔业部、中国旅游总社金杯奖，同年被四川省人民政府授予优质产品称号。

2. 谪仙居大曲

以诗仙别号“谪仙”命名。1984 年获绵阳地区优质产品奖，1985 年获省优质产品奖，并被选为北京人民大会堂纪念礼品。

3. 圌山牌太白苹果酒

以江油市所产的香蕉苹与青苹为原料，采取国内首创全汁发酵新工艺酿制而成，醇和可口，营养丰富，保持了苹果的固有香味。长期饮用有健脾开胃、消食润肺之功。1981 年与 1985 年先后被四川省与商业部授予优质产品称号，并颁发了“银爵”奖杯。

4. 中国文仙果酒

1985 年创制的高级营养果酒“中国文仙果酒”，系以富含维生素 C 誉为“果中之王”美称的野生刺梨为原料，经取汁、发酵、自然澄清等工艺精制而成，具有色泽金黄、味感纯正、果香突出等独特风格。1986 年曾先后荣获省商业厅与绵阳市科技进步三等奖与一等奖。

5. 川花白露酒

利用江油生产的名贵中药材作香料，采用仿古配方，融药香与酒香为一体创制而成。香味纯正，风格特异，酒精度低，长期饮用有保健强身之效，为馈亲赠友之佳品。

（二）“诗仙阁”、“喻观牌”系列酒

由李白故里酒厂生产。质量稳定，经酒类专家鉴定，该厂生产的酒类均具有“无色透明、窖香浓郁、醇和软绵、落喉净爽、诸味协调、醇绵甘爽、尾净余长”等特点，有“小五粮液”之美称，备受广大消费者的喜爱，产品远销北京、天津等全国二十多个省市。台湾著名教授、《光华》杂志社理事长蔡肇祺先生，品尝了他的学生黄文婴专程从江油购买的李白故里酒厂生产的礼盒“喻观”特曲后，高兴地击拍而歌，即兴赋诗，写下了《尝文婴送喻观特曲》的五言绝句：“别来应无恙，千载白云乡。曾有匡山志，诗心烫酒肠。”江油本地酿造的“诗仙阁系列酒”，供旅游者选购。

（三）玉浮梁——李白喜欢饮的酒

唐末宋初的陶谷，在他的《清异录》中记载：“旧闻李太白好饮玉浮梁。”在明人、清人作品中又多次提及太白好饮玉浮梁。现在，步华明先生传承古方，以古法酿造成功了玉浮梁。其酒口感甘醇，酒气浓郁，营养丰富，是低度酒，也是保健酒、养生酒。已在李白的第二故乡湖北安陆批量生产。将在李白故里江油生产和销售。

太白剑

诗仙李白不仅是位才华横溢的大诗人，也是位技艺精湛的剑术家。他生平总是“剑不离身，身不离剑”。据《新唐书》本传记载，李白“性倜傥，喜纵横术，击剑为任侠”。他自幼跟随父亲李客学剑，十五岁就能练一手好剑术，他自称“十五学剑术，遍干诸侯”。二十五岁“仗剑去国，辞亲远游”。三十五岁时“顾余不及仕，学剑来山东”，向以舞剑著名的裴旻将军学剑。他一生诗剑走天下，在他诸多的诗篇中，处处闪烁着浪漫飞扬、剑气如虹的光华。据统计，《李白诗歌全集》共964首诗，其中描写或提到剑的有近百首。在李白的诗中，借剑抒情，以剑寓志，脍炙人口的诗句有：“安得倚天剑，跨海斩长鲸”、“愿将腰下剑，直为斩楼兰”、“长剑一杯酒，男儿方寸心”、“不然拂剑起，沙漠收奇勋”，是他希望报国立功雄心壮志的心声。“弹剑作歌奏苦声，曳裾王门不称情”、“知音不易得，抚剑增感慨”、“停杯投箸不能食，拔剑四顾心茫然”、“孤剑谁托，悲歌自怜”，则是他屡遭挫折，报国无门的感叹。“起舞拂长剑，四座皆扬眉”、“醉来脱宝剑，旅憩高堂眠”，又是他蔑视权贵，酷爱自由的真情流露。“抚剑夜吟啸，雄心日千里”、“冠剑朝凤阙，楼船侍龙池”更是他执著地追求理想抱负，积极浪漫主义精神的表现。在这些诗句中，诗中有剑，剑中有诗，达到了诗剑合一的境界，蕴含了诗人的剑骨和诗魂，无不体现出李白的精神、理想和抱负。

李白故里出售各种型号的宝剑，名为“太白剑”。游客可选购为旅游纪念品，也可作学习武术、健身之用。

太白扇

以李白诗的书法、诗意画绘制在折扇上。价廉物美，便于携带。可以按旅游者的意愿，当场在扇面上书写李白诗。

李白诗

在李白故里有普及性的便于携带、价廉物美的《李白诗选集》、《李白诗歌赏析》、《李白民间传说故事》、《李白诗歌曲谱》供一般游客选购。各种版本的《李白诗文全集》和李白研究的专著供李白研究者选购。

太白诗笺、太白纸

原来江油本地产纸，现在外地买进宣纸，加工为太白诗笺、太白纸，供爱好书画和写诗的旅游者选购。

太白小型雕塑

以李白故事为题材，用陶瓷制作便于携带的小型李白像与小型雕塑，如“铁杵磨针”、“沙滩练字”、“匡山苦读”、“李白与月”、“太白醉酒”等。

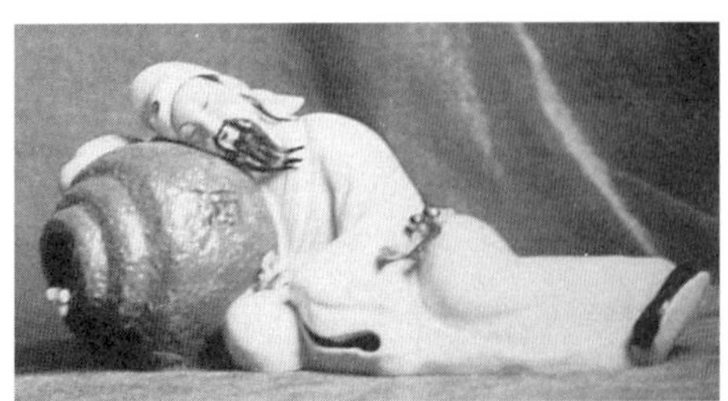

太白酒具

唐宋时期，在江油青莲附近的九岭、方水烧造的瓷器，胎质细腻，质地坚硬，釉色精美，制瓷工艺水平已相当高超。新中国成立后江油仍有陶瓷业。用陶瓷制作酒具，一个酒壶，二至四只酒杯为一套。酒壶上绘制或雕塑太白醉酒，酒具上题写李白饮酒诗。

太白茶具

用陶瓷制作茶具，一柄茶壶，二至四只茶杯为一套。陶壶上绘制李白像，茶杯上题写李白山水诗。

太白诗意画、蜀绣及太白书法

复制李白书法真迹：《上阳台》、《送贺八归越》；也有请本地和外地的书法家、画家书写李白诗，绘制李白诗意画。以及蜀绣李白诗意画。

李白诗歌、戏剧、李白故里风光等的音像光碟

以李白为题材的戏曲用京剧、川剧、豫剧、黄梅戏、话剧等十多个剧种演出。可以配古乐演唱的李白诗歌有一百多首可制作为光碟，供旅游者选购。

江油附子

在李白生长的江彰平原早在汉代就开始种植附子，在东汉初年编成的《神农本草经》中，记载了附子的药性及药用功效，肯定其为“百药之长”。东汉著名医药学家张仲景在《伤寒论》中也肯定了附子的药效。附子为温补药和强心药，能温壮心肾阳气，有回阳救逆之功，能温肾壮

阳、祛寒止痛。以江油特产“附子”为主要原料配以麝香名贵中药材炼制而成“中坝附子膏”是治疗多种虚寒性疾病的外用药物，对“风湿痹病”、“跌打损伤”、“痰饮喘咳”，“腹胃冷痛”诸症疗效显著。《唐本草注》在叙述江油附子说：“天雄、附子、乌头并以蜀道、绵州、龙州出者佳，余处纵有造得者力弱都不相似，江南来者，全不堪用。”江彰平原，土壤肥沃，是世界上唯一出产和炮制优质附子的地方。北宋时期的科学家、彰明县令杨天惠深入实地考察，写出《彰明附子记》，他从生产和加工的规模、过程、技术措施以及销售等方面作了全面的论证。

现在，中国药材集团深圳华辰药业公司与江油市药业（集团）有限公司共同组建的四川江油中坝附子科技发展有限公司，是享受“中药现代化产业专项”重点资助企业。利用新工艺加工、炮制的附片、附子产品，得到了中国中医药研究院中药研究所、国家药材总公司的高度评价，也是国家唯一列入“973 项目”的地道中药材，又是国家六部委指定的深入研究项目。并用“李白故里——无公害农产品专用箱”统一包装。除供应国内药用外，还远销东南亚各国。

中坝口蘑酱油

相传，清代末年，一个姓宋的道人在中坝火神庙后山门开设酱园。传闻他擅长“素斋”，且精医术，苦研酿造技艺以及各种配料性能，他首次发现口外蘑菇香味浓郁，遂作主要香料，配以名贵中药，并用饴糖汁调色，创制成滋味鲜美、营养丰富、色泽明艳、驰誉四川的中坝口蘑酱油。“清香园”之后，1931 年，精诚酱园继续经营中坝口蘑酱油，开拓了外销成都、重庆市场，名冠同业，誉满全省。

1956 年批准精诚酱园公私合营，1958 年并入国营江油酿造厂。口蘑酱油在传统酿造工艺的基础上，采用科学方法改良创新，精工细酿，产品畅销国内各大城市，还随川菜进入欧美市场。1985 年经中国食品杂志社审定，载入《中国名食百科》史册，同年，经四川省经委推荐，选入《中国土特名产词典》，并于 1989 年获部、省优质产品双桂冠。

后　记

我是李白家乡人，从小听父亲蒋实夫和老人们讲李白的故事，多次循李白遗迹游踪游览，被李白遗迹的美景所陶醉，深为李白精神所感动。2012年，我承担了四川省哲学社会科学重点研究基地李白文化研究中心的“抢救整理李白非物质文化遗产”的课题，深入全面地考察了李白遗迹游踪，新收集到一些传说故事，参考了《中国民间文学集成·江油县资料集》、《千古一诗人》（丁稚鸿、丁颖著），在此基础上写成这本书。在此要向给我讲李白故事的老人家致以敬意；向已经去世的肖吉洲、杜国通、王章礼等先生表示悼念；向与我一道完成课题的杨栩生、杨学是、沈曙东、朱昌林等同仁们致谢；向江油李白纪念馆馆长郭兴隆同志和青莲风景区管委会主任张杰同志致谢。在本书出版过程中，李白文化研究中心主任杨观博士及巴蜀书社编辑童际鹏等先生，倾注了大量心血。值此书出版之际，对以上关心、支持、帮助我完成此书的同志、朋友表示衷心感谢！

蒋　志

2014年1月于三亚椰林中